МИХАИЛ ЗАДОРНОВ

МИХАИЛ ЗАДОРНОВ

ЭТОТ БЕЗУМНЫЙ, БЕЗУМНЫЙ, БЕЗУМНЫЙ МИР...

Москва
АСТ • Астрель • Хранитель
2007

УДК 821.161.1–7
ББК 84(2Рос=Рус)6-7
3-15

Оформление обложки – *В.Никитин*
Иллюстрации – *Л. Левицкий*

Автор выражает благодарность Е. Суховой
за фотографии, использованные в книге

Задорнов, М.
3-15   Этот безумный, безумный, безумный мир... / Михаил Задор-
нов. – М.: АСТ: Астрель: Хранитель, 2007 – 415, [1] с.
ISBN 5-17-033411-7 (ООО «Издательство АСТ»)
ISBN 5-271-12730-3 (ООО «Издательство Астрель»)
ISBN 5-9762-1456-8 (ООО «Хранитель»)

В новую книгу популярного писателя-сатирика вошли произведения разных лет, в том
числе «Путевые заметки якобы об Америке», написанные в конце 1980-х гг.

УДК 821.161.1–7
ББК 84(2Рос=Рус)6-7

Михаил Задорнов
ЭТОТ БЕЗУМНЫЙ, БЕЗУМНЫЙ, БЕЗУМНЫЙ МИР...

Зав. редакцией *Т. Минеджян*
Редактор *А. Жабинский*
Художественный редактор *А. Жабинский*
Технический редактор *Т. Тимошина*
Корректор *И. Мокина*
Компьютерная верстка *Л. Быковой*

Подписано в печать 17.08.06. Формат 84х108/32. Усл. печ. л. 21,84.
Доп. тираж 10 000 экз. Заказ № 3379.
Общероссийский классификатор продукции
ОК-005-93, том 2; 953000 – книги, брошюры
Санитарно-эпидемиологическое заключение
№ 77.99.02.953.Д.003857.05.06 от 05.05.2006 г.

ООО «Издательство Астрель». 129085, Москва, пр-д Ольминского, 3а.

ООО «Издательство АСТ». 170002, Россия, г. Тверь, пр-т Чайковского, д. 27/32.

Наши электронные адреса: www.ast.ru
E-mail: astpub@aha.ru

ООО «Хранитель». 129085, г. Москва, пр-д Ольминского, 3а, стр. 3

ОАО «Владимирская книжная типография»
600000, г. Владимир, Октябрьский проспект, д. 7.
Качество печати соответствует качеству предоставленных диапозитивов

ФАНТАЗИИ УСТАВШЕГО РОМАНТИКА

СКАЗКА – ЛОЖЬ, ДА В НЕЙ НАМЕК!

Вдетстве я очень любил читать русские народные сказки. Перечитывал некоторые по несколько раз. Мне казалось, в них заложена какая-то тайна. Особенно хотелось понять, что это за полное расчудесных чудес царство — тридевятое-тридесятое? Где оно находится? Я даже искал его на карте. Спрашивал у папы:

— Австралия может быть таким царством?

— А Берег Слоновой Кости?

— А Гренландия?

— Нет, — каждый раз, разочаровывая меня, отшучивался папа. — Государство с таким мудреным названием может быть только у нас!

— Значит, на Камчатке! — твердо решил я для себя. — Камчатка ведь тоже за тридевять земель. Там тоже есть горы, моря, океаны... Может быть, даже кисельные берега и молочные реки... Я уверен был, что и Конек-горбунок тоже живет на Камчатке. Когда по радио — телевизоров еще не было — докладывали об успехах советских китобоев, я очень переживал, чтобы они его не загарпунили. Он ведь и так горбунок!

Не прошло и пятидесяти лет, как я понял, где нужно искать это царство. В названии! *Тридевятое-тридесятое!*

Почему оно составлено из цифр? Может, потому что в древности, когда сказки сочинялись, люди каждому числу придавали особый магический смысл. Например, название царства начинается с цифры *три*!

Тройка

Тройка издревле почиталась всеми народами как символ гармонии. Но гармонии не бытовой, а духовной! У христиан это главная святыня – Святая Троица. В китайской Книге перемен – *тре*угольник душевного равновесия человека – Космос, Земля, я. В Каббале, которая появилась задолго до Библии, число *три* было связано с Творцом, его творением и духом, который их связывает. В первых на земле святых книгах Ведах говорится о том, что в жизни каждого человека есть *три* главных жизненных цели: обязанности, потребности и удовольствия. На этих *трех* поплавках держится здоровье, долголетие и счастливое равновесие человечества.

Именно с появлением *третьего* члена семьи – ребенка – в молодой семье наступает новое, более духовное качество жизни. Когда родители уже получают удовольствие не только от удовлетворения потребностей, но и от исполнения обязанностей.

Наконец, у большинства древних народов земли мир покоился на *трех* китах, *трех* слонах, *трех* аллигаторах... Те, у кого воображение было похуже, представляли его на *трех* столбах. У кого получше – на *трех* Атлантах. Действительно, если поверхности дать *три* опорные точки, она обретет спокойствие и устойчивость. Чтобы стол или стул не падали, им достаточно *трех* ножек.

Именно *тройка* гармонизирует любое произведение искусства. Композиции мировых шедевров живописи составлены из невидимых непрофессиональному глазу *тре*угольников. Любое драматическое неграфоманское произведение имеет *три* части: завязка, кульминация, развязка... В народных сказках и притчах всегда *три* основных поворота. Именно *три* пирамиды в пустыне под небом более всего притягивают туристов всего мира посмотреть на их направленные острием в небо *тре*угольные грани и облагородиться, прикоснувшись душою к божественному небу. Почувствовать восточный *тре*угольник равновесия: небо, земля, я!

Недаром многие из тех, кто учился по государственной программе в советской школе на *тройки*, потом превращались в гениев литературы, музыки и театра.

Надо сразу отметить, что особенно почитали цифру *три* на Руси! Например, волхвы, они же астрологи и целители, всегда ходили по *трое*. Видимо, по *трое* они быстрее соображали, что кому наволховить. Скорее всего, тогда и появилось известное выражение «соображать на троих». Позже оно приобрело несколько иной смысл, поскольку из-за нехватки знаний у народных российских масс изменилось значение слова «соображать».

Даже в непростые советские годы *тройка* умудрялась выполнять свою задачу гармонизировать общество. Недовольные убогим бытом и работой за бесценок советские люди после работы разбивались *по трое*, скидывались по рублю, и в их душе ненадолго наступала безразличное равновесие.

Я иногда думаю, что именно цена на водку — *три* рубля — долгое время держала советское общество в устойчивом состоянии. А все серьезные недовольства начались сразу после того, как цену повысили до четырех с лишним рублей. То есть согласно индуистской философии нарушилась равнобедренность *тре*угольника: потребности, обязанности и удовольствия. Скидываться на удовольствия больше, чем по рублю, было уже не по возможностям, а более чем на *троих* — не по потребностям.

Так что *тройка* — это, прежде всего, гармония и равновесие! Резонанс души с Космосом. Задача *тройки* — не дать забыть человеку, что он рожден от брака Неба и Земли. Кто об этом помнит, у того открывается *третий* глаз!

В общем, те, кто любит цифру три, не изменяйте ей! Не повторяйте ошибки советской власти. Иначе вас будет ожидать такой же скоропостижный развал и переход на рыночную экономику души.

Однако вернемся к названию царства. Если учесть все вышесказанное, то *три* в начале названия намекает нам на то, что жизнь в нем может быть задушевной, спокойной и гармоничной. Но почему-то сочинители присоединили к тройке еще и девятку? *Тридевятое!*

Девятка

Теперь я попрошу насторожиться тех, кого в жизни окружает много *девяток*. *Девятка* — число необычайно обаятельное. Я знаю одного бизнесмена, который за три тысячи долларов купил себе номер мобильного телефона, состоящий практически из одних *девяток*. Интересно, что чаще всего *девятка* встречается в номерах телефонов у политиков, чиновников и бизнесменов. Похоже, они относятся к ней как к символу карьеры и удачи в бизнесе. Однако лицемерие *девятки* в том, что, с одной стороны — это тройка, умноженная на тройку — гармония в квадрате — практически совершенство! С другой — просто перевернутая *шестерка!*

Шестерка

Тут придется отвлечься и поговорить подробнее о самой легендарной в наше время цифре — *шесть*. Она не входит в название царства, но имеет к нему самое непосредственное отношение. Прежде всего, прошу не пугаться тех, у кого в номере паспорта и на номере машины много *шестерок*. Только в современном христианском мире число *шесть* считается любимым числом дьявола. Согласно библейскому Апокрифу, властелин тьмы родится на земле хорошеньким мальчиком, с ангельским личиком, но тремя *шестерками* на затылке. Этим сюжетом Голливуд не раз пугал доверчивое американское народонаселение и довел его до того, что многие американские обыватели при рождении ребенка, прежде всего, заглядывают ему в затылок и копошатся в нем — нет ли там трех *шестерок*?

Однако, как это ни парадоксально, в древности число *шесть* было символом не бесовщины... а трудолюбия! Именно *шесть* дней Господь трудился, создавая мир, указав тем самым, что и нам надо работать с одним выходным в неделю, если мы хотим достичь такого же, как он, успешного результата.

Интересно, что все успехи Советского Союза в тяжелой промышленности, космосе, науке, спорте и в балете были достигнуты именно в те времена, когда в стране была *шести*дневная рабочая неделя и когда лучшим токарям и слесарям за трудовые достижения присваивался высший разряд квалификации — *шес-*

той! А развал экономики, трудовой дисциплины начался с переходом страны, вопреки советам Творца, на два выходных.

Кстати, на Востоке отношение к шестерке до сих пор сохранилось как в древности. Китайцы работают и теперь *шесть* дней. В результате наделали своим трудолюбивым миллиардным населением столько товаров, что если и впредь они не перейдут на два выходных, то вскоре и «мерседесы», и «боинги» будут производить в Китае. И они будут так же трещать по швам, как китайские льняные брюки на бедрах сочных российских женщин.

Именно Китай лучше всего иллюстрирует тайный смысл цифры шесть. Недаром китайцы до сих пор чтят своего великого философа Конфуция, который главный свод законов о труде, дисциплине и поведении человека в жизни назвал «**Шести**книжие». Интересно, что во многих арабских странах, когда хотят кого-то похвалить за трудолюбие, говорят, он работает за *шестерых*. Мы же говорим — за двоих. Поскольку для нас и за двоих перебор!

Словом, число *шесть* — это число, символизирующее трудяг-работяг. Которые с утра до вечера крутятся, как *шест*еренки. Китайские рабочие кули — самые типичные представители цифры *шесть*. Они работают послушно, не для подвига. По приказу высшего для них разума — своего начальства! Выражаясь современным языком, цифра *шесть* — это труд рутинный, без бунта фантазии. *Шест*еренке гарантирован успех и долгая жизнь, если она кропотлива, проворна и скромна, как китайский кули. Пьер Безухов, который стоял шестым в списке на расстрел, вел себя смирно, не лез на рожон, поэтому остался жив. Если число шесть себе изменяет и начинает пиариться, его ожидает «палата *№ 6*»!

Как же случился такой парадокс, что на трудолюбивом Западе к числу трудолюбия стали относиться как к любимому числу бесов? Судя по всему, отношение к цифре *шесть* в Европе изменилось во времена инквизиции, когда в погоне за деньгами стали уничтожать в людях тонкое, духовное чувствование мира. Западное трудолюбие стало потребностью ума, а не души. Люди сами помогли бесам завладеть *шест*еркой. Недаром, про одного человека в народе говорят: он делает все по-божески, от души. Про другого — дьявольски умен! Так что на Западе число *шесть* символизирует не бесов, а подключение к ним всего западного перепроизводства, которое со времен инквизиции запитывается от темного бесовского канала, как гигантский завод от атомной электростанции, создавая обманчивый мир поголовного виртуального благополучия!

Может, поэтому на ранней стадии христианства и появился такой библейский Апокриф, превратив трудолюбивую *шест*ерку в отпугивающую.

Надо отметить, что особенно тонко чувствовали число *шесть* издревле на Руси. Именно у нас тех, кто честно трудился, часто называли словом *«шестерка»*. А когда мы превратились в страну уголовной романтики, на зонах шестеркой стали называть тех, кто прислуживает авторитетной нечисти. И даже появился синоним слову «работать» — *шест*ерить.

Однако вернемся к *девятке*.

Тридевятое

Теперь понятно, почему девятка так нравится тем, кто находится ближе к власти. Они самонадеянно думают, что они — само совершенство. Гармония в квадрате! А на самом деле они просто оборотни — перевернутые бесовские шестерки! И лицемерны, как ценник, на котором написано 999 рублей вместо тысячи.

Надо отметить, что у нас особенно точно чувствовали *девятку*. В КГБ самым мощным управлением, которого все боялись, было *девятое* управление. Когда построили Тольяттинский автомобильный завод, все советские трудяги старались купить себе *шестую* модель «Жигулей», а бандиты и рэкетиры — *девятую*.

Итак, продолжая следовать сакральным знаниям древних, получается, что *тридевятое* царство — это царство, в котором все могло быть в гармонии, но что-то сочинителей насторожило, и они тревожатся, как бы это царство не стало лицемерным государством оборотней. На причину своей тревоги они намекнули в продолжении зашифрованного названия — *тридесятое!* Повтором тройки еще раз подчеркнув необычайные возможности царства к развитию духовному. Однако на этот раз к тройке прилепили еще и *десятку*.

Десятка

Десятка в те давние-предавние времена не входила в ряд магических чисел. Ее, как теперь, не почитали. В так называемый Золотой век истории, когда люди не воевали, не было парламентов, недвижимости, таможен, попсы, папарацци, залоговой приватизации и вторичного вложения ваучеров, трудяга-человек пользовался шестеричной системой счета. Единственное воспоминание, которое докатилось до нас о том счастливом времени, это деление часа на *шесть*десят минут, а минуты — на *шесть*десят секунд.

Видимо цифры *шесть* нашему далекому предку вполне хватало, чтобы пересчитать свое имущество попредметно, так как он владел только теми предметами, которые создал своим трудом. То есть их было совсем мало. До сих пор восточные аксакалы утверждают, что для счастья человеку достаточно всего *шести* вещей. Конечно, они не уточняют каких? Для одного — это в первую очередь зубная щетка и молитвенник, для другого — кредитная карточка и остров в Тихом океане.

Однако, в какой-то момент истории, скорее всего, когда человечество так расплодилось, что появились первые соседи, а вместе с ними и первое чувство зависти, своего имущества людям стало не хватать, понадобилось еще и чужое. Причем, понадобилось **позарез!** Какое точное старинное русское слово! Позарез! Образовались первые дружины. Якобы для охраны. На самом деле готовые ради чужого зарезать любого. Аппетиты росли, дружины распухали до армий. Именно первые войсковые подразделения и начали делиться по *десят*ь человек! А вскоре войны стали настолько модным и популярным занятием мужской части населения, что самодостаточная трудяга-*шест*ерка безнадежно устарела. Она стала немодной, как не модны нынче у молодежи бывшие трудовые профессии инженера, сталевара, токаря *6-го* разряда. Новое поколение выбрало *десятку*! *Десятка* удачно научилась отнимать то, что было создано *шестеркой*. Золотой век попрощался с человечеством, у которого, выражаясь современным языком, сбилась программа самодостаточности. Выражение *«попасть в десятку»* стало означать «быть точным в стрельбе» или «находиться в первой **десятке** княжеской дружины», то есть быть ближе к награбленному.

Тут подоспело и основное ноу-хау бесов в мировой истории человечества — деньги. Как правильно их назвал кто-то — помет нечистой силы. Деньги окончательно закрепили рейтинг десятки. Поскольку, согласитесь, пересчитывать миллион шестерками очень неудобно.

Вот так бывшая в Золотой век истории тихоня-**десятка** стремительно и напористо завладела миром, как раскрутившаяся и пропиаренная поп-звезда овладевает рейтингом наивно-агрессивного большинства. И пока цифра **десять** будет им править, главным удовольствием человечества так и останется воевать и пересчитывать деньги.

Теперь понятно, почему авторы сказок дали такое мудреное название своему волшебному царству.

Тридевятое — тридесятое!

Это мифическое царство, в котором, конечно, все могло быть задушевно, гармонично и спокойно, но в нем сбилась программа! Жизнь в этом царстве стала суетной, все мечтали попасть **в десятку**! И волшебное царство превратилось в традиционное отформатированное государство!

Шифровка

Когда я все это себе нафантазировал, я с ужасом подумал, а что, если это вовсе не фантазии? Что если сочинители сказок были мудрецами, а не сказочниками? И хотели нас, потомков, о чем-то известить, предупредить, уберечь... Когда корабль терпел в старину кораблекрушение, моряки запечатывали перед гибелью послание в бутылку и бросали ее в море. Надеялись, что кто-то ее найдет, прочтет их послание и узнает, от чего они погибли.

Может быть, когда духовный мир человечества треснул, стал рушиться, когда программа начала сбиваться, те, кто понимали причины этого крушения, решили послать нам, потомкам, весточку. Но запечатали ее не в бутылку, а в сказку. В увлекательный сюжет. Понимали, обыватель будет пересказывать это послание-предупреждение в веках, только если в нем будут цари, волшебники, чудеса, скатерти-самобранки, молодильные яблоки, ковры-самолеты... Но когда-нибудь людям станет так тошно от их сбившейся программы, так они сами себе опротивят, что будут искать выход во всем. Тогда и сообразят, что сказки, легенды и мифы — это все шифровки из глубины тысячелетий. И за банальными, затрепанными историческим обывателем образами можно разглядеть весьма полезные советы. Не случайно же их послание нам заканчивается известной всем с детства присказкой «Сказка — ложь, да в ней намек!».

И я решил пофантазировать дальше. В чем намек? В конце концов, это всего лишь фантазии... И, даже если я не прав, на фантазию никто не сможет подать в суд!

Царь-Батюшка

Жил в тридевятом царстве, в тридесятом государстве, естественно, царь. Заметьте, царь, а не король! Король — это не более чем власть, деньги, войны... А царь, в переводе с языка наших древнейших предков, означает властелин законов природы. Гордый лев — царь зверей, а не король! Основная разница между царем и королем в том, что царь выходит из дворца, чтобы что-нибудь дать людям, а король — чтобы у них что-нибудь отнять. Недаром в народе говорили: царь-батюшка. Согласитесь, нелепо было бы назвать французского Людовика XV батюшкой. Кстати, королевским до сих пор называют все то, что связано с неким оттенком бессовестности и беспредела: королева красоты, королева бензоколонки... Снежная королева — тоже не самое альтруистическое существо. А царевна, так — лягушка. Зато от любви расцветает всей душою, так, что даже лицом хорошеет и туловищем преображается до неузнаваемости. С вечера вроде лягушка-лягушкой была, а после того как царевич приголубил, к себе в царскую спальню взял, наутро превратилась в царевну-красавицу. Поэтому, кстати, эта история и считается сказкой. Только в сказке женщина наутро может выглядеть лучше, чем с вечера. Однако в государстве, где сбилась программа, мало кого интересует душевная красота. Согласитесь, весьма забавно звучало бы в наше время — «Конкурс духовных красавиц». Невозможно было бы найти спонсора.

Впрочем, вернемся к сюжету...

Дурак?

Было у царя-батюшки три сына. Старшие два жили согласно сбившейся программе. Поэтому в государстве, где сбилась программа, считались умными. Как и большинство, почитали не Родину, а Государство.

Порядочность заменили законопослушанием, нравственность путали с юриспруденцией, спекуляцию называли бизнесом. В женской красоте ценили косметику, людей уважали не за талант, а за рейтинг. Во всех своих проблемах и невзгодах обвиняли недоразвитое начальство и соседей. Евреев тогда еще не было. А любовь заменили браком! Только в государстве, где очень сильно сбилась программа, совместную жизнь двух любящих людей могли назвать производственным словом «брак».

Третий же сын с таким положением вещей в батюшкином хозяйстве согласен не был. Поэтому он все время думал. Точнее, даже медитировал. На Руси всех, кто много думает, всегда считали дураками. Тем более тех, кто медитирует. Тех считали дураками показательными! Поэтому большинство населения царства на него пальцем показывало и говорило детям: «Если будешь думать, а не заниматься бизнесом, таким же дураком вырастешь!»

Неведомо было большинству, что счастливее был наш царевич-дурак их всех вместе взятых. Наблюдал он из окошка мир, созерцал природу, смену времен года и думал над извечно русскими вопросами: как быть, что делать и как бы никогда не работать? Ну не хотел он создавать и приумножать мир виртуального благополучия. Думал он, естественно, на печи, поскольку хорошей сантехники в то время к нам, в Россию, еще не завезли. Так бы и просидел наш царевич всю жизнь, бесперспективно нагревая свою нижнюю чакру кундалини и заряжая ее бесполезной богатырской энергией огня отечественной печи, если б вдруг ни с того ни с сего не учудил его папаня!

Светлоауровый!

Тут надо сказать о царе-батюшке пару ласковых слов. Дело в том, что Господь весьма забавно с ним пошутил еще при рождении. Несмотря на царское происхождение, наделил его совсем не царской аурой. Так, для эксперимента, мол, посмотреть, что получится? У Господа всегда было хорошо с чувством юмора, когда дело касалось человека. Просто человек в истории не всегда его шутки понимал. Царь наш, батюшка, тоже не сразу понял. Поэтому с самых пеленок чувствовал в себе раздвоение личности. С одной стороны, как и подобает царскому имиджу, был по-царски грозным, с другой — добрейшей души человеком. Никак не могли в нем ужиться золотая корона, доставшаяся по наследству, с солнечной аурой — подарком Господа. Конечно, корона своим блеском, как правило, затмевала слабое свечение ауры. Но иногда аура вспыхивала, бунтовала, и тогда корона царю-батюшке начинала жать, как испанский сапог. В таких случаях он ее снимал и тут же из царя превращался в батюшку. Правда, ненадолго. Но и этого времени ему хватило, чтобы натворить несуразно добрых дел.

Кстати, аура как раз и была тем главным наследием, которое перешло от него к младшему сыну. Старшим братьям досталась недвижимость и доля от казны, а младшему — аура и долги совести. Именно долги и начали с возрастом тревожить царскую душу. Вроде и армию завел, и податью народ обложил, и налоговая полиция справно эти налоги собирала... Однако, именно как батюшка, чувствовал он, что-то в царстве его не заладилось. Хотя и реки вроде молочные, и берега кисельные... А что-то не так! Понимал он, надо было успеть что-то доброе для своего царства сделать. А что? Понять не мог. Не было в то время такого точного выражения — восстановить программу. Впрочем, нашему человеку, чтобы начать действовать, не обязательно понимать, ради чего. Поэтому, так ничего и не уразумев, сформулировал царь-батюшка свою царскую директиву по-нашенски, от души!

Пойди туда — не знаю куда, да принеси то — не знаю что!

Первые два сына, как это услышали, решили, у бати начался рассеянный атеросклероз. Или какая нехорошая примета привиделась. Например, дорогу перебежала черная кошка с пустым ведром. К кому из юристов не обращались, все в один голос отвечали — указ не легитимный! Дурак же на призыв откликнулся сразу. На то он и дурак, чтобы откликаться, когда умные отмалчиваются. Я вообще думаю, подвиги — удел дураков! Умные, просчитывая любое свое движение, каждый раз приходят к выводу, что подвиги для них бесприбыльны. Для подвига нужен не мозг, а интуиция. У дураков она суетой не подавлена. По сравнению с их интуицией, мозг любого умника —музейный арифмометр. Только полному дураку интуиция могла подсказать, что где-то — не известно где, что-то — не известно что, но очень важное все-таки существует. И на поиски этого неизвестно чего он должен немедленно отправиться туда, куда глаза глядят. Нет! Умный на такой подвиг не способен.

Кстати, наш дурак выбрал очень неглупый маршрут: за *тридевять земель!* То есть за пределы государства, где сбилась программа!

Сначала ехал темным лесом. В сказке конкретно сказано: долго ехал в потемках, то есть совсем не понимал, с какой стороны подобраться к папиной задаче. Правда, надежды не терял. И наконец, встретил... бабу-ягу. Кто бы мог подумать — его надеждой оказалась *баба-яга*!

Баба-яга

Баба-яга, надо сразу сказать, персонаж небанальный и неоднозначный. Во-первых, это женщина с огромным комплексом неполноценности и с несложившейся судьбой. Мало того, что лицом не вышла. Правда, лицом не вышла уже к старости, а в молодости была даже красивой. И при этом очень способной! О ней уже тогда говорили: красивая, зато умная! Еще одна шутка Господа. Я понимаю, нелегко теперь представить себе Бабу-ягу молодой. Однако была! И повторяю: необычайно одаренной. Особым даром наделила ее матушка-природа: видеть и ведать то, что не видят и не ведают остальные. То есть была она мощнейшим экстрасенсом! Правда, в то время таких мудреных слов не было. Поэтому говорили просто — ведьма. Кстати, слово «ведьма» появилось в народе как похвальное, от слова «ведать». От этого же слова произошло и название первых святых книг на земле — Веды. Более того, ведьмами называли добрых женщин-целительниц, которые ведали разные секреты, и относились к ним за это в народе, как к святым.

Интересно, что злых колдуний, занимающихся черной магией, в то же время называли феями. Вот так с тех пор все перевернулось после того, как программа сбилась.

Просто во времена инквизиции бесы — наперсточники человеческого духа — находчиво поменяли плюс с минусом местами. Пропиарили минус как плюс! Человечество закоротило. Так и живет оно до сих пор в коротком замыкании собственного разума: двигателями истории считаются политики, военные, бизнесмены... Теми, кто что-то создает, руководят те, кто продает. Элементарные шабаши называются: форумы, симпозиумы, сессии, встречи на высшем уровне... Мудрецов считают юродивыми и убогими. Хотя само слово «убогий» бесы прозевали, и оно осталось очень точным и до сих пор означает того, кто остался у Бога, не поддался бесовщине.

Но, к сожалению, наша баба-яга «убогой» оставаться не пожелала. Хотя благодаря своим необыкновенным способностям могла стать продвинутой целительницей, может быть, даже открыла б со временем неформальную клинику нетрадиционной, то есть небизнесовской медицины.

Но в молодости с ягой произошла беда. Будучи совсем юной, она встретила Кощея. С тех пор вся жизнь ее пошла наперекосяк. Хотя мама обо всем предупреждала. Мама не одного Кощея повидала за свою жизнь. Яга ее не послушала. Строен был Кощей, высок, чертовски собою хорош и — вот он гениальный русский язык — дьявольски умен! Что только ни вытворял он, чтобы подключить все 96 лепестков ее нижней божественной чакры кундалини к своему бесовскому источнику бесперебойного питания. И на ковре-самолете катал, и поляны накрывал скатертью-самобранкой. Однажды даже приволок простыню-самобранку! Такого Бэтмана из себя корчил! Метлу подарил с наворотами, ступу последней модели... Тут она и сдалась! После ступы. Отсюда и выражение — оступиться! Стала служить верой и правдой их общему кривдиному делу. В результате божьего дара-то и лишилась. Так часто бывает даже с известными талантливыми артистами, которые идут в политики. Они тут же начинают петь менее задушевно, хотя и громче. И у них не только третий божественный глаз перестает видеть, но и своих два закрываются. Поскольку талант — он всегда от Бога. И служить им Кощею — есть кощунство.

Так и с бабой-ягой произошло. Распереживалась она из-за того, что никому ее талант в жизни не пригодился, никому не помогла, никого не вылечила... От переживаний быстро состарилась, как всегда в таких случаях бывает, и превратилась из незаурядной красавицы в заурядную бабу, да еще ягу. Многие женщины сегодня должны ее понять и ей посочувствовать.

У Кощея к тому времени, естественно, новые бабки-ёжки завелись, помоложе. Чтобы без шума от нашей яги отделаться, он ей небольшую недвижимость подарил. Избушку на курьих ножках. Небольшая недвижимость, зато на краю света! Чтобы ей проблемно было к нему в центр добираться. А на курьих ножках — потому что умный был дьявольски! Знал — Земля-матушка добром заряжает. Лишил ягу заземления! И пригрозил, мол, если она не будет впредь служить верой и правдой их общему «кривдиному» делу, лишит бессмертия, которое даровал в период былого очарования.

Бабья мечта

Затаилась с тех пор баба-яга! Какой-никакой, все-таки а бабой была. Мечтала только об одном, как бы Кощею за все отомстить. За несложившуюся судьбу, за то, что замужем ни разу официально не была, за то, что обещал в бессмертие молодой взять, а сам отправил в вечность старухой, за то, что отдала этому абсолюту зла лучшие столетия своей жизни! А чтобы Кощей о мечте ее не догадался, продолжала делать вид, что все его задания исправно выполняет: всех пугала, стращала, каждого встречного съесть обещала. Хотя ни в одной сказке, между прочим, своего обещания не сдержала и даже в печку никого толком не засунула. Так только, вокруг избушки косточки разбросает, да и то куриные. Для отчета. Приписками занималась! Главное, ни словечка лишнего о своей бабьей мечте никому не проронила. Ведала, *бесы слышат слова, ангелы — мысли.*

А сама, чтобы силы в себе духовные возродить, третий глаз оживить, перешла на вегетарианскую еду, занялась йогой. Поэтому ее и прозвали — *бабайога.* Однако что такое йога, человество, после того как минус с плюсом рокировались, забыло, и стали ее звать короче и проще — Яга.От растительной еды лицо ее еще сильнее сморщилось, гормонов удовольствия — серотонина — теперь явно не хватало. Замечали, у всех, кто в старости на вегетарианскую еду переходит, резко меняет отбивную с пюре и компотом с булочкой на ночь на рис с сельдереем круглосуточно — лицо становится, как грецкий орех без скорлупы. Из всех частей тела кости повылазили. Особенно жалко на ее ноги было смотреть: хоть анатомию коленных чашечек и менисков изучай. Не ноги, а точь-в-точь два стебелька сельдерея. Поэтому ее и прозвали — Костяная нога. А на самом деле это были ноги обычной престарелой йогини, переевшей петрушки, обильно припорошенной ванилью, по индивидуальному гемокоду!

Богатырь!

Зато, как только она увидела своим восстановленным третьим глазом незапятнанную ауру Ивана-царевича, его готовую к подвигам, перегретую на печи чакру кундалини, тут же поняла — простил ее Господь за все ее грехи молодости и послал исполнителя ее тайной бабьей мечты, верного помощника. А главное, с точки зрения бесов, такого дурака, что ни у кого из них даже подозрений не вызовет. При этом настоящего богатыря! В то время слово «богатырь» слагалось из двух слов: «Бог» и «тырить». Только слово «тырить» означало «копить». Это значительно позже слова «копить» и «воровать» слились в одном процессе. А свято *слово* пусто не бывает! И сейчас трудно представить себе, чтобы кто-нибудь накопил что-нибудь приличное, не воруя. Так что богатырем в то время называли того, кто накопил в себе бога. А не того, кто по-голливудски хрестоматийно накачал мышцы. Потому что тот, кто накачал себе мышцы, тот не богатырь, а качок!

Однако, прежде чем отправить Иванушку на подвиг, начала обучать его уму-разуму. Из бунтаря превращать в просветленного. Поскольку знала главную аксиому Творца: бунтарь без просветления опасен, как даун, играющий с высоковольтными проводами. Кроме того, с бунтарями Кощей быстро расправлялся. Ведала она тайну тайн:

для зла опасна не сила, а просветление!

Для такого просветления, чтобы с Кощеем схлестнуться и одолеть его, царевичу еще надо было, как завещал великий Махатма из далекого будущего: «Учиться, учиться и еще раз учиться!»

Для начала приобщила баба-яга царевича к йоге. Обучение у них проходило на ковре. Иванушка способным оказался. Быстро научился перемещаться астральным телом в любую точку пространства, не сходя с ковра. Порой и вместе с ковром. Среди обывателей тут же поползли слухи о загадочном «ковре-самолете». К концу просветления и вовсе приноровился нырять в астрал без всякого «ковра», даже не переодеваясь в спортивное, как есть в одежде и сапогах. Так к «ковру-самолету» добавилась еще и мечта лентяев всех будущих поколений — «сапоги-скороходы».

Многим, многим премудростям обучила яга-гуру своего ученика. Когда же наконец поняла, что дозрел наш хлопец до истинного подвига, поведала ему сек-рет-секретов, тайну-тайн — как зло, то бишь Кощея окаянного, лишить бессмертия! Долго ждала она этого момента!

Меч-кладенец

– Прежде всего, — сказала она, естественно, телепатически, поскольку ведала:

**ангелы слышат мысли, бесы — слова, —
тебе нужен меч-кладенец!**

Тут надо заострить внимание еще на одном волшебном словосочетании «меч-кладенец». Меч и в древности, как и теперь, означал оружие. Кладом тогда называли самые тайные знания, до которых очень трудно докопаться. Зато про того, кому это удавалось, говорили, он — кладезь мудрости! Так что меч-кладенец первородно означал точь-в-точь название популярного советского журнала «Знание — сила».

— Так вот... Сначала ты должен мечом-кладенцом, то есть силой своих теперешних знаний, рассечь тело Кощея. Не ищи его на краю света. Кощей так хитер, что спрятался в самом укромном месте — в каждом из нас! Затаился в самых потайных уголках и клеточках нашего туловища. Поэтому именно наше туловище каждый раз втягивает нас во грех. По себе знаю... — На этом месте баба-яга задумалась, видимо, вспомнила что-то очень приятное из своего бесовского прошлого, но тут же отогнала незабываемые воспоминания... и продолжила:

— Мысленно рассеки свое туловище мечом-кладенцом, освободись от его лишних греховных потребностей. Избавься от кощеевых пут, чтобы они не мешали тебе заглянуть глубже — в себя! Там ты увидишь *сундук*. Это твое ментальное тело! Твои мысли. Отсеки темные, греховные... У каждого из нас их так много, что душе тесно в этом темном кощеевом сундуке. Смело руби его кладенцом! Из сундука вылетит *утка* — твое астральное тело! Твои чувства, ощущения... Дай им волю! Они помогут тебе почувствовать самые сокровенные законы мироздания, Космоса... Без души ты не познаешь их ни телескопами, ни синхрофазотронами. — Тут баба-яга еще хотела добавить «Ни камерами Вилсона», но, увидев глаза царевича, сдержалась, вспомнив вовремя еще одно назидание Творца: «Не грузи — не загрузим будешь!» И продолжала, перейдя уже практически на телепатический шепот:

— Вселенная — это природа! Символ Вселенной — *яйцо*. Недаром, когда природа оживает, люди дарят друг другу раскрашенные яйца. Яйцо ты найдешь внутри утки. Разбей его. Законы Вселенной есть в каждом из нас. Только очень глубоко. Мы их подавили и загнали на самое дно наших клеточек. И хоть их многое-множество, они такие хрупкие и тонкие, что уместились в одной иголке! Иголка — последнее убежище Кощея! Будь внимателен. *Игла* — любимая защита бесов! Неспроста говорят: посадить на иглу. Не раздумывая, сломай ее! Раз и навсегда соскочи с бесовской иглы. И ты познаешь глубину своих самых чистых природных родниковых чувств, а значит, победишь Кощея! В себе! И чем больше людей ты этому научишь, тем быстрее тебе удастся лишить зло бессмертия! — Тут глаза у бабы-яги загорелись, уже не по-бабьи, а по-бабски. Так часто бывает с женщинами, которые чувствуют, что скоро, очень скоро отомстят...

И побрела она от царевича со своею ступою сама собой одна-одинешенька в вечное старческое бессмертие. Зато счастливая! Наконец-то кто-то ее выслушал, кому-то пригодилась! Если так и дальше пойдет, может, и замуж кто вскоре возьмет. Какой-нибудь раскаявшийся леший, решивший начать новую жизнь и тоже подсевший на раздельное питание: ягоды и грибы отдельно от заблудившихся ягодников и грибников.

Возвращение

Вернулся домой Иван-царевич радостный, просветленный. Царю-батюшке обо всем рассказал. Царь очень доволен остался сыном. Тут же от радости нацепил на разлохмаченную суетой ауру свою потомственно-крутую корону и по всему царству издал указ:

всем подданным немедленно и поголовно раскаяться, иглы внутри себя переломать, сундуки, уток и яйца перерубить! Тем, кто предписания не исполнит — сечь головы. За послушание — почетные грамоты, премии, отгулы... Невиданная кампания развернулась в царстве! Специальная комиссия Собирком была создана для регистрации раскаявшихся. При Собиркоме организовали специальные заготпункты, куда народ должен был со всей округи свозить сломанные иглы и торжественно опускать их в специальные корзины, которые народ уже тогда назвал — урнами! И даже лозунги над ними висели «НАШЕ БУДУЩЕЕ В УРНАХ!».

Вот только одно «но»... Меча-кладенца ни у кого, кроме Ивана-дурака, не было. Так что даже швейные иголки народ переломал, а что батюшка-царь своей директивой сказать хотел, так никто и не понял. Поэтому со временем стали пересказывать царский указ как некую потешную сказку. В таком виде она до нас и докатилась.

Зато царевна из другого царства полюбила Ивана за его просветленную душу. Они поженились! Он ее просветлял весь медовый месяц. Даже дал ей в первую брачную ночь подержать меч-кладенец. После чего стали они жить-поживать, добра наживать. То есть делать добрые дела, а не тырить векселя с ваучерами. Поскольку свою жизнь сверяли по бабе-яге, а не по Карнеги! И знали, что слово «богатый» означает «Бог — ты». То есть в ком Бога много, тот и богатый, а в ком мало, того ждет беда. Тот — бедный. А у кого денег много, тот не богатый, тот коллекционер. Потому что деньги — это помет бесов. То есть — зло. И действительно, даже в наше время, приходишь порой в магазин и чувствуешь — зла не хватает!

33

Тут и сказочке конец, кто намек понял — молодец. Тот должен набраться терпения. Потому что быстро сказка сказывается, да, к сожалению, не скоро дело делается. А кто не понял, тоже ничего страшного. Тому еще проще! Тот может продолжать искренне, без всяких дураков, считать, что все в жизни зависит от Центризбиркома, Собиркома или какого другого «кома». А виноваты во всех их неприятностях подстроенные выборы, соседи и евреи!

МАМЫ И ВОЙНЫ
(2000 г.)

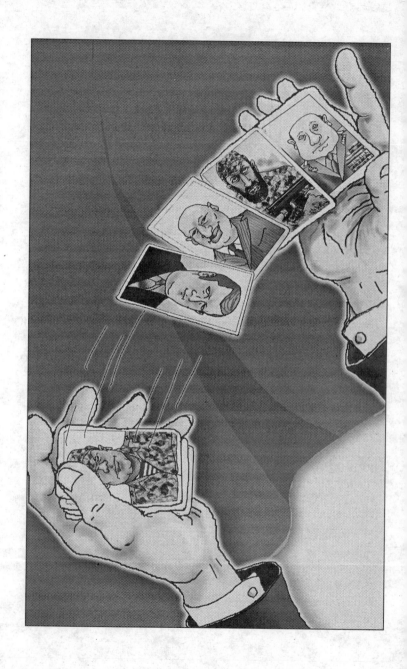

Когда я приезжаю в Ригу, мы с мамой часто смотрим вместе телевизор. Маме уже за девяносто. Она никогда не была ни в одной партии, не состояла в профсоюзе, комсомоле, не пела хором патриотических песен. Ни с кем не шагала в ногу, не меняла взглядов в зависимости от смены портретов на стенах, не сжигала партбилетов и наглядно не раскаивалась в преданности предыдущим портретам. Поэтому, несмотря на возраст, до сих пор рассуждает трезвее многих наших политиков. Посмотрев однажды репортаж из Севастополя, она сказала: «Теперь турки могут потребовать у Украины Крым. Ведь по договору с Россией они не имели на него права, пока он был российским». Но больше всего из новостей ее волнует Чечня. Мой дедушка, ее отец, царский офицер, служил в начале века на Кавказе. Мама родилась в Майкопе, потом жила в Краснодаре.

— Не будет в Чечне ничего хорошего, — настойчиво повторяет она, слушая даже самые оптимистические прогнозы и заверения доверенных правительству лиц. — Они не знают кавказцев, не знают истории.

Мама наивно полагает, что политики и генералы, так же как она, беспокоятся о Родине, но все время ошибаются, потому что получили неаристократическое образование.

Иногда, очень мягко, я пытаюсь доказать маме, в чем ее главная ошибка. Она оценивает наших руководителей, помещая их в свою систему координат. Они же существуют в совершенно другом измерении.

Как это ни глупо, я начинаю рассказывать ей об олигархах, о ценах на нефть, о войне как сверхприбыльном бизнесе. Что еще глупее, от таких разговоров я часто завожусь, забывая о своей маске циника, и фантазирую пылко на разные исторические темы.

Как правило, от моих фантазий мама, сидя в кресле, начинает дремать, при этом продолжает кивать головой, словно в знак согласия со мной. На самом деле это ее неиспорченный излишней политизированностью мозг находчиво отгораживается дремой от того мусора, которым переполнены сегодня головы среднестатистических россиян. И моя в том числе.

Ну и хорошо, хоть не видит, что в «Новостях» в очередной раз показывают обугленных людей, отрезанные головы, матерящихся солдат, воющих женщин. Правда, к подобным кадрам у нас привыкли даже дети. Называют их ласково: расчлененкой, страшилками, кровавой накачкой.

За последние годы даже я не раз закрывал глаза, смотря «Новости», как в детстве на страшных фильмах, которые по сравнению с сегодняшним телевидением — сказка о Красной Шапочке. Впрочем, я уверен, что если бы нашему телевидению пришлось сегодня снимать «Красную Шапочку» и фаршировать ее рекламой, то это была бы история о потомственной путане, которая, по совету своей матери, тоже знатной шлюхи в третьем поколении, отравила волка-сутенера пирожками из расчлененной бабушки.

Фантазировать на эти темы сатирику можно бесконечно. Но какими бы больными ни казались подобные фантазии, смотреть на реальную жизнь все равно больнее. Мама иногда сквозь дрему приоткры-

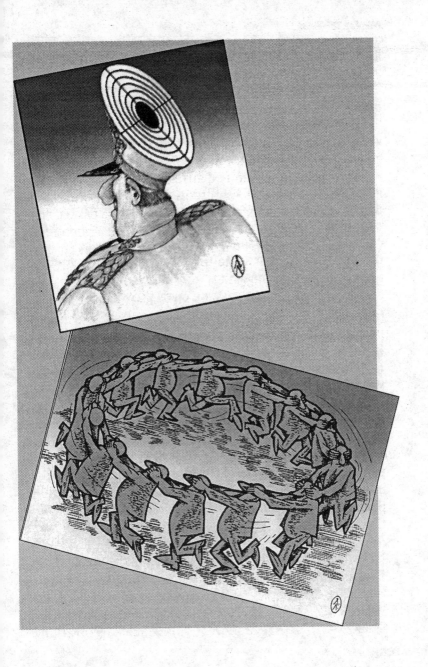

вает глаза и, словно испугавшись увиденного на экране, тут же их снова закрывает. Во время одного из своих выступлений я сказал: «Такое ощущение, что наше телевидение называется «Останкино», потому что все время показывает нам чьи-то останки». И на фоне этих останков вот уже какой год помощник президента успокаивает российское население тем, что прорвавшийся к казарме грузовик с взрывчаткой, расстрелянный пост милиции, попавшая в засаду колонна десантников — это все последняя агония противника. У помощника президента глаза никогда не смотрят в камеру. Они всегда лгут профессионально — в сторону. Этим умением он овладел в совершенстве, еще рассказывая нам несколько лет подряд о насморке предыдущего президента и о том, что у того опухшее лицо в течение месяца потому, что он по ночам беспробудно работал с бумагами, а по утрам снимал накопившийся синдром подписыванием свежих указов. Видимо, за это бывший пресс-атташе был повышен. Теперь ему дозволено говорить о наших потерях на Кавказе. Ему всегда доверяют самое сокровенное — нездоровье президента и жертвы в Чечне! Его хозяева всегда в нем уверены. Такой не подведет, только глаза в сторону отведет, но, как всегда, останется настойчиво преданным.

Невероятно, но в слове «преданный» сразу два смысла, причем взаимоисключающие друг друга: преданный кому-то и преданный кем-то. Вроде как для нас разница всегда была столь несущественна, что не надо было придумывать лишнее слово. Например, народ, преданный правительством, или народ, преданный правительству. Думаю, чтобы никогда не ошибаться, надо всегда говорить: мы, русские, народ преданный.

Интересно, наши оповестители событий заметили, что за последние полгода три раза рапортовали нам о победном завершении военных действий в Чечне и семьдесят раз о последней агонии противника?! Так при советской власти ЦК КПСС неоднократно объявлял нам о наступлении победного завершающего этапа построения социализма. Потом оказывалось, что это был лишь первый завершающий этап, а впереди еще два завершающих. Впоследствии и первый завершающий делился на три: начальный завершающий, конечный и бесконечный.

КОГДА Я СЛУШАЮ НАШИХ КОММЕНТАТОРОВ С МЕСТА СОБЫТИЙ ИЗ ЧЕЧНИ, МНЕ ХОЧЕТСЯ ИХ ПОСАДИТЬ НА ДЕТЕКТОР ЛЖИ, СОВМЕЩЕННЫЙ С ЭЛЕКТРИЧЕСКИМ СТУЛОМ.

* * *

Мой друг, актер, кинорежиссер, в прошлом также рижанин Борис Галкин сейчас снимает документальный фильм о Чечне. Он рассказывал мне о том, что в Чечне не осталось ни одной неизнасилованной русской женщины в возрасте от пятнадцати до шестидесяти лет.

«Неужели нет выхода?!» — после каждой очередной вспышки агонии противника восклицает уставшее от стрессов российское население. Тут надо уточнить. Население в России делится на две части. Одна — всегда надеется на царя-батюшку (генсека, президента, губернатора), вторая — на пахана-авторитета (генсека, президента, губернатора). Поэтому наше население, по сути, едино, оно всегда надеется на кого-то. И критикует всех и вся, никогда ничего не предлагая, кроме, в крайнем случае, смены царя-пахана. Так и хочется спросить, когда же мы наконец перестанем чувствовать себя просто населением, почувствуем себя людьми мыслящими, а не просто людьми прямоходящими. Еще точнее: когда каждый станет человеком, который не только догадался поднять с земли палку и махать ею в разные стороны, но и задумался, по какому адресу ее точнее применить.

Еще в начале первой чеченской кампании мама, чтобы я понял ее слова «в Чечне не будет ничего хорошего», посоветовала мне почитать российский энциклопедический словарь прошлого века Брокгауза и Ефрона, перечитать повесть Льва Толстого «Хаджи-Мурат», освежить в памяти хрестоматийные стихи Лермонтова и внимательно изучить карту Чечено-Ингушской Советской Автономной Республики.

Спустя полгода после того как я закончил читать «Хаджи-Мурата», мне случайно встретился в одном из тусовочных московских кафе известный журналист Александр Минкин. Разговорились о наболевшем: президенте, правительстве, губернаторах, паханах и, естественно, о Чечне. Саша прочитал мне, как он сказал, отрывок из одного журналистского очерка. Пожаловался, что некоторые редакторы отказываются очерк печатать. В отрывке я тут же узнал фрагмент повести Льва Толстого «Хаджи-Мурат», в котором Толстой сто с лишним лет назад описал карательный набег русских на чеченский аул во время Первой Кавказской войны.

«Вернувшись в свой аул, Садо нашел свою саклю разрушенной. Крыша была провалена, и дверь, и столбы галерейки сожжены, и внутренность огажена. Сын же его, тот красивый мальчик с блестящими глазами, был привезен мертвым к мечети на покрытой буркой лошади. Он был проткнут штыком в спину. Благообразная женщина в разорванной на груди рубахе, открывавшей ее старые обвисшие груди, с распущенными волосами, стояла перед сыном и царапала себе в кровь лицо и, не переставая, выла. Садо с киркой, лопатой ушел с родными копать могилу сыну. Старик дед сидел у стены разваленной сакли и тупо смотрел перед собой. Он только что вернулся со своего пчельника. Бывшие там два стожка сена были сожжены. Были поломаны и обожжены посаженные стариком и выхоженные абрикосовые, вишневые деревья. И главное, сожжены все улья с пчелами. Фонтан был загажен, очевидно, нарочно, так что воды нельзя было брать из него. Также была загажена и мечеть. И мула с муталимами очищал ее. Старики хозяева собрались на площади и, сидя на кирпичах, обсуждали свое положение. О ненависти к русским никто не говорил. Чувство, которое испытывали все чеченцы от мала до велика, было сильнее ненависти. Это была не ненависть, а неприятие этих русских собак людьми. И такое отвращение, гадливость и недоумение перед нелепой жестокостью этих существ, что желание истребления их было как желание истребления крыс, ядовитых пауков и волков, таким же естественным чувством, как чувство самосохранения...

Старики помолились о помощи и единогласно решили послать к Шамилю послов, прося его о помощи...»

Когда я сказал Минкину, откуда этот отрывок, он не столько удивился, сколько обрадовался:

— Наконец-то! Хоть ты узнал Толстого! Кому из сегодняшних политиков и военных я ни показывал эти строчки, все говорили одно: лучше сейчас об этом не писать. Журналист явно преувеличивает, наверняка куплен Западом. Представляешь, ни один из них не читал Толстого!

Я был горд! Как все-таки полезно бывает, несмотря на возраст, порой найти в себе силы, чтобы послушаться родительского совета.

— Мало того, — добавил я. — Они и Пушкина не читали, и Лермонтова... Да что там... По-моему, даже в энциклопедию не заглядывали. Иначе хоть один из них задал бы себе вопрос: сколько раз можно наступать на одни и те же грабли?

Еще великий ученый Павлов, который исследовал человеческий мозг, любил говорить, что у большинства наших людей отсутствуют способности к установлению причинно-следственных связей. Но это мудрено. Это поймут лишь те, у кого эти причинно-следственные связи не нарушены. А для тех, у кого они нарушены, могу перевести на более современный язык. Павлов утверждал, что большинство наших людей может бесконечно наступать на одни и те же грабли.

* * *

Один военный чиновник однажды мне сказал: «Чечня — это наш геморрой!» Правда, при этом почему-то провел себе рукой под подбородком, по шее. Очень правильно подмечено. И находится Чечня на карте примерно в том же месте. И вроде по размеру воспаление небольшое, но о каком общем выздоровлении может идти речь, когда с такой запущенной стадией ни сесть, ни встать, ни помечтать о светлом будущем. Поскольку, несмотря на все достижения фармакологии, наша медицина перед геморроем бессильна, я поинтересовался у одного заезжего восточного махатмы, с чего же надо, по его мнению, начинать лечить эту болезнь, чтобы избавиться от нее навсегда? Он мне ответил: «С головы». Причина геморроя всегда в голове. Поэтому прежде чем начать лечение, надо спросить у головы: она согласна на это лечение или нет?

Интересно, какого бы ответа дождался восточный махатма от нашей головы? Не могу отвлечься от профессии сатирика и не представить себе отвечающую мудрецу от лица России голову помощника президента и не понимающую ее мудреные ответы голову мудреца. Конечно, я не восточный мудрец, но каждый день, когда смотрю «Новости» и от двух минут репортажа из Чечни у меня, как и у многих других телезрителей, портится настроение на весь вечер, я хочу нашей голове от имени всего нашего дряхлеющего туловища задать все тот же вопрос: вы правда хотите покончить с чеченской войной? Если да, то почему вы не организуете у себя в Кремле коллективное прочтение «Хаджи-Мурата», не присмотритесь к карте Чечни с умом, а не по-военному, и не изучите историю этой болезни?

Страна — это организм, война — ее болезнь. Древняя медицина, вобравшая в себя опыт человечества за тысячелетия, справедливо настаивает на том, что у каждой болезни есть первопричина. Скажем, головная боль не болезнь, а симптом, который сигналит нам о том, что нарушился обмен веществ. Она же подает знак, мол, я предупреждаю, перестань объедаться, пить, курить, завидовать, зловредничать, обижаться, издеваться надо мной таблетками. Иначе скоро заболит что-нибудь другое, более важное. Недаром в древности многие болезни считались друзьями человека. Если их понимать, расшифровывать и слушаться, можно дожить до двухсот лет, от акушера до священника, минуя хирурга.

Есть древняя притча. Господь Бог помиловал душу разбойника, а наказал душу врача. «Прощаю тебя, —

сказал он разбойнику, — потому что ты отнимал деньги у тех, кто обирал народ. А тебя, врач, не могу простить. Я посылал людям болезни, чтобы они задумывались над тем, как они живут, а ты их вылечивал, и они продолжали жить по-прежнему».

БОЛЕЗНЬ – ЭТО ВЗГЛЯД ГОСПОДА НА ТОГО, КОМУ МНОГО ДАНО, НО ОН, К СОЖАЛЕНИЮ, ЭТОГО НЕ ПОНИМАЕТ.

Я часто обращаюсь за советами к древней медицине, потому что в древности не было денег. И целью целительства было исцеление. Недаром у всех этих слов общий корень – цель!

Если б гималайский мудрец пощупал сегодня пульс России, посмотрел ей в глаза, поговорил с ней по душам, то первопричиной всех ее болезней он бы наверняка назвал истощение нервное, физическое, полное нарушение обмена веществ. Поэтому и не осталось мышц, лишь небольшой жировой слой, который в виде новых русских так анекдотично смотрится на дистрофичном теле российской экономики. Этакий скелет в целлюлите. Все, что осталось за десять лет от былого культуриста после того, как в погоне за демократией, в силу своей недообразованности, он угодил в компанию алкоголиков, воров и наркоманов. О чем постоянно и сигналит наш геморрой-Чечня.

Сегодняшнее общество, как наше, так и западное, к сожалению, лечит симптомы болезни, а не ее причины. Действительно, зачем копошиться лишний раз в организме и искать какие-то скрытые проблемы в душе или сознании, если болит всего лишь такой пустяк, как голова. Да забросил в нее пару таблеток, она и присмирела. Правда, от этих таблеток еще больше нарушился обмен веществ, сник иммунитет. И то, и другое взбодрили уже горстью таблеток. От такой химической атаки растерялись почки. Их отрезвили парой уколов. От уколов опухла часть мозга. Ее вырезал знатный хирург, после чего организм стал не здоровее, а счастливее, поскольку наконец-то ему нечем стало сигналить о накопившихся в душе проблемах. И уже можно объедаться, курить и зловредничать, завидовать, обижаться на всех и вся, не комплексуя.

Чем чаще хирург вмешивается в наш организм, тем ближе мы становимся к одноклеточным. Если же учесть, что за каждую таблетку, укол, не говоря уже об операции, надо заплатить, то станет понятно, почему выгодна именно такая медицина!

Таким же выгодным для наших горе-лекарей стало и постоянное «лечение» Чечни!

* * *

Многие сегодня, понимая выгодность этой войны для наших лекарей, считают, что те сами ее придумали, сорганизовали, срежиссировали от взрывов домов в Москве и других городах до выборов нового президента. Превратили войну в послушную, дрессированную, которая, когда надо, дает прибыль, а когда надо — повышает правильный рейтинг.

При всем своем цинизме профессионального сатирика я в это не верю. Не потому, что считаю нашу власть порядочной, а потому, что считаю ее не столь одаренной, чтобы она смогла такое срежиссировать. Кто всегда старается пролезть во власть? Те, у кого не хватает способностей стать настолько профессионалом в своей области, чтобы получать удовольствие от профессии. Во власть идут, чтобы не работать. Глупо спросить у депутата: «Кем ты работаешь?» Еще нелепей получить ответ: «Я работаю депутатом». Или: «Я работаю губернатором». Любой из нас от такого ответа улыбнется, но совершенно серьезно отнесется, если ему ответят: «Я не работаю — я депутат». Или: «Я не работаю — я губернатор». Не пойдет в министерство работать врач, который каждый день видит улыбающихся, выздоравливающих пациентов. Писатель, если его выберут мэром, на третий день сбежит из нового, навороченного кабинета в мэрии к своему ненавороченному писательскому столу. Художник не променяет на Думу светлый чердак, где он за красками забывает о времени.

Чиновники — это те, кто не могут ничего сконструировать, не могут лечить, не могут водить самолеты. ЧИНОВНИКИ — ЭТО НЕ АКТЕРЫ, НЕ ПИСАТЕЛИ, НЕ ХУДОЖНИКИ, НЕ ЛЕТЧИКИ, НЕ ВРАЧИ... Если они лишаются своей чиновничьей работы, они — никто. В этом их беда. Такая же, как потеря туловища для паразитов: глистов, вшей, блох. Единственный выход из положения — успеть перескочить с гибнущего организма на другой, более живучий. Я всегда говорю маме: не взывай к чиновничьей жалости. В первую очередь у паразитов атрофируются органы сочувствия, а потом и остальные. У глистов нет даже органов зрения и слуха, остались только части тела для получения удовольствия от еды и размножения. К сожалению, то же от долгих лет государственной службы происходит и с чиновниками. Хотя попадают порой в государственные организации вполне достойные люди, но потом очень быстро все их достоинство растворяется, как будто в Кремле издревле засела какая-то зараза, какой-то микроб. Или Кремль и Дом правительства построены на очень геопатогенных зонах. Так что не чиновники сорганизовали и срежиссировали эту войну. Они ею воспользовались как истинные паразиты.

Когда мама слышит от меня подобные высказывания, она очень беспокоится и говорит: «Только не вздумай об этом говорить по телефону даже с друзьями». Это означает, что она думает так же как я, но ее поколение приучили не высказывать согласие впрямую.

— Конечно, конечно, — соглашаюсь я с ней. — Я не буду обсуждать наших чиновников по телефону даже с друзьями.

И действительно, я не собираюсь ни с кем их обсуждать по телефону, потому что все, что я о них думаю, хочу сказать по телевидению.

* * *

Не верю я и в то, что военные затеяли эту войну. Для того чтобы ее затеять, надо уметь принимать решения. А наши штабисты как раз этого делать не умеют. Впредь я заменю слово «военные» на «штабисты». Поскольку слово «военные» для меня, в силу моего уважения к российской истории, означает честь и достоинство. «Штабисты» — наоборот. Впрочем, как и большинство сегодняшних генералов. Русский офицер, между прочим, и на дуэль мог вызвать. Согласитесь, нелегко представить себе наших штабистов и генералов, защищающих свою честь на дуэли. Такое возможно только в карикатуре. Дуэль — не теннис. В ней не поддашься.

Как-то Жванецкий в своем выступлении очень точно заметил: «Наши военные умеют начинать войну, но не умеют ее заканчивать». Правильно! Они же получали звания еще в Советском Союзе. За то, что аккуратно проводили политинформации, тщательно оформляли красные уголки, занимались самодеятельностью, крепили мощь нашей армии лозунгами и стенгазетами. Перед приездом начальства заставляли солдат красить траву и подметать лес. Я никогда не забуду, как наш прапорщик в ракетных частях под Псковом перед встречей местного генерала обязал провинившихся рядовых на кухне протирать бархоткой для сапог глаза селедке, чтобы они в честь такой встречи были радостными. Единственное, что умели всегда делать наши генералы с достоинством — это вовремя отдавать честь. Когда случился Даманский, все местные дальневосточные военные чиновники растерялись. Подобные мероприятия не предусматривались утвержденным на пятилетку планом развития Дальневосточного военного округа. Долго ждали указаний сверху, а пограничники гибли. Наконец не выдержал один из полковников, отдал приказ накрыть «Градом» все, что на восемьсот метров по ту сторону границы.

Полковник за то, что спас столько жизней, был награжден какой-то медалью 6-й степени чего-то и одновременно наказан — уволен в запас за то, что спас эти жизни без спроса. Так наши штабисты еще раз указали самостоятельно мыслящим офицерам, что военная честь не то, что надо беречь, а то, что следует вовремя отдавать.

Казалось бы, Даманский не имеет к Чечне никакого отношения. А на самом деле согласно все той же древней мудрости это была наша первая головная боль, первый знак, что наша армия не столь сильна, сколь надута важностью, как генеральское пузо. Если бы тогда этот знак был понят, потом не случилась бы такая беда, как Афганистан. Однако, даже потеряв ни за что в бессмысленной чванливой войне убитыми столько, что до сих пор никто не решается назвать точную цифру, наши генералы не поумнели и не подумали хотя бы на этот раз убрать с дороги все те же грабли. В первую чеченскую кампанию бывшие афганские командиры, желая в очередной раз выслужиться, продолжали посылать в бой с чеченцами-профессионалами солдат-первогодков. Чечня — это эстафетная палочка, переданная нам Афганистаном. Дамокловым мечом над нашей армией нависло проклятие матерей, вдов и детей из всех российских закоулков. Но генералам-то что! Их же детей ни одна война не тронула. Их дети были освобождены всегда от армии как неполноценные. Они были полноценными только для бизнеса и высших генеральских постов в стране!

Надо отдать должное, многие генералы оказались очень способными. И после развала Союза многому научились самостоятельно. Например, строить дачи из материалов разобранных ракетодромов, торговать оружием и обмундированием, начиная с самолетов и заканчивая украденными с гарнизонного склада солдатскими трусами с клеймом Советской Армии, при виде которого у западных покупателей до сих пор в крови повышается адреналин. Когда случилась беда с «Курском», оказалось, что были списаны на металлолом и проданы за бесценок спасательные подводные лодки, и даже костюмы глубоководных водолазов умудрились продать в различные фотоателье. В этих костюмах с парапета питерской набережной «кореша» прыгали для забавы в Неву.

Многие люди считают: вот только раз украду, потом схожу в церковь на исповедь и больше воровать не буду, снова заживу честно, с достоинством. Наверняка так думали при расформировании наших частей в ГДР многие генералы. В конце концов, что потеряет Родина, если я отпишу на металлолом пару слегка заржавевших подводных лодок или десяток зенитных установок. У Родины этого добра навалом, не убудет. Да, но у Родины оказалось и генералов навалом, которые так думают.

* * *

Однажды, в конце 70-х годов мы шли по Волге из Куйбышева в Тольятти с большой писательской группой, а на палубе сидел и смотрел на Жигулевские горы, как всегда с грустинкой, Булат Окуджава. Я тогда уже начинал выступать. Причем, если я ездил с писательской группой, я читал со сцены одни рассказы, более, как я считал, утонченные, а эстрадным артистам отдавал другие, те, которые сам читать в то время стеснялся. Артисты, исполняя по телевидению мои монологи, называли мою фамилию. Тогда на палубе Окуджава меня спросил, зачем я пишу для артистов такие пошлости. «Вам бы надо было самому читать то, что вы пишете, и самому выступать». Желая показать, какой я уже дальновидный, несмотря на возраст, я ответил, что просто хочу довести авторские за исполнение моих рассказов до двухсот рублей в месяц, чтобы потом я мог, уже не думая о деньгах, сидеть дома и писать все то, о чем желаю. Окуджава усмехнулся, ответил, что так не бывает. Он видел многих молодых способных людей. Все, кто думали, что они только раз напишут на потребу, потом уже никогда не могли впредь писать от души. «Эстрада вас может затянуть, если еще не затянула, — сказал он. — Вы рискуете на всю жизнь остаться обычным эстрадником». Прошло 20 лет, и я понял, что Окуджава оказался прав. Только писатель, уступив своей корысти, предает себя, а военные — тех, кого они должны защищать. Жертвой предательства художника становится душа художника. А жертвой предательства военных — тысячи жизней других людей.

Вряд ли наша военная верхушка задумывалась над этим. Она просто продолжала жить жизнью страны. Кому-то в борьбе за доступ к якобы заржавевшим подводным лодкам пришлось устранить конкурента, кому-то разобраться с пытливым журналистом, кто-то послал в бой за своей новой очередной звездой солдат-первогодков. И никто не подумал, что началось все просто с украденных однажды с гарнизонного склада трусов и алюминиевой посуды, потом формы, погон, орденов, знамен, а закончилось продажей противнику оружия и маршрутов движения колонн десантников в горах.

Интересно, что когда наша армия жила по законам атеизма и ее генералы были безбожниками, они меньше грешили, чем теперь, когда вера в партию резко сменилась верой в Бога. Как для истинных безбожников, для наших чиновников Страшным судом могли быть только реальные организации. И выражение «Гореть вам в геенне огненной» перестало на них действовать сразу после развала КГБ.

Словом, если выписать все грехи нашей армии, то станет ясно, что за последние годы она нарушала все заповеди. Если б восточный мудрец был еще и сатириком, что возможно лишь в фантазиях самого сатирика, он бы сказал:

«КАРМА РОССИЙСКОЙ АРМИИ ВЫРОСЛА НАСТОЛЬКО, ЧТО УЖЕ СТАЛА ВЫВАЛИВАТЬСЯ ДАЖЕ ИЗ ГЕНЕРАЛЬСКИХ ШТАНОВ!»

* * *

Однажды я получил письмо из Тулы от одного военного. Когда-то я работал в журнале «Юность» помощником редактора. Мне поручали разгребать мешки с письмами. С тех пор я по почерку и по первым фразам, а также размеру письма, могу угадать, какого умственного развития автор письма и что он от меня хочет. Если первые строчки: «Уважаемый Михаил Николаевич, мы Вас очень любим всей семьей, не пропускаем ни одной Вашей встречи, Вы лучше всех остальных», — значит, просят деньги и такие же письма разослали всем остальным, кого считают лучше остальных. Если письмо начинается с перечисления титулов автора, его почетных грамот, вплоть до участника переписи населения, значит, какой-то своей шуткой я попал непосредственно в него, и теперь он попытается запугать меня своими званиями и знакомствами.

Письмо из Тулы было короткое. Без лести. Начиналось с фразы: «Матери погибших в Чечне десантников из Тулы обращаются к Вам, потому что прочитали Вашу статью в «Аргументах и фактах» о черной воровской слизи в нашей армии. Может быть, хоть Вы нам поможете».

У автора письма, который написал его от имени матерей, в числе тульских десантников в Чечне погиб брат. Написал автор грамотно. Нигде не хвастался своими званиями. Просто упомянул, что в прошлом тоже был военным. Чувствовалось, почерк когда-то был ровным, но из-за постоянных стрессов буквы стали разваливаться в разные стороны.

«Какое же отчаяние должно быть у этих людей, — подумал я, — если они написали жалобу не в государственную организацию, а сатирику?»

В письме было прямо сказано, что десантников предали. Автор сам ездил в Чечню, расспрашивал тех, кто остался в живых. Потом матери погибших обращались в военную прокуратуру, чтобы там разобрались. Но сначала чиновники увертывались, уходили от разговора. А потом и вообще перестали их принимать у себя.

«Странное совпадение», — подумал я. — Через десять дней у меня как раз должно быть выступление в Туле». Я позвонил автору и предложил ему встретиться за час до концерта. Ехал в Тулу я с тяжелым предчувствием. И не зря.

В мою закулисную комнату пришли автор письма и мать одного из погибших. Он высокий, седой. Рукопожатие, как и почерк, когда-то было уверенным. Она — из тех женщин, которых мало кто замечает и с кем чиновники особенно не считаются. Может, доярка, может, прачка, может, бухгалтер. На голове мужская шапка меховая, зимняя. Видимо, шапка сына. Может быть, так она чувствует себя ближе к нему. Классическое совдеповское пальто из нашего прошлого. Узенький меховой воротничок скорее больше похож на ошейник. Она была из тех женщин, которые быстро свыкаются с мыслью, что жизнь их не удалась и все свои надежды впредь вкладывают в детей. Такие женщины часто в России рожают без мужей, чтобы у них появился смысл в жизни. Несмотря на то что прошел год со дня гибели сына, она все время держала носовой платок около глаз. Она плакала так же постоянно, как и дышала.

Сначала с опаской, недоверием она глядела на меня из-под шапки, не совсем понимая, зачем этот бывший военный пригласил ее на встречу с каким-то сатириком?

Говорить начал автор письма. Сначала сбивчиво. Волновался.

Колонну десантников должны были пустить по одному маршруту, но в последний момент маршрут изменили. Прикрытие авиационное сняли, сказали, что вертолеты сломались. Сам выход колонны тоже задержали на целый день. Как будто ждали кого-то. В пути остановились фотографироваться. Хотя это нарушение инструкции. При этом один из офицеров перегородил дорогу своим грузовиком, поставив его поперек, чтоб нельзя было быстро выехать. И когда фотографировались, все началось.

Постепенно к нашему разговору присоединилась и мать погибшего.

— За что? Я растила его... На институт накопила. Мне потом его друг рассказал. Друг почему-то в живых остался. Говорит, догадался откатиться в кювет и спасся, а Дима не успел. Но он наврал. Я знаю. На них напали 23-го, а смерть у Димы наступила 24-го. Мне его историю показывали. И две пули в коленке. Значит, над ним издевались, пытали...

• Она не могла продолжать. Я понял, что ей до сих пор мерещится эта страшная картина.

Счастье наших предателей в том, что они не верят в перерождение души. Иначе бы они знали, что отныне их род будет проклят их предательством на несколько поколений. И потомки их будут мучиться, не зная, за что расплачиваются.

— Она не поехала на опознание, — чтобы прервать неловкое молчание, говорит автор письма. — Не смогла. А я поехал. Вы не представляете... В морге, — он сделал паузу, чтобы выбросить из воображения виденное, — там наши ребята в холодильниках. Там жареным мясом пахнет. Большинство тел обуглены. Узнать никого невозможно. Все одинаковые. И запах. Запах горелого. Это преисподняя! Я туда с первого раза зайти не смог. Несколько раз кругами ходил. Потом выпил для храбрости. И зашел. А ведь я в прошлом военный. Но это страшно, поверьте.

Нет, я не прав, когда пытаюсь представить себе следующую жизнь наших предателей-штабистов. У них ее не будет. Нет такого наказания, которое могло бы искупить подобные грехи. Их души будут расформированы. На языке христианском это означает вечный ад, вечная сковородка. Как там, в морге, где пахнет жареным мясом преданных ими солдат. Самое страшное наказание — не жить больше. Быть приговоренным к «никогда». Что-то вроде надетого на душу вечного противозачаточного.

— А еще мне летчик рассказывал, — продолжает брат погибшего. — Однажды они полетели на задание уничтожить несколько отмеченных на карте нефтяных мини-заводов. Разбомбили, развернулись, летят обратно. Смотрят, еще два в стороне. Их тоже взорвали. Только приземлились — тут же начальство накинулось: «Вы что наделали, кто вас просил? Это заводы, которые платят Москве».

Что я могу ответить? Подобное я слышал и от Бориса Галкина. Он тоже рассказывал, что и Басаева пару раз задерживали, но из Москвы приходил приказ: отпустить. Чуть ли не от самого бывшего премьера.

Но самое сильное отчаянье у моих собеседников оттого, что никто их даже выслушать не хочет. В газете и то намекнули, чтобы они больше не приходили. Надоели. Один чиновник просто сказал: «Ну что Вы все время фантазируете. Нам доподлинно, из достоверных источников известно, что Вашего сына никто не пытал, его убили сразу, так что не волнуйтесь».

— Почему тем, кто с «Курска», родственникам, и деньги выплатили, и психологов дали? А с нами даже говорить не хотят. Мне, например, нужен психолог. Мне денег уже не надо, — говорит мне Димина мама. — Они у меня остались от накопленных для Димы, для института. Почему все разговаривают со мной так, будто Димы никогда у меня и не было? Будто я его придумала. Но ведь он у меня был. Я точно помню. Я же его в институт готовила...

Она смотрит на меня такими страшными глазами, как будто хочет понять: я верю ей, что у нее был сын?

Да, цена смерти! Сколько стоит, где погибнуть. Как в меню. Вроде как «Курск» — несчастье, а Чечня так, во имя идеи. За Родину!

К концу нашего разговора мои собеседники уже начинают успокаивать меня.

— Не волнуйтесь, даже если у Вас не получится помочь нам, уже спасибо, хотя бы за то, что выслушали.

Я советую Диминой маме сходить в церковь. Она отмахивается и коротко отвечает:

— Пробовала, не помогает. Священник одно твердит: «Радуйся, сын твой в Раю». А как я могу радоваться — я его в институт готовила? А не в Рай...

Мне нечего ей ответить. Даже среди священников уже появились чиновники от церкви с отмирающими органами сочувствия.

— Тогда сами разговаривайте почаще с ним. Ему сейчас это важнее всего.

— Я все время говорю с ним. Фотографию вон с собой для этого всегда ношу.

Она показывает мне фотографию. Молоденький. Худенький. Взгляд дерзкий. Такой взгляд бывает у наших молодых ребят, после того как они насмотрятся западных боевиков, и им кажется, что они тоже супермены и могут выбраться из любой ситуации. Но жизнь — не кино.

Мои посетители уходят от меня длинными обшарпанными, облупившимися, как и их судьбы, коридорами военного Дома культуры. Я смотрю им вслед и думаю: и нужно им не так уж много сегодня. Просто чтобы их выслушали. Но у власти пока нет органов слуха.

* * *

Когда смотришь сегодня на нашу армию, которая от имени многомиллионной страны не может справиться с двумя тысячами боевиков, даже не верится, что раньше мы считали ее непобедимой. Так нас учили в школе. В пример приводили Куликовскую битву, Полтаву, позже Великую Отечественную войну и конечно же победу над непобедимым Наполеоном.

Действительно, в конце жизни на острове Эльбе даже Бонапарт признался, что его главной ошибкой стал поход на Россию. Собираясь начать войну, он был уверен, что также легко расправится с ней, как с другими странами Европы, с которыми он расправлялся всегда по одной и той же формуле. Вошел в страну, которая приглянулась. У границы его уже ждет армия противника, которая сейчас будет защищаться. Для него — гения и профессионала — предстоящее сражение всегда было радостью, как для ребенка игра в солдатиков, в которой он всегда побеждал. Несколько дней, как правило, требовалось Наполеону, чтобы завоевать любую страну, получить с поклоном ключи от столицы, превратить потомственного короля в своего «шестерку»-вассала и въехать в его дворец под аплодисменты толпы, которая нередко приветствовала его как освободителя.

Единственной страной, где эта формула не сработала, оказалась Россия. Вошел в нее — а русской армии нет. Не ждет его. Не уважает. Он за ней. Она от него. Он — вправо, Барклай де Толли — влево. Наполеон — влево, русская армия — вправо.

Обидно стало гению. Зря, что ли, шестисоттысячную армию себе набирал, со всех стран «лимитчиков» призывал? Он за русскими в глубь страны, русские от него еще глубже. И засасывает, засасывает его Россия, как болото. Уж все сроки, отпущенные на завоевание, просрочены. Корм для лошадей кончается, погода портится. А сражения все нет. С продуктами и кормом для лошадей тоже беда. Из-за таких расстояний обозы из Франции запаздывают. Не случалось такого ранее ни в одной европейской стране. Там все само собой складывалось. Кончился корм для лошадей, зашли солдаты в любую деревню, отобрали у крестьян корм, заодно и лошадей. А тут зашли в деревню — лошадей нет, корма нет, все, что на полях посеяно, выжгли, чтобы антихристу не досталось. Крестьян, и то нет, все по лесам попрятались. Только ночью с косами подкрадутся, покосят пару батальонов «лимиты» и обратно в лес.

Очевидцы рассказывают: Бонапарт действительно радовался, как ребенок, когда наконец увидел на рассвете русскую армию у деревни Бородино. Глаза заблестели, оживился. Теперь-то, благодаря науке, мы знаем, что это у него разыгрался в организме мужской гормон — тестостерон.

Позже, там же на Эльбе, он называл сражение при Бородино самым жестоким в своей жизни. Один раз во время этого сражения его видели со слезами на глазах, когда умирал его любимый генерал. Сколько раз в течение дня докладывали Наполеону о победе и разгроме русской армии, а русские пушки продолжали стрелять, армия Кутузова не отступала, в который раз французы брали артиллерийский редут Раевского, и в

который раз русские возвращали его себе благодаря какому-то неизвестному генералу Ермолову.

Кто-то из наполеоновских генералов сказал императору во время этого сражения: «Русские солдаты продолжают сражаться, будучи убитыми. Я восхищен ими!..»

Да, не вычислил Бонапарт России, хотя и считался гением. Его агенты и дипломаты много лет доставляли ему сведения о русских бездарных генералах, о нерешительном мямле-царе, о проворовавшемся дворянстве и о вялонедовольном властью народе... Он даже потребовал от своих дипломатов историю Пугачевского бунта. Но одного не могли заметить в российском народе его агенты и дипломаты. Достоинства! Потому что люди с достоинством не могут быть фискалами. Западным людям вообще трудно заметить в нас то, чего нет в них самих.

Так что зря Бонапарт ждал ключи от Москвы и восторженных взглядов из толпы, когда он будет въезжать в Кремль. Он был для русского народа оскорбителем! Оскорбителем веры, полей, домов... До сих пор историки не могут прийти к общему мнению, кто первым поджег Москву? Или кто отдал приказ поджечь ее — царь, Кутузов или комендант Москвы? Потому что не было приказа, не было этого одного первого поджигателя. Москва загорелась от энергии ненависти, от оскорбленного чувства достоинства всего народа. Не ожидал Бонапарт, что в целом народе может быть достоинство, которое, он считал, есть только у него одного. Сначала это достоинство за варварство принял. Он же пришел как освободитель от крепостного права. А они его гонят огнем, косами... И еще радуются! Варвары! Как можно радоваться, когда такие ценности вокруг горят. Собственную столицу подожгли и гордятся этим... Дикари! Нет, не может западный человек умом высчитать то, что русские делают от души и что достоинство и честь могут быть ценнее всех ценностей! Уверен был Бонапарт — только до границы погонит его этот обезумевший народ. Но опять не угадал. До Парижа антихриста погнали. Ты у нас в Москве побывал, теперь наша очередь побывать в Париже. Иначе нечестно получается. И потом, все-таки Париж! Кафе, театры, француженки! Когда еще такая возможность представится русскому мужику во Францию без визы сгонять? Три раза, пока его гнали, Бонапарт успевал возвратиться в Париж, набрать армию и разбивал русских вместе с их союзниками в пух и прах, а те все гонят и гонят его. Ничего не может понять Наполеон. Неужели им так в Париж хочется? Нет, просто очень обидел он нашего человека. Поэтому и проиграл. А еще потому, что у него во Франции люди закончились. А в России они никогда не кончаются.

В последний раз он все-таки признался — обхитрили его русские. Уже у самой границы с Францией обошел российскую армию с тылу, решил неожиданно в спину ударить. А русские посмотрели на этот маневр, говорят: «А что с ним опять драться, он же нас опять поколотит, тем более что дорога на Париж свободна». Пошли и взяли Париж! Практически без жертв!

Это правда, русская армия всегда была непобедимой, когда защищала свою Родину и достоинство, когда армией становились все, от царя до крепостного, и когда даже аристократическая тусовка на время превращалась в интеллигенцию.

ЧЕЧНЯ – НЕ НАША РОДИНА. ПОЭТОМУ ЧЕЧЕНСКАЯ ВОЙНА – БЕЗ ДОСТОИНСТВА.

Чечня — не Родина Димы, погибшего десантника из Тулы. Эта война защищает не интересы народа, а интересы государства. Пока в России, к сожалению, эти интересы расходятся.

У меня нет злости к коммунистам. Коммунисты меня никогда не обманывали, потому что я никогда им не верил и на них не надеялся. А демократам я верил. Как и многие другие. Но они меня обманули.

Я не считаю Ельцина плохим или злым человеком. Но он спутал два понятия: тщеславие и достоинство. Достоинство не терпит лести, а тщеславие лестью питается. В результате власть в стране перешла к тем банальным льстецам, которые просто научились пользоваться президентом как неким инструментом для своего казнокрадства. Хотя самого Ельцина лично я не могу представить себе на Поклонной горе в смиренном поклоне с ключами от России. Но я могу представить себе, как это делает любой из его былого окружения. Причем не просто подносит ключи, а еще и оправдывает свой поступок: дескать, Бонапарт поможет нам прямо от крепостного права перейти к рынку, к реформам, и при нем в Россию потекут настоящие инвестиции.

* * *

Навряд ли мы в ближайшее время узнаем, из-за чего началась эта последняя чеченская война, что послужило поводом. Из-за того, что наши военные оставили чеченцам оружие, а те денег за него не вернули? После чего наши генералы, решив на них «наехать», растревожили, растеребили президентское достоинство-тщеславие? Мол, они же Вас не уважают, отца нашего родного. Да Вы же у нас как Петр I! Неужели потерпите? И покатились на следующий день танки на войну.

Думаю, что не скоро узнаем мы и причины гибели «Курска», и всех остальных катастроф. Потому что причина у всех сегодняшних российских бед одна.

ЗА ДЕСЯТЬ ЛЕТ ПРАВЛЕНИЯ ТЕХ, КОГО МЫ СЧИТАЛИ ДЕМОКРАТАМИ, РОССИЯ БЫЛА ПЕРЕВЕДЕНА НЕ НА САМОУПРАВЛЕНИЕ, КАК НАМ ОБЕЩАЛИ, А НА САМОВОРОВСТВО.

Вместо писателей и поэтов, как это всегда было на Руси, совестью страны стали олигархи и финансисты. А для финансистов, как говорил еще кардинал Ришелье, предательство — дело времени. Спекуляция перестала считаться чем-то недостойным. Бывшие уголовники превратились в наших учителей, эмигранты — в наставников. Все честные, неворующие люди были унижены, лишены даже надежд на сносное будущее.

За несколько лет по России прокатилась скрытая гражданская война. От одних бандитских разборок погибло столько людей, как на войне. А сколько полегло в Чечне? Да и все другие признаки гражданской войны налицо. По всему миру рассеяны лучшие умы, ученые: биологи, медики, инженеры космической промышленности, компьютерщики, химики. Во всех странах, как в восемнадцатом, российские нищие. Самым доходным на сегодня российским экспортом стали нефть и проституция. От русских в бывших республиках СССР отмахнулись, как от назойливой мошкары. Даже слово новое для них придумали — «соотечественники». Вроде как не наши, не родные, а так, просто похожие на «отечественных». Бюджетников отлучили от зарплаты настолько, что их тоже можно уже называть «соотечественниками». Заводы и предприятия умудрились продать иностранцам так, что еще остались им должны. Образование и культура стали предметом импорта, как цыплячьи ножки и «Стиморол». Армия, мышцы государства, превратилась в кожу и кости. Космос утопили в Тихом океане. Гордость советской космической науки и техники — «Буран» — приспособили под ресторан. Наконец, экономика была приведена в состояние гармонии с речью премьера, который говорил правду только тогда, когда не понимал, что говорил.

Поэтому старая власть так спокойно и уступила место новой. Она понимала, что уступает место на капитанском мостике «Титаника», из-под которого уже показалась верхушка айсберга.

Это ли не есть нарушение обмена веществ? В нем и причина Чечни, и всех остальных катастроф. И если это не понять, то главная катастрофа еще впереди. НЕДАРОМ РОССИЯ СВОИМИ КОНТУРАМИ НАПОМИНАЕТ ПОДВОДНУЮ ЛОДКУ!

И не надо скулить, за что Чечня на нас свалилась. Чечня — это наше проклятие, нажитое нами изнутри. Это болезнь-друг. Если б не было Чечни, мы бы не знали, насколько мы больны.

* * *

После беды с «Курском», пожара на Останкинской башне и взрыва на Пушкинской, терактов в Чечне во многих городах служили молебны, чтобы Господь Бог наконец пожалел Россию. Каждый снова почувствовал себя абсолютно беззащитным, а я смотрел на молебны и думал: неужели мы ни на что больше не способны, кроме как молить Бога о том, чтобы он защитил Россию от напастей? Лично мне порой кажется, что Господь посылает нам все эти тяжкие испытания одно за другим, потому что все еще надеется на нас. Он рассчитывает на Россию, как на свою помощницу в тех будущих встрясках, о которых только ему одному заведомо известно. Он-то понимает, что сможет вернуть себе Запад, только если разместит на долларе свою фотографию. А в России есть еще, как сказал Солженицын, «спасительные задатки». Поэтому Господь и трясет ее. И говорит: «Ну, встряхнись же! Илья Муромец, слезь, наконец, с печи. Разуй глаза — неужели тебе еще один Наполеон нужен, чтобы вспомнить, что достоинство важнее инвестиций?»

И, как ни странно, похоже, что Всевышнему сегодня кое-что уже удается. Во всяком случае, первая переоценка у тех, кто в эту «гражданскую» выжил, уже началась. Недаром Запад о России больше ничего хорошего не говорит — первый и вернейший признак оживления нашего достоинства. Есть и другие признаки выхода из комы.

Снова зрители потянулись в театры, в кино. Появились отечественные кинофильмы без мата. В прокатах уже чаще спрашивают их, а не западные боевики. В книжных магазинах толкучка, как в электричке в час пик. Еще не сложилась новая литература, но уже бывшие бандиты настолько зарылись в бизнес, что начали заниматься книгоизданием. Проститутки стайками потянулись из развитых стран обратно на Родину. Заработок на Родине больше, клиенты душевнее. То ли краб какой-то выпустил Россию из своей клешни, то ли кто-то сверху начал поливать ее живой водой.

Власть делает первые попытки защитить русскоязычное население в бывших республиках. Воровство становится более упорядоченным. Похоже, новая власть пытается привести экономику к «евростандарту» воровства, трезво представляя себе, что если воровство прекратить полностью, то российское государство развалится. Как писал поэт Евтушенко, если «казнить всех малых и больших воров, Россия станет как пустыня Гоби».

Словом, есть положительные симптомы, доказывающие, что больной стал легче дышать. Недаром недовольны журналисты и та часть так называемой элитной тусовки, которая всегда передвигается в направлении, где бесплатно кормят.

Наконец, все, кто при старой власти воровал прямо из казны, убеждают нас, что становится еще хуже. Это значит — точно становится лучше.

Но самый главный признак сегодняшнего отрезвления — то, что народ даже вспоминать не хочет о первом российском президенте, которого сам выбирал два раза. Он словно мечтает выкинуть его навсегда из памяти вместе с его временем, забыть все, что произошло за эти годы. Как будто народу стыдно, что он сам его выбирал.

Хотя я считаю — это несправедливо. Надо отдать должное бывшему Президенту России. Благодаря гремучей смеси его ошибок и заходов не туда нам всего десять лет понадобилось, чтобы понять, что дружба с Западом для нас западня, а демократия — это власть денег, выбранная на деньги ради денег, и что пора наконец начинать лечиться и налаживать общий обмен веществ. А для этого, прежде всего, необходимо покончить с кавказским недугом. А как? Ему же более двухсот лет.

ЧЕЧНЯ — ЭТО АНТИКВАРНЫЕ ГРАБЛИ РОССИИ.

Медики хорошо знают, что покончить с хроникой всегда сложней, чем с острым заболеванием. Тут особенно важно внимательно присмотреться к истории болезни, что мне и посоветовала в свое время сделать моя мама.

* * *

Должен сказать: первое, что приходит на ум — в этой более чем двухсотлетней войне никогда не было победителей. Ведь дружно Россия и Чечня жили только до конца XVIII века, потому что ничего друг о друге толком не знали. У чеченцев не преподавали в школах географию, поскольку у них не было школ. У русских же где-нибудь в Петербурге или в Москве спрашивать о чеченцах в то время было так же бессмысленно, как нынче у американцев про нивхов и коряков.

Да и слово «чеченцы» к тому времени только что закрепилось за горским племенем «нахчо» по названию их аула Чечен. Несмотря на то что когда-то в этих местах расположилось древнее, достаточно цивилизованное царство Аланья, племя «нахчо» сумело сохранить незамаранным свой первобытнообщинный строй. Даже татаро-монголы, разрушившие царство, не тронули племя — видимо, не заметили его. Так и жило оно в веках, запертое горными хребтами, от нечего делать враждуя между собой родовыми кланами и рожая детей для поддержания главного завоевания своей культуры — кровной мести.

В свободное от подобных развлечений время пасли на горных лугах скот и вспоминали, кто еще остался не отомщенным. Земледельческая равнина за Тереком их мало интересовала. О нефти под ней они не догадывались, а представить себе чеченца, сеющего хлеб, так же нелепо, как еврея, помешивающего сталь в мартене.

Зато эта равнина была спасательным кругом для беглых российских крестьян, вольноотпущенных и казаков. Недаром названия сёл на ней русские. И лишь в горах чеченские аулы. Именно в степь и на плодородные земли веками бежал энергичный российский люд, для которого удовлетворить порывы своей безразмерной, как и Россия, души во всегдашней неразберихе российских законов было так же невозможно, как вдохновенному художнику писать картины на пленэре в наручниках. Поэтому все они и бежали за одним — за волей!

Воля — это особое чувство, известное только нашим предкам. Недаром в других языках такого слова нет. И переводится оно обычно как «свобода». Но свобода — жалкое подобие воли. Это воля, запертая в конституцию западной демократии. Воля так же отличается от свободы, как уха, приготовленная на берегу реки из только что выловленной рыбы, с затушенной для аромата прямо в котле головешкой, отличается от бульона из рыбных кубиков.

БЕГЛЫЕ КРЕСТЬЯНЕ И КАЗАКИ — ДРОЖЖИ РОССИИ.

Благодаря и тем и другим Россия распухала и, как тесто из тесной кастрюли, вываливалась из своих предыдущих границ. Крестьяне распахивали для нее все новые просторы. А казаки, сами того не ведая, оберегали своими разбойничьими шайками эти стихийно возникшие границы. На окраине России каждого могла встретить вместо таможни какая-нибудь банда очередного казацкого атамана и обчистить посерьезней любого таможенника.

КАЗАЦКАЯ БРАТВА — ЭТО САМООКУПАЕМАЯ РОССИЙСКАЯ ТАМОЖНЯ ЭПОХИ ЕВРОПЕЙСКОГО ВОЗРОЖДЕНИЯ.

Даже турки в период османской спеси, мечтая стать нашим новым татаро-монгольским игом, не смогли пробиться сквозь множество казацких «таможенных терминалов».

Шло время, и эта полубуйствующая, полупьяная граница России доползла вплотную до Кавказа. Особым удовольствием для казаков стало двинуться походом на какое-нибудь ханство, благо этих ханств в горах, как сусличьих нор в степи. Потрясти казну какой-нибудь орды, увести княжну, а то и весь гарем считалось у казаков особой доблестью, этаким VIP-развлечением! Потом, собравшись с братвой, написать благодарственное письмо самому хану с признанием прелестей его любимых жен. А княжну-другую по пьянке просто выбросить за борт ради тоста за дружбу с корешами. Все это считалось у казаков защитой отечества или называлось двумя взаимоисключающими словами «навоевать добра». Так они и погибали тысячами от сабель ханских охранников, у сундучков с восточными драгоценностями, выкрикивая в момент отлета души в мир иной: «За Русь нашу православную!» Не зря же народные сказки и былины с детства воспитывали в них чувство романтической агрессии в борьбе с неверными.

Я понимаю, многие представляют себе казаков сегодня по кинофильму «Тихий Дон» этакой сплошной дисциплинированной конницей. Другие, те, что помоложе, думают, «казаки» — современная маскарадная забава безработной части мужского населения юга России. Всегда в маскарадных костюмах, с импотентно висящими у ног музейными нагайками и лихо подкрученными к небу усиками-сабельками. При этом с глазами, вечно просящими у государства денег на организацию своего потешного войска. И, судя по всему, небезуспешно. Иначе как объяснить, что среди есаулов в наши дни появились такие фамилии, как

Рабинович, Швеллер и Драхман... Правда, как сказал один из остряков писателей-евреев в ресторане Дома литераторов, это вполне возможно только из чувства ностальгии еврея по нагайке.

На самом деле в те давние времена казаки были самым буйным, не поддающимся воспитанию российским сословием. Недаром даже детская игра называется не просто «Казаки», а «Казаки-разбойники». Дети — наши экстрасенсики, правильно ощущают историю. Самым зазорным у казаков всегда считалось работать. Одна моя знакомая, потомок казачьего рода, рассказывала, что однажды ее дед, отчаявшись, в 30-х годах пошел работать грузчиком на пристань. Так его друзья-казаки в знак презрения выстроились на причале и дружно показали ему голые зады.

Петр и казаки — два главных пугала европейских стран запоздавшего российского средневековья. До сих пор многие на Западе представляют русских по образу казака-разбойника! Полудиким, степным кентавром с генами скифов и печенегов. До сей поры у поляков и венгров не развенчали этот образ русских даже Достоевский, Толстой, Пушкин и Гоголь. Зато очень удачно его подкрепили разъехавшиеся по всему миру «новые русские кореша» со скифским золотом на пальцах и шеях.

* * *

Горцы тоже не оставались в долгу перед казаками-разбойниками. Отныне у них появились новые удовольствия: украсть в станице скотину, пострелять по бегущему за Тереком человеку. Принести скальп казака к домашнему очагу невесты стало у чеченской молодежи признаком совершеннолетия и доказательством, что жених созрел, налился силой для медового месяца.

Наверное, эти две взрывоопасные смеси — казаки и горцы — еще долго продолжали бы искриться, потираясь друг о друга немаркированными границами, если бы в это время совершенно неожиданно не попросилась в состав России Грузия. Попросились грузины добровольно и этим перехитрили даже хитроумных армян, понимая, что они, как и русские, тоже православные, значит, им не откажут. Снизу Грузию подпирала Османская империя, грозилась устроить когда-нибудь резню. С других сторон теребили мелкие кочевые племена. К концу XVIII века почти все они приняли мусульманство, принеся этим общую клятву вечно дружить против вываливающейся на них из своих объемов России.

Я уже не раз замечал, что грузины хитрее армян настолько, насколько ежик хитрее лисы. У армян все хитрости на лице, как у лисы. Сначала в дверях появляется хитрость, а за ней уже входит сам армянин. А по ежику никогда не скажешь, чего он хочет. Главное для него — вовремя ощетиниться. Грузины вовремя поняли, что дешевле ощетиниться российской армией, чем своей. Тем более что собственная армия всегда напоминала нечто среднее между армией и хором. А защищаться от турок хором бесполезно.

Руководствуясь со времен Петра имперскими замашками, Россия тоже обрадовалась грузинскому предложению. Она всегда была рада расширить свои границы на дармовщинку. И тут же вошла в дружбу с Грузией своей армией и погранзаставами, а Грузия в ответ внесла в этот новый союз чувство благодарности, клятву в вечной преданности и рыночные мандарины.

Все это было б полбеды, если бы в это время не попросился в состав России еще и Азербайджан. Видимо, азербайджанцы услышали, насколько после объединения веселее запели в горах грузины, и тут же сообразили, как это выгодно дружить с соседом, который верит заверениям и клятвам, и тащится от мандаринов.

И все в этой трехсторонней дружбе было бы хорошо! Кроме одного... Вернее, кроме множества кавказских племен и народцев, которые этакой невыбиваемой прокладкой засели в горах между подружившимися, а сами дружить дружно отказывались. А на унизительные предложения построить им в будущем театры, музеи, школы и, самое страшное, завести когда-нибудь свою консерваторию с радостью выбросили топор войны!

На выброшенный топор Россия ответила: ей дешевле насильно усыновить толпу беспризорных племен, чем в отсутствие авиации дружить через них. Россия всегда считала войну самым дешевым способом разрешения исторических проблем. Ведь для российских правителей единственная бесконечная величина — это российский народ. Так началась первая Кавказская война.

Обе стороны были втайне довольны новому этапу развития «добрососедских» отношений. Во-первых, и те и другие делали богоугодное дело — боролись с неверными. Во-вторых, у мужской части кавказского населения наконец на долгие годы появилось настоящее мужское занятие помимо кровной мести, а у России еще одно место, куда можно было ссылать зарвавшихся в своей дерзости после победы над Наполеоном офицеров и расхулиганившихся поэтов.

Поэтому возглавить всю эту кавказскую мясорубку было поручено одному из самых дерзких генералов, герою Отечественной войны 1812 года Ермолову. Мало того, что во время Бородинского сражения без соизволения высшего руководства он повел в атаку солдат, спасая бригаду Раевского, он еще и надерзил самому государю. Когда царь, желая наградить отличившихся в войне офицеров, спросил у Ермолова, какую бы награду он хотел получить, Ермолов ответил: «Государь, произведите меня в немцы». Смелость в бою есть отвага, смелость в свете — дерзость. Царь принял ответ как насмешку над всем, к тому времени полнокровно немецким, родом Романовых и наказал генерала, назначив его губернатором всего кавказского неповиновения.

До сих пор при воспоминании о Ермолове чеченцы готовы выкалывать глаза на его портретах, предавать шариату его бюсты и отрезать уши от его памятников. С ним было очень неудобно воевать. Его офицеры не подрабатывали продажей оружия на сторону, не выдавали противнику маршруты движения армейских колонн. Сам генерал, воспитанник Суворова, не строил в Подмосковье дачу из привезенного с войны кавказского известняка. Более того, он сначала думал, потом действовал, что для русского штабиста было очень необычным.

Ермолов очень быстро понял, что карательные экспедиции в глубь гор, которыми до сих пор «грешила» Россия, только разжигают темперамент противника, умеющего всегда вовремя улизнуть от так называемой нынче «зачистки» в так называемую «зеленку». Поэтому генерал приступил к делу по-суворовски непредсказуемо. Он начал планомерное продвижение в глубь гор с одновременной «зачисткой» не только противника, но и самой «зеленки», вырубая в лесах широченные просеки, с которых леса просвечивались словно рентгеном. Ермоловская тактика поршнем выдавливала горцев из лесов и гор на прозрачные равнины, где те просто вынуждены были жить по немилым их сердцу российским законам и заниматься тягостным для них земледелием. Первыми выдавились и согласились на окультуривание и даже на свой краеведческий музей не столь кровожадные ингуши и еще несколько племен.

Чтобы усыновленным впредь не захотелось вернуться к своим общинно-родовым манерам, Ермолов построил три крепости с угрожающими названиями: «Внезапная», «Бурная» и «Грозная». Особенно пугала всех последняя. Тогда никто не предполагал, что она станет столицей Чечни с нефтеперерабатывающим заводом. За что сегодня чеченцы должны были бы извиниться перед памятниками Ермолову и все отколотые ранее уши и носы аккуратно прилепить на прежнее место.

Наверное, война вскоре закончилась бы полной зачисткой неприятеля и вырубкой лесов. А если бы у Ермолова была современная техника, то и выравниванием горных хребтов. Но славный защитник природы, следующий государь Николай I, вовремя отозвал опального генерала. За все содеянное для Отечества наказал почетной пожизненной пенсией и усадьбой в Подмосковье.

Интересно, что как только следующие за Ермоловым губернаторы и главнокомандующие отказались от его плана и, щадя леса, вернулись к карательным мерам, горцы начали одерживать одну победу за другой, словно доказывая, что бороться с ними можно только ермоловским поршнем.

Уже отшумели декабристы, сменилось два царя, началась и закончилась Крымская война, был подписан унизительный для России Брестский мирный договор, а Кавказская война все продолжалась, унося жизни все новых и новых солдат, офицеров и опальных литераторов. Как ни пыталась русская армия поймать главного бунтаря, предводителя мюзитов (первых мусульманских экстремистов, объединенных общей идеей уничтожения иноверцев) имама Шамиля, ей это никак не удавалось. Шамиль стал народным кавказским героем. О нем рассказывали легенды даже среди русских.

Казалось бы, история повторяется. Опять неуловимый Шамиль. Но нет, они очень разные, эти Шамили. Тот Шамиль не прятался за беременных женщин, не прикрывался младенцами и не считал геройством изнасилование.

О плане Ермолова вспомнил наконец Александр II, который очень не хотел быть похожим на своих родителей с их ошибками. Переброшенными с Крымской войны армейскими корпусами стала медленно, по-ермоловски, сжиматься петля вокруг Шамиля. Есть легенда, что его брали в одном из аулов и что русские солдаты появились в этом ауле так же неожиданно, как когда-то Суворов во Франции, съехав на копчике с гор.

Конечно, не обошлось и без подкупа близлежащего окружения и охраны Шамиля. Как сказал когда-то римский император Август, любую крепость может взять любой осел, если осла правильно нагрузить золотом. Война длиною в два поколения наконец закончилась. Царь лично принял плененного Шамиля как достойного противника и отправил на поселение в Калугу, выделив ему дом с садом и огородом и наказав мирно доживать свой век, разводя цветы в саду и выращивая редиску в огороде. Такая пытка для Шамиля не могла долго продолжаться, и он вскоре скончался. Успев, правда, написать завещание, в котором наказал чеченцам и дагестанцам никогда впредь не воевать с Россией. И даже, говорят, в конце сделал приписку, что нет ничего страшнее, чем смерть на садово-огородном участке.

Царь же в знак примирения набрал себе в гвардию отъявленных чеченских головорезов, красиво их одел, превратив в парадных секьюрити, наивно полагая, что таким образом навсегда решил чеченскую проблему.

Довольно надолго в истощенном войной крае наступило затишье. Кавказу требовалось время, чтобы нарожать новых сыновей и внуков.

* * *

Самим племенам поначалу даже понравилось в составе России. Во-первых, их стали называть народами. Во-вторых, от полууправляемой богатой ископаемыми России им всегда что-то перепадало... Появились такие диковинки, как школы, музей, театр, магазины, деньги, часы, железная дорога с расписным пестрым железнодорожным вокзалом и даже придавшие степному пейзажу некую изюминку нефтяные вышки, с которых всегда можно было умыкнуть пару ведер шлягерной уже в то время жидкости.

Казакам тоже постепенно становилось не до горцев. Россия решила их приручить. Отныне казаки боролись за максимальную выгоду от этого приручения, превращаясь из нарушителей в усмирителей. Их конно-нагаечные ряды стройнели, усы пышнели и еще лихастее подвинчивались к небу, щеки наливались холестерином, прикормленные государством животы

начинали выпадать из седел, станицы наливались добром. В конце XIX века выкрик в толпе «Казаки!» означал — спасайся, кто может, а то прольется кровь. Наконец-то казачество нашло выход своей генетической энергии удали и буйства в рамках государственного законодательства. После Кровавого воскресенья, подавления восстания рабочих 1905 года, мятежей в Прибалтике, Польше и Финляндии и множества еврейских погромов в народе появились выражения: «Казак — орудие производства гробовщиков» и «Казаки лежачих не бьют, они их добивают».

Особую ненависть и презрение у казаков вызывали пролетариат и евреи (хотя одно с другим казалось несовместимым). Пролетарии, скорее всего, тем, что работали, а евреи тем, что они якобы пользовались результатами этой работы. Порой создавалось впечатление, что мечтой казаков было вымарать и тех и других навсегда из истории России. Они, словно ясновидящие, предчувствовали, что когда-нибудь и те и другие объединятся в своей закомплексованности и сведут с ними счеты. Действительно, пришедшие вскоре к власти и те и другие решили, что разгром казаков в гражданскую войну был явно недостаточным, и что гораздо спокойнее будет на свете, если вообще стереть их, как резинкой, не только из истории, но и из географии России.

Особенно преуспел в этом деле будущий «отец всех народов». Заодно с казацким сословием он решил вымарать из генетики и народную тягу к воле по всей России от самых южных гор до северных морей. В три недели «отец» выселил и без того обессиленных казаков с их земель, растворил в общей банке «братских народов», прибавив тем самым еще один ген вечного буйства к хромосомному набору будущих российских поколений. Не веря в генетику, он оказался величайшим генетиком. До сих пор почти в каждом русском по пьянке в ресторанах, саунах, на презентациях, дискотеках и лесных полянах оживают гены казаков, которые многие, не зная истории, опрометчиво принимают за благородные гены гусар.

Но величайший генетик, «отец всех народов», был еще и величайшим мастером пытки. Причем не только физической, но и психологической. Чтобы никого из казаков впредь не тянула к себе память земли, он решил эту память подредактировать и подарил исконно казацкие земли их исконным врагам — горцам. Новый лоскуток на карте назвал автономией, присвоив ему самое дорогое для чеченцев — свой цвет на карте. Бывшую крепость Грозную, ставшую к тому времени городом, назначил работать столицей лоскутка. И одним росчерком пера решил затянувшийся спор племен-народов, какую письменность им, наконец, выбрать для их будущего — арабскую или латынь, подарив лично от себя с грузинским великодушием русский алфавит.

Надо сказать, от природы мысли у горцев быстры, как их кони и реки. Они сразу же сообразили, что такому подарку лучше обрадоваться. И обрадовались. Из последних сил. Поняли — иначе «отец» и их растворит в этом же многонациональном растворе. Они своим общинно-родовым чутьем людей природы почувствовали в нем своего. То есть даже не отца, а пахана всех народов. Потому что он не уговаривал их дружить. Он им дружить приказал!

Все-таки Сталин был романтиком! Он верил в воплощаемость своих невоплощаемых идей. Я думаю, что и Сталин, и Гитлер, и Наполеон, и Македонский — все были романтиками. И даже Нерон! Они все верили, что могут изменять законы природы. И все любили об этом мечтать. У них была очень мощная энергия мечты. Просто их мечты были со знаком «минус». Я всех романтиков делю на романтиков-«светильников» и романтиков-«гасильников». Они были романтиками-«гасильниками». Однако, как и подобает любым романтикам, они наверняка тоже мечтали перед сном. Только о завоеваниях, уничтожении народов, о власти над миром, душами...

Пахан всех народов был одним из самых ярких и мощных романтиков-«гасильников». Он романтично верил в то, что с выселением казаков на их земле навсегда наступит спокойствие. Верил, что с открытием отдела атеизма в краеведческом музее чеченцы тут же сменят веру в Аллаха на веру в социализм с человеческим лицом. Что во вновь открытых библиотеках чеченцы будут учить наизусть стихи Багрицкого и Демьяна Бедного, петь овцам в горах песни Лебедева-Кумача, а по вечерам танцевать в парусиновых брюках и соломенных шляпах под духовой оркестр на танцплощадках домов отдыха, а потом на кухнях за чаем под музыку Дунаевского обсуждать его личную новую Конституцию.

Среди чеченцев он назначил не только секретарей партячеек, комендантов, заведующих складами, но и драматургов, композиторов, писателей, поэтов. Приставил к ним переводчиков, которые по приказу партии научились переводить три запева с чеченского в девять—двенадцать поэм на русском. Наконец, пытаясь выиграть в споре с генетикой, снял фильм о любви русской барышни-свинарки и чеченского джентльмена-пастуха, который заканчивался хеппиэндовским поцелуем на ВДНХ, а начинался шагающим стадом коров с гор под песню «Шагай вперед, комсомольское племя». Говорят, когда в аулах фильм показывали чеченцам, те хохотали, думая, что это комедия.

Он был романтиком-монстром. Он верил в дружбу народов, которые будут дружить, если из них периодически выстригать тех, кто дружить не хочет. Единственное, во что он не верил, это в генетику — в этого самого мощного режиссера истории, поэтому и стал главным минёром нашего будущего, объединив и замкнув в общих границах немало самовоспламеняющихся смесей.

У всех романтиков-«гасильников» есть общее. Они все относятся к людскому роду, как к послушному им министерству, которому можно ежедневно спускать сверху инструкции. Они даже считают, что могут гасить генные коды какого-либо народа или всего человечества, ссылая, расстреливая и сжигая. Но ни одному из них это не удалось, потому что *огонь генетики — единственный вечный огонь*. Если он затаится хоть в одной хромосомке, он все равно когда-нибудь оживет. Так произошло и с «вечным чеченским огнём». Во время Второй мировой войны откуда-то из глубины множества спиралек ДНК вдруг дала о себе знать мирно дремавшая до подхода немцев к Грозному спиралька, обиженная еще Ермоловым. Множество чеченцев тут же перешли на сторону немцев, полагая, что уж немцы-то точно помогут им провести вендетту ермоловским потомкам, которые столько лет унижали их школами, алфавитом, библиотеками, музеями, консерваториями, планетарием и прочими ужасами.

Правда, Грозный так и не попал в руки немцев. На этот раз они не учли огня в генетике русского солдата, у которого неизвестно что откуда порой берется.

Пахан народов тоже знал основы вендетты, поскольку тоже был истинным горцем. Он был далек от философии непротивления злу насилием. И очень не любил подставлять правую щеку, когда ударят по левой. Уже в 1944 году Сталин выделил из действующей армии более ста тысяч солдат и офицеров. Несмотря на жесточайшие бои на фронте, ввел в Чечню отборные силы НКВД и в те же, уже традиционные три недели, «растворил» чеченцев вслед за казаками по закоулкам своей империи. Правда, превратившись за многие годы из мастера психологической пытки в художника этого дела, сохранил за ними те земли, которые сам же им подарил. Мол, они — ваши, но любить их будете отныне издали. Так строгий отец дарит непослушному сыночку новую игрушку и тут же прячет ее в шкаф. Мол, она твоя, но не отдам, пока не поумнеешь.

Несмотря на то что монстр становился с годами все циничнее, он все-таки оставался романтиком. На этот раз он поверил, что «растворенные» чеченцы никогда уже не вернутся на подаренные им земли, что история будет развиваться по его инструкциям. Он даже в страшном предсмертном сне не мог предположить, что когда-нибудь начнется перестройка созданного им «министерства» и следующие за ним отцы-романтики как саперы-самоучки начнут разминировать заложенные им мины, по очереди наступая на каждую из них!

Надо отдать должное чеченцам. На чужбине они не стали растворяться, как казаки, прибавляя к хромосомной коллекции русского народа еще одно несочетание. Несмотря на долгие годы в изгнании, постарались сохранить свое самосознание по различным мафиозным структурам. Это им удалось настолько, что даже в те жесткие годы майоров Прониных в различных уголках России многие родители говорили своим детям: «В тот дом вечером не ходи. Там живут чеченцы!»

Интересно, что самое спокойное время на беспокойном чеченском лоскутке наступило после того, как с этого лоскутка выселили и чеченцев и казаков. А тех, кто остался жить, просто не хватало для образования взрывной критической массы. Нельзя же разжечь костер из одних спичек.

* * *

Есть люди, которые понимают только силу. Они считают, что если ты в чем-то идешь им навстречу, делаешь уступки или вообще что-то хорошее, значит, ты или дурак, или нездоров, или у тебя не хватает сил, чтобы диктовать свои условия.

Многие считают, что сила — основная черта мусульманского мира. Мол, даже в Коране приветствуется убийство иноверца. Неправда. Пророк Мухаммед сформулировал такую же нравственную религию, как и все остальные пророки. Мусульмане, в частности наши татары, которые живут по Корану, могут быть примером для многих сегодняшних христиан. Они чистоплотны, почитают своих родителей, старших, соблюдают посты, молитвы, помогают бедным... Пророк Мухаммед запрещал алкоголь, азартные игры, призывал строго карать за измену, воровство и убийство. В мусульманской религии, как самой поздней из религий, другая беда. К тому времени, как появился на свет Мухаммед, христианство и буддизм не приняли те народы, которые не были готовы к вере в одного бога, задержались в язычестве. Сознание многих из этих народов не могло понять учения нового пророка.

Были среди них и такие, которые приняли мусульманство лишь потому, что оно разрешало многоженство. Они приняли удобную для них обрядовость, не вдумываясь в смысл проповедей Мухаммеда. Поэтому в мусульманском мире так скоро развился экстремизм, ваххабизм и другие секты. Между экстремизмом и мусульманством такая же разница, как между христианством и инквизицией. Любой мусульманин, признающий кровную месть, не мусульманин, а экстремист, поскольку пророк мусульманства Мухаммед кровную месть категорически отрицал.

С мусульманами можно жить мирно, а с экстремистами нельзя договориться. Их можно только выдавливать ермоловским поршнем. Это особенно хорошо знает сегодня Израиль. У них своя Чечня под боком. Причем не за две тысячи километров, а рядышком, как у нас в Подмосковье. Их последний конфликт вспыхнул, потому что под напором Америки Израиль хотел договориться с экстремистами по-хорошему. Значит, у Израиля ослабла армия — тут же сделали вывод экстремисты. И начались взрывы, террористические акты.

* * *

Ермолов утверждал, что с чеченцами-экстремистами договариваться бессмысленно. Если с ними садишься за переговоры, они считают, что у тебя «кончились патроны»!

Ваххабиты, ненавидя Ермолова в первую очередь за его высказывания, всеми своими силами и теперь доказывают, что, к сожалению, он был прав. И как только первый сапер-самоучка, отец перестройки, позволил им вернуться на исконно не их территории, они тут же решили, что у русских «кончились патроны».

Следовательно, с русскими можно теперь не считаться. Вряд ли кто-то из них в тот момент вспомнил о построенных Россией для них библиотеках, музеях, школах, железнодорожном вокзале, консерватории, фильме «Свинарка и пастух» и о вере еще одного романтика-перестроечника в то, что они, вернувшись, будут отныне заниматься выпечкой хлебобулочных изделий и вышивкой крестиком на пяльцах.

Ну, а когда следующий наш отец, он же дедушка русскоязычной демократии, начал, бросая по всем закоулкам бывшей империи «русскоязычных соотечественников», выводить отовсюду войска, втайне надеясь, что ему за это дадут Нобелевскую премию, как и его предшественнику за развал Берлинской стены, они и вовсе уверились, что на Россию можно больше не оглядываться. «Даже оружие побросали, нам оставили. Значит, боится, боится нас Россия!»

* * *

Невольно после такого прочтения истории болезни русско-чеченской хроники напрашивается вопрос: а на кой черт нам вообще эта Чечня нужна? Мне лично она не нужна, моим знакомым не нужна, не нужна друзьям моих знакомых, знакомым друзей... Так когда-то проводили субботники под руководством коммунистической партии: тебе это надо? Нет. А тебе? Тоже нет. Это никому не надо. Но раз надо, значит, надо! Интересы Родины!

Понимаю, очень хочется отомстить за все теракты, взрывы, за погибших, покорить, или, как говорили у нас во дворе, «дать по соплям». Скорее всего, при нашей жизни вся история этим и закончится. Недаром сегодня, почувствовав нашу силу, даже многие чеченцы-экстремисты стали переходить на нашу сторону. И делают вид, что нам верят, после чего мы делаем вид, что верим им, а они делают вид, что верят нам, что мы верим им.

Но, учитывая двухсотлетнюю историю, мы забываем, что, покоряя Чечню, лишь заглушаем на время симптомы болезни и тормозим ее историческое развитие. Более двух столетий мы мешали чеченцам развиваться по их законам. Если же учесть, сколько беды мы принесли в их горы своими вековыми карательными зачистками и мародерством, то станет понятно, как они нас ненавидят всем своим общинно-родовым хромосомным набором. Несколько поколений наших обоюдно варварских народов должны жить параллельно друг другу, чтобы изжить обоюдную ненависть из озлобленных хромосом. Мы довели их до того, что многие из них уверены — за убийство русского его душу в раю будут обслуживать сорок невинных девушек.

Очередное укрощение Чечни — очередное преступление против исторической мудрости. И зачем оно нам? Грузия-ежик клянется теперь в верности НАТО. Мечтает ощетиниться их иголками, российские нынче — не колючие. Азербайджан — с Турцией. А мы — с оставшимися от дружбы с ними племенами-прокладками, как с гантелями на ногах, — шагаем в наше светлое капиталистическое будущее. Для чего они нам? Чтобы снова начать строить им школы, библиотеки, консерватории? Но люди, которые считают геройством изнасилование, мужеством — захват роддома, не знают толком проповедей собственного пророка Мухаммеда, вряд ли будут трудиться библиотекарями и музейными работниками. Перед Новым годом в одном из отрядов боевиков в честь праздника развесили на деревьях гирлянды из отрезанных ушей. Такие люди все равно будут заниматься работорговлей, воровать нефть, грабить банки, создавать мафии и заниматься любимым для них горно-обогатительным делом, что означает: спустился с гор, обогатился и обратно в горы. Развитой рабовладельческий строй — их светлое будущее.

Да, они тоже любят порассуждать о том, как им нравится демократия. Но она им нравится, когда они в нее заезжают ненадолго, как по туристической, повеселиться, оттянуться, приодеться. Наша и западная демократии для них — развлечение, что-то вроде казино. Дома они все равно будут жить по законам шариата и будут продолжать нас с радостью взрывать. А Запад будет нас винить и клеймить позором за нарушение прав человека, за неадекватные наши действия!

Однажды на концерте меня в записке спросили, как бы я решил проблему Чечни, если бы мне дали власть? Я ответил:

Я бы подарил ее тем, кто за нее хлопочет и ей помогает: Грузии, Турции, Америке, Совету Европы и, конечно же, странам Балтии.

Но вернул бы им не тот подаренный Сталиным лоскуток, а исконно их, чеченскую территорию в горах, где испокон веков жило племя нахчо! Сталинские законы считаются преступными против человечества. Поэтому ни один Гаагский суд не сможет это решение опротестовать. И не надо будет беспокоиться о русских в Чечне. Все русские живут на исконно русских казацких равнинных землях. В горах русских никогда не было.

Установил бы границы по Тереку и по горам, как это было в позапрошлом столетии до начала кавказской войны. Отгородился бы от вечного бунта этаким частоколом из всего наследства былой советской мощи. Сунулись на нашу равнину — сработали фотоэлементы и на километр накрыли все, выровняли вместе с горами. Терек вскипел — не переплывешь.

Когда в 1994 году началась очередная чеченская война, я возглавлял фонд помощи русским людям в ближнем зарубежье и тогда написал письмо премьер-министру, в котором предлагал перевезти всех русских из Чечни, дать им статус беженцев, после чего оттеснить чеченцев за Терек и разделиться. Кто-то из советников от имени премьера ответил мне: «Это нам невыгодно». Я не сразу понял, насколько точен был его ответ. Действительно, ИМ это было невыгодно. Выгоднее было бомбить Чечню, потом посылать деньги на восстановление, потом снова бомбить уже якобы восстановленное. А ведь сделай в то время по моему совету, сколько бы денег могло сэкономить государство, и насколько спокойнее мы восстанавливали бы сегодня наш обмен веществ.

Интересно, в тот вечер моих фантазий со зрителями ни один человек из двухтысячного зала не прислал мне обвинения в непатриотизме или гневного возражения: мол, нельзя создавать прецедент. Другие республики тоже захотят независимости: Татарстан, Башкортостан и прочие «станы». Видимо, среди зрителей не было чиновников и штабистов, а люди мыслящие прекрасно понимают, что после такого раздела Чечне придется выпускать свою валюту, паспорта, самим учиться выращивать хлеб, строить дома, школы, открывать свои производства и, страшно сказать, протягивать свой нефтепровод. Зачем это нужно Татарстану, если у Татарстана есть наш нефтепровод, наши производства? Как только республики увидят, что произойдет с Чечней после отделения, «все «станы» будут в гости к нам». Ведь все они кормятся дружбой с нами, а не войной.

Те, кто мечтает отомстить Чечне, должны понимать, что отделение ее будет самой страшной нашей местью. Ведь если война закончится, большинству мужского населения Чечни нечем будет заниматься, кроме как воевать друг с другом за право стать главенствующим родом. Другое дело, как это сделать, когда столько людей сегодня живет и кормится от войны. Тут должен вмешаться наш президент и намекнуть своему окружению, что на этот план будут выделены немалые средства из бюджета, и нужно немедленно организовывать разные фонды помощи новой стратегии. Но сразу предупредить, что украсть разрешается не более десяти процентов, как это принято в цивилизованных странах. Иначе цивилизованные страны опять обзавидуются и не простят нам наши долги им.

ВОЙНА ПРЕКРАТИТСЯ СРАЗУ, КАК ТОЛЬКО МИР СТАНЕТ ВЫГОДНЕЕ НАШИМ КОРМЛЕНЦАМ!

Я понимаю, те, против кого я сейчас фантазирую, назовут меня «непатриотом». Но благодаря патриотизму политиков, президентов, королей, римских пап, паств, разнообразных конфессий и просто народных зомбированных толп история Европы — сплошная непрекращающаяся мясорубка. Если два патриота своих дворов встречаются в подворотне — это верные синяки. Если не могут разойтись политики-патриоты — это тысячи, а то и миллионы погибших людей.

СЛУШАТЬСЯ ПАТРИОТОВ — ЭТО ЗНАЧИТ ВСЕГДА ВОЕВАТЬ.

Кстати, об этом писал в своих дневниках еще Лев Толстой.

Конечно, все эти фантазии сегодня так и останутся фантазиями. Я это понимаю. И не только я. Многие сегодня вообще стараются не думать о Чечне, отмахиваются от мыслей о ней, как от навозной мухи. Им даже нравятся подредактированные государством и его помощниками нынешние чисто совдеповские позитивные репортажи из Чечни. Мол, да, жертвы есть, но могло быть и хуже.

Однако невозможно забыть о Чечне, пока гибнут наши солдаты, пока матери не понимают, какую Родину защищают их сыновья. О проблеме нельзя забыть, ее можно только решить. А как гласит опять-таки древняя мудрость:

НЕРЕШАЕМЫХ ПРОБЛЕМ НЕТ! ПРОСТО, ЧТОБЫ РЕШИТЬ ЛЮБУЮ ПРОБЛЕМУ, НАДО СНАЧАЛА РЕШИТЬСЯ ЕЕ РЕШИТЬ.

На это наша голова и не способна. Поэтому и приятно бывает хотя бы пофантазировать. Например, о том, что Чечня уже не наша, войны нет. Молодые люди с таким же задиристым выражением лица, как у Димы, первого сентября направляются в институты, а не на войну. Граница с Чечней на амбарном ядерном замке. Москва чиста от чеченской мафии. На улицах столицы не сидят орлами на корточках, отдыхая, как на зоне, кавказцы. Пару раз, наткнувшись на запертую границу, энергия воинствующего чеченского пыла хлынула в направлении хлопотавших за них стран. По всей Турции крупой рассыпались чеченские мафии. Они же рэкетируют грузинские рынки и угоняют американские самолеты и набирают рабов в Совете Европы. Правда, из членов Совета Европы рабы получатся квелые. Раб ведь работать должен, а не говорить. Чеченцы быстро разочаруются в них и потянутся за более профессиональными рабами в страны Балтии, где даже улицы названы именами их боевиков-командиров. В Риге улицу Космонавтов и ту переименовали в улицу имени героя Дудаева.

А разве не приятно пофантазировать, что уже через пару лет Америка с Турцией проклянут наш «подарок». Грузия попросится обратно в состав России, вспомнит о своем неоценимом вкладе в дело развала Союза с помощью Шеварнадзе. И даже, может быть, в Латвии поймут в результате такой дружбы с чеченцами без посредников, что Гагарин все-таки больше сделал для человечества, чем Дудаев.

Думаю, очень скоро после нашего развода чеченцам, как и новорусским корешам, перекроют въезд в большинство стран, запретят вход в мировые казино и не будут их подпускать уважающие себя банки. Поэтому можно даже нафантазировать, как довольно скоро чеченцы сами предложат нам свою дружбу и поклянутся в верности нам, потому что без банков им будет совсем невмоготу. Тем более без российских, которые так способствуют развитию творческо-финансовой мысли. К тому же среди самих чеченцев все больше появляется таких, кто хочет, чтобы их дети учились в школах и в консерваториях, а не в лесах под зеленкой. Да и Россия к тому времени без геморроя-гнойника восстановит быстрее обмен веществ и сможет войти в новый виток дружбы не с войной, а с красиво упакованной колбасой, гамбургерами, цыплячьими ножками и не столь строгой, как на Западе, финансовой системой — лучшим залогом для политической дружбы.

Кстати, подобные неожиданности потепления уже случались даже в новейшей истории России. В тех же странах Балтии очень скоро после «развода» коренное население в быту стало гораздо лучше относиться к нам. Латыши начали снова смотреть российское телевидение, ходить на гастролирующие у них российские театры. Литовцы, попав под американский пресс, возненавидели американцев пуще русских. Даже эстонцы стали потихоньку вспоминать русский язык, понимая, что иначе много не заработаешь. Финны взяток не дают, а русские из чувства патриотизма дают их, только если с ними говорят на родном русском языке. Многочисленные евреи, уехав от волн советского антисемитизма, даже в западных, богатых колбасным счастьем странах поголовно ностальгируют теперь по России. У кого ни спроси, ответ один — мы любим Россию, нам ее не хватает. Видимо, нас пока можно любить только издали. Но, конечно, только пока. Пока мы не научимся осуществлять свои фантазии и мечты и **решаться решать наши проблемы!**

* * *

Словом, какие только глупые фантазии не баламутят воображение, когда часто смотришь телевизор. Я чаще всего смотрю его в Риге вместе с мамой. Если во время «Новостей» мама задремлет, то ненадолго, к концу просыпается. На десерт в «Новостях» всегда рассказывают о чем-то, как это принято говорить, «позитивном». Суровый, с горчинкой в начале новостей голос диктора к финалу передачи добреет. Он становится похожим на голос советского диктора, который рассказывает нам о наших индустриальных успехах, о том, сколько выплавили стали и чугуна и произвели соды на душу населения. Поскольку нынче о душе забыли, то диктор тем же голосом сказочника рассказывает нам о родившемся в московском зоопарке бегемотике или свадьбе цыганского барона. Однажды мама открыла глаза, когда показывали Московский бал шляп.

Да! В далеких российских городах похороны десантников, голод, радиация, повышенный градус ненависти, беспросветное будущее, нелогичная жизнь, а на экране бал шляп! Каких только шляп здесь нет. И похожих на колеса, и на тлеющие на голове костры, и на клумбы, и на кимоно, и на ветки каких-то диковинных растений, и на соломенные крыши. После того, что мы слышали в начале «Новостей», такой бал шляп представляется некой фиестой в сумасшедшем доме. Разгул русского целлюлита: здесь и бизнесмены, и их жены, чиновники и даже священники. Когда-то также шел бал на Аничковом мосту. На нем были Пушкин, Гончарова, царь. Потом был застрелен Пушкин, были написаны стихи на его смерть Лермонтовым, и Лермонтов, в свою очередь, погиб на кавказской войне.

Увидав священника на бале шляп, мама встрепенулась. «Уладить все конфликты в мире могут только главы конфессий, — говорит она мне. — Ты подай эту идею кому-нибудь, когда у тебя будут брать интервью».

Я соглашаюсь: «Действительно, война между народами невозможна, навоевались! Теперь если и будет мировая война, то между паствами. Ты права. Надо об этом упомянуть в каком-нибудь интервью».

А сам думаю: мама уже не верит в государственное мышление государственных работников, правда, она еще верит в священнослужителей. Это все-таки здорово! Я не буду переубеждать ее. Мне не хочется рассказывать ей, что церковь торгует сигаретами, имеет таможенные льготы на нефть, цветные металлы и что проверять их боится даже налоговая полиция — вдруг отлучат от церкви.

Словно в подтверждение моих мыслей, кто-то из жен бизнесменов хвастается своей шляпкой, похожей на лист лопуха с гнездом для ворон наверху! Она с гордостью рассказывает телезрителям о том, что ее шляпку освятил ее личный друг-владыко, который эксклюзивно отпускает ее эксклюзивные грехи в своем эксклюзивном бутике-храме, и она рассчитывает поэтому на балу на один из эксклюзивных призов.

— Слава Богу, что на этом балу хоть нет самого президента, — говорит мама.

Она верит нашему президенту, она постоянно приводит мне доказательства его преданности России. Мне тоже хочется ему верить, но я пока боюсь. Мне надо, чтобы сначала кончилась война.

ЕГИПЕТСКИЕ НОЧИ
(2000 г.)

Первое впечатление

Верблюда называют кораблем пустыни. Верблюд действительно похож на корабль. Он гордый, несуетливый. Покачивается. Шея похожа на бушприт фрегата.

Самое неприятное, что есть в арабских верблюдах, это их хозяева-арабы. Они суетливы, приставучи... Чтобы вытащить из туристов лишние деньги, не гнушаются ничем. Например, чтобы залезть на верблюда, называют одну цену — два доллара. А когда залезешь на него, объявляют, чтобы слезть, надо заплатить тридцать долларов. При этом будут дергать за ногу сидящего на верблюде и жаловаться на трудную жизнь. Причем не только свою, но и верблюжью, который не ел со дня своего рождения. Если вы на английском языке попытаетесь объяснить хозяину верблюда, как это неблагородно заниматься вымогательством, будете взывать к чувству его достоинства, к чести, он ответит вам на вполне сносном английском, что по-английски он ничего не понимает. Не было денег на образование. И будет клянчить уже не только на пропитание, но и на обучение. Причем и на верблюжье тоже. И конечно же будет гарантировать, что всего за два-три лишних доллара Аллах на том свете устроит вашей душе сервис по разряду пятизвездочного арабского отеля.

Я заметил, что, когда не очень хорошо знающие историю туристы попадают впервые в Египет, первая мысль, которая возникает у большинства: как могли те древние египтяне, с гордыми фресочными спинами, создавшие полную достоинства державу, выродиться в таких попрошаек.

К сожалению, многие даже не предполагают, что сегодняшние египетские арабы никакого отношения не имеют к тем древним египтянам, достоинство которых ощущается даже в их скукожившихся мумиях. Хромосомный набор древних и сегодняшних египтян не пересекается ни одной ДНКовской загогулинкой-извилинкой.

Арабы завоевали эту землю значительно позже. Когда оценили, что завоевали, тут же назвали себя египтянами. Сами поверили в то, что это они строили величественные пирамиды, храмы... Стали гордиться ими как своими собственными святынями. Я бы сказал, что арабы завоевали не землю, а историю и культуру Египта. Как способный народ, научились кормиться вокруг этой великой культуры толпами туристов, отелями, ресторанами, многочисленными сувенирными лавками. Но история безжалостна! Она отомстила завоевателям, превратив отважный народ скотоводов и земледельцев в народ мелких лавочников и потрошителей туристов. Главная причина потери достоинства сегодняшних египтян в том, что они кормятся вокруг того, что сами не создавали. Пирамиды и Суэцкий канал стали для египтян таким же наказанием, как нефть и газ для России!

В любой точке пустыни вас найдет высохший, как корень верблюжьей колючки, араб, мечтающий продать вам бусы. Любой присланный из местного турбюро гид или гидша, доложив голосом отличника-заучки о том, какой высоты какая колонна, пирамида, сколько ушло тонн камня, краски, заклепок, постарается как можно скорей закончить экскурсию и уговорить вас зайти в ювелирную лавку, где хозяин, естественно, его друг детства и у него самое качественное и дешевое в мире золото. Русским он вообще продает дешевле, чем покупает. Потому что русских до сих пор уважает в память о бывшей ненависти Советского Союза к Израилю.

Если вы откажетесь, — мол, золото вас не интересует, ваш гид-абориген тут же вспомнит, что у него есть еще один друг детства, у которого самое качественное и дешевое в мире серебро. Откажетесь от серебра — найдется друг детства по бронзе. Я понял: все арабы-торговцы и гиды — друзья детства! Не заинтересуют металлы — будут соблазнять папирусами. Единственной лавкой в мире, где продаются не современные банановые папирусные подделки, нет, а настоящие древние папирусы времен самого Эхнатона и Рамзеса, а чтобы вы не сомневались в их подлинности, они изготавливаются прямо при вас во дворе этой же лавки.

Наконец, при выходе из отеля, если вы хорошо и дорого одеты, на вас стайкой пираний налетит местная арабская детвора не с просьбой — с требованием милостыни. Эта детвора уже с пяти лет узнает свою добычу по швейцарским часам и итальянским кутюрье. Мой совет нашим зажиточным туристам — отправляясь в Египет, купите у какого-нибудь бомжа лохмотья. Или оденьтесь во все отечественное, что в принципе одно и то же. Судя по всему, отцы-арабы и впрямь воспитывают своих детей в цыганском духе.

В один из свободных от музеев дней, будучи на Синае, я решил отправиться с англоязычным арабом-проводником в глубь пустыни до бедуинского поселения. Предстояло качаться на корабле-верблюде около десяти километров.

Вела мой корабль под уздцы девушка-арабка лет десяти с фигурой щепки. Необычайно подвижная, бойкая, босоногая. Лепешки грязи на ступнях защищали ее ноги от горячего песка, а заодно и от скорпионов не хуже, чем мозоли защищают ноги верблюда.

Верблюд ее слушался, и было странно, как такой большой слушается такую маленькую. По ее знаку он приседал, она заскакивала на него с разбега, даже скорее взлетала на его горбинки, и окриком, понятным только им обоим, мигом пускала его рысцой. Этим полетом невозможно было не любоваться. В белой арабской накидке она летела по пустыне, как чайка летит над морем. По-английски она уже знала все слова, связанные с деньгами. Естественно, умела пересчитывать по-английски, прямо при клиенте. Мне не хотелось портить в своем воображении образ чайки. Поэтому через своего проводника я постарался объяснить ей, что если она не будет меня отвлекать от созерцания пустыни своим попрошайничеством, то в конце путешествия я дам ей хорошую премию, и не только ей, но и ее верблюду лично в зубы.

Она обрадованно замолчала минут на пять, и мы лениво поползли по пустыне между барханов.

Я помню это многочасовое путешествие! Небо над нами было высокое, как лоб мудреца с мелкими морщинками перистых облаков. Темные, похожие на грозовые тучи горы со всех сторон у горизонта окаймляли пустыню, как бы брали ее в кольцо. И все эти горные цепи были похожи в профиль на лежащие на спине у горизонта мумии, которые смотрят в небо с надеждой, что их когда-нибудь оживят.

Если бы мы шли на корабле, а не на верблюде, если бы это была не пустыня, а море, то моряки сказали бы, что наступил полный штиль. Закатное солнце забрало жару с собой за горы. Взамен жары пустыня наполнилась умиротворенностью и равновесием. Песочные волны замерли. Коршун завис в полете. Небо и пустыня, как две чаши весов, уравновешивали друг друга в абсолютном спокойствии. Верблюды ступали осторожно, как на цыпочках, словно боялись нарушить это равновесие. И не верилось, что Земля сейчас кружится и летит в Космосе!

Но! В отличие от меня, моей маленькой проводнице вся эта гармония спокойствия была так же в тягость, как для меня жившие когда-то в квартире этажом выше алкоголики-меломаны, которые под музыку по ночам падали на пол вместе с мебелью.

Уже минут через десять после моего предупреждения не трогать меня и не дергать за ногу она начала дергать за ногу моего проводника. Чтобы он обратился ко мне, можно ли ей поговорить со мной если не о деньгах, то хотя бы о жизни. Потому что молчать она не может. Тем более когда впереди ее ожидает такая радость, как премия для ее верблюда. К тому же в бедуинском поселке ее прозвище Радио.

За время нашего путешествия я узнал по Радио все новости их нелегкой бедуинской жизни. У ее отца 300 верблюдов, и всем нечего есть. В школу отец ее не пускает — нечего, говорит, зря тратить время. Надо работать. Он хочет купить еще 300 верблюдов. Им тоже будет нечего есть. Никто из ее сестер не умеет так зарабатывать, как она, несмотря на то что они старше. Но они-то не Радио. А с туристами молчать нельзя, тогда туристы вообще денег не дадут. Я спросил у Радио:

— Может, тебе дают деньги, чтобы ты помолчала?

Радио в ответ хихикнула, как бы согласилась с тем, что я разгадал ее хитрость. Причем тут же похвасталась тем, что, во-первых, в этом году ей удалось заработать как никогда. Во-вторых, еще я ей дам премию. В-третьих, — самое главное, — ей скоро исполнится одиннадцать лет, и в школу идти не надо.

— Похоже, — закончила, — жизнь начинает складываться.

Интересно, что мой переводчик-араб, переводя ее слова, явно гордился, что такая маленькая умеет так находчиво выкачивать деньги из туристов, или, как сказали бы у нас, «разводить» клиентов. Он считал это достоинством своей нации. Спасительным задатком подрастающего поколения.

В общем, весь этот арабский «табор» вскоре довел меня до того, что мне искренне стало жаль тех израильтян, которые пытаются договориться со своими соседями. Невозможно по-хорошему решить ни один вопрос с тем, кто принимает твое желание договориться за слабость.

Ни в одной стране я не чувствовал себя постоянно столь растерянным. Когда раздражался, впадал в истерику, сам начинал кричать на приставал, на меня смотрели как на врага всего египетского народа. А когда сдавался, ну, по женской логике, легче согласиться, чем объяснить мужику, почему нет, и когда покупал очередную дикарскую погремушку у очередного торговца, чувствовал себя сильно разведенной простоквашей.

Понимаю, по большому счету я не прав. В любой стране есть свои халявщики, но есть и ученые, врачи, артисты, писатели...

Но лично я после многочисленных поездок по Израилю и путешествия по Египту при слове «араб» вижу теперь лавочника с бусами посреди пустыни рядом с грустным, недоедающим и облезлым, словно побитым молью, верблюдом, у которого не осталось сил даже на то, чтобы прилично кого-то оплевать. А рядом транспарант с надписью на английском (который я видел лично): «Кто хочет сфотографироваться с верблюдом, подойти к верблюду и спросить фотографа».

Знания усугубляют скорбь!

Надо признаться, что я готовился к путешествию в Египет как бывший добротный советский студент, первый раз выезжающий за границу, и которому предстоит пройти перед поездкой партком, профком и сдать экзамены на знание страны назначения самому страшному «кому» — комиссии ветеранов.

Помню, когда я впервые выезжал с группой студентов МАИ в Польшу, меня спрашивали всерьез на райкоме партии, какие удои молока давала среднепольская корова в 39-м году на душу среднепольского населения. И, что самое удивительное, кажется, я ответил правильно на этот вопрос!

Конечно, сегодня об этом смешно вспоминать. Но в те годы бронированного советского занавеса, благодаря первым поездкам за границу, ради которых мы были готовы на все, я узнал: какой по счету американский самолет сбили вьетнамские зенитчики из Узбекистана, какую внеплановую лабуду собрали с близлежащих болот румынские беспризорники к двадцатому съезду партии и сколько пар могилевской обувной фабрики 46-го размера было поставлено голодающим детям Парагвая? Хотя я не понимаю до сих пор, зачем голодающим детям Парагвая понадобилась наша обувь.

Перед поездкой в Венгрию на Совете районных ветеранов мне удалось навечно, бесповоротно заклеймить позором оппортунистический Китай, который, поссорившись с Советским Союзом, перестал закупать противозачаточные нашей баковской фабрики резиновых изделий и переписал заказ на Венгрию. Венгрия напряглась и выпустила за год противозачаточных на все пять миллиардов китайской биопопуляции. Однако Китай вскоре обиделся и на Венгрию за ее послушание советскому режиму и отказался от заказа. Таким образом, благодаря верности нам население Венгрии оказалось обеспеченным противозачаточными на четыреста пятьдесят лет вперед! Если, конечно, каждый венгр будет использовать в день по три пачки.

Вот такой ерундой были забиты головы советских туристов в то незабываемое время товарного дефицита и нравственно-моральной устойчивости. Зато изучение страны назначения теперь навсегда зафиксировано в каком-то чипе моего генетического кода и достанется от меня моим наследникам вместе с моими фотографиями.

В общем, собираясь в Египет, по старой советской традиции я решил: чтобы не позорить Отчизны и не выглядеть невеждой в глазах гидов, прочитать хотя бы учебник истории за 6-й класс. С очень красивыми картинками пирамид. Надо признаться, из этого учебника я узнал много нового для себя. Прочитанным поделился с друзьями. Друзья были поражены, спрашивали: откуда я так много знаю? Вдохновленный успехом, я перешел к более сложной литературе — приложению к детской энциклопедии «Мифы и легенды Древнего мира» с картинками.

Вскоре друзья начали избегать встреч со мной. Они закомплексовали, поскольку поддержать разговор со мной не могли, и беседа превращалась в монолог. Никто не мог понять, неужели я не шучу, когда так пылко рассказываю о божественной любви египетской богини Изиды к ее брату Осирису. Многие со мной перестали встречаться. Я же в свою очередь стал пересказывать им прочитанное по телефону. Естественно, слегка подглядывая в текст. Поэтому сыпал таким количеством имен и дат, что мне кто-то посоветовал сойти с диеты немедленно, потому что у меня начался явный приступ обострения памяти. Несколько человек откровенно посетовали на то, что в России бесплатные телефонные разговоры. А перед самым отъездом я окончательно напугал всех тем, что по возвращении покажу им слайды.

Я давно заметил, что если вы начинаете нервничать из-за того, что у вас задержались допоздна гости, самый верный выход из положения — начать развешивать на стене простыню, приговаривая: «А сейчас давайте посмотрим слайды нашего путешествия с детьми в Турцию». Гости тут же начинают собираться по домам — мол, неотложные дела в два часа ночи.

Как бы там ни было, но я ехал в Египет подкованный. Меня не смог бы засыпать не только совет наших, но и египетских ветеранов. Даже комитет фараонов-мумий оценил бы мои знания!

Ведь я прочитал не только традиционных историков, но и труды самых продвинутых. Тех, кто называл себя контактерами. Один из таких контактеров, например, установил связь с мумией в Эрмитаже. И та нашептывала ему все секреты человечества, когда они оставались наедине. Из всей этой истории меня заинтересовало — как им удавалось в Эрмитаже остаться наедине?

Другие контактеры получали информацию непосредственно из Космоса, куда выпадали периодически в астрал. За что я называл их про себя астралопитеками.

У одного из них в предисловии я прочитал фразу, отдающую некой космической эротикой: «Я был в контакте с Бетельгейзе». Слава Богу, благодаря пятерке по астрономии в школьном прошлом я знал, что это звезда, а не немецкая актриса-куртизанка.

И вот когда, извините, он находился на этой Бетельгейзе, ему поведали, естественно, бетельгейзеры, что пирамиды на земле построили их предки. Это были пульты управления термоядерными реакциями в ядре земли. Через эти пульты они нас включали и выключали. Настраивали на правильную волну. Но это было давно. Сейчас плюнули и улетели. Сказали: «Бесполезно. Выключай не выключай, все равно у землян энергия не по вектору. Что-то в программе сбилось». И отлетели они дружно в мир иной, оставив на земле в летающих тарелках лишь своих наблюдателей, как ООН в Чечне. То есть мы для Космоса, как Чечня для России — геморрой.

Но больше всего мне понравилась версия некой астралопитечки, которая с непреклонностью женщины постбальзаковского возраста доказывала, что пирамиды построили пришельцы с Сириуса — сириусяне или сириусята — не важно. Важно, что в то время (давно это было) они были главными в Космосе, как в Москве теперь солнцевские. Они на Землю ссылали своих провинившихся. Как бы уголовников. Как бы на поселение. «На химию». То есть Земля для них была как бы зоной. А пирамиды — вышками, на которых находились вертухаи.

Наши допотопные предки их приняли, естественно, как бы за богов, потому что те показывали разные чудеса: лазерные фонарики, наушники в ушах, телевизоры в ногтях...

В общем, уже задолго до путешествия меня интересовало все.

Например, почему пирамиды строились для погребения фараонов, при этом до сих пор ни одной мумии фараонов не найдено в пирамидах? Почему все, кто пытался проникнуть в тайны пирамид, пробраться к их недрам, закромам, погибают потом от болезни или от какой-нибудь случайной катастрофы? По какому закону продукты, помещенные на дно пирамид, остаются всегда свежими, как в морозилке, а лезвия ножей самозатачиваются? Куда, наконец, смотрит умоляющим взглядом сфинкс? Как будто окаменевший небожитель не успел вовремя стартануть с гибнущей цивилизации и теперь ждет, когда за ним прилетят? Наконец, за что и кто отбил ему нос? А главное, зачем?

Но больше всего меня потрясла книжка не историка и даже не контактера, а просто нашего российского врача, который утверждал, что расстояние между всеми нерасшифрованными шедеврами древности одинаковое. Ну, например, между египетскими пирамидами и мексиканскими. Мексиканскими и статуями каменных богов на острове Пасхи. Между гималайскими пирамидами и египетскими, египетскими и Стонхеджем в Великобритании, и так далее... В эту схему даже вписывался у него злополучный Бермудский треугольник, на дне которого, кстати, ученые тоже предполагают, есть пирамида. Причем равно это расстояние числу, от которого не просто содрогаешься, а оторопь берет — 6666 километров! И трех-то шестерок многие люди избегают, говорят, что такое сочетание лишь у дьявола на затылке, а четыре шестерки — на номере московской машины Бориса Березовского!

Как признался сам автор книжки, он измерял эти равноудаленности не по земле, нет, — по глобусу, и чуть ли не мягким швейным сантиметром. Это только российского человека могло осенить, даже, скорее, вступить ему в голову сделать подобное!

Я вообще думаю, что когда ученые скрупулезно накапливают много информации, они начинают в ней путаться как в паутине, и тогда для какого-нибудь сногсшибательного открытия требуется дилетант. Дилетанту легче фантазировать. Он спортивной легкой походкой идет туда, куда отяжелевший от груза знаний ученый никогда не пойдет. Недаром именно дилетант Шлиман открыл в девятнадцатом веке Трою. До него все уверены были, что мифы — это сказки. А Троянская война — это миф. Шлиману повезло. Его не приняли в общество археологов. Сказали — недоучка. И это был его успех. Он и до провала был упорным, а стал еще упорнее. Несколько раз подряд внимательно перечитал Гомера, предположив, не без основания, что Гомер был не сочинителем, а летописцем. Не Радзинским, а Нестором. Изучил, как прилежный школьник, каким путем двигалось войско Агамемнона на Трою? Как светили этому войску звезды? Куда дули ветры? Справедливо рассудил, что в мире меняется всё: государства, народы, языки, традиции... А звезды светят и ветры дуют всегда в одном направлении. И пошел он путем войска Агамемнона на Трою. И попал! Попал успешнее самого Агамемнона! Нашел то, что тот только мечтал найти. С тех пор археологи стали относиться к мифам не как к небылицам, а как к руководству, где копать! И начали перечитывать мифы, легенды с вниманием детей, которые читают приключенческие книжки о пиратах, где авторы точно рассказывают, под какой горой пираты зарыли сокровища.

Надо признаться, я сначала не поверил в такие необъяснимые совпадения равноудаленности при четырех шестерках. Сам купил себе глобус, мягкий сантиметр, понимая, что линейкой по глобусу измерять — кощунство над бывшим инженерным прошлым. Заперся в кабинете, как в детстве, когда тайком от родителей запирался, чтобы поглядеть альбом художника Рубенса. Для нас Рубенс тогда был эдакой бессовестной эротикой. Теперь смешно это вспоминать. Ну и, естественно, начал измерять. Естественно, умножая на масштаб. Действительно, шесть тысяч шестьсот шестьдесят шесть! У меня было такое чувство, будто в открытом Космосе разгерметизировался скафандр и начали шевелиться волосы в невесомости.

В это время позвонил телефон. Звонил тот самый приятель, который советовал мне сойти с диеты.

— Что делаешь? — спросил он.

Находясь все еще в шоке, я ответил, не понимая, какую вызову реакцию:

— Измеряю глобус!

Приятель немножко помолчал и так осторожно спросил:

— И как?

— Все сошлось! — гордо ответил я за наших русских дилетантов-первооткрывателей.

Он вдумчиво и долго молчал. После чего не нашел ничего лучше, чем спросить меня:

— Ты еще на диете?

— Да, а что?

— Сойдешь — перезвони! А до тех пор, прошу, не удручай и не грузи меня!

Короче, после всего прочитанного перед поездкой мое воображение опухло. Оно не давало мне спать, давило на мозг, как давит диафрагма после обжорства. Мне снились по ночам сириусенок Осирис, его внебрачный сын Александр Македонский, мать Александра, в прошлом воплощении богиня Изида, которая была сослана на Землю «на химию» собирать кукурузу, но хотела сбежать, а ее летающую тарелку в районе Бермудского треугольника съело Лохнесское чудовище, которое работало на пирамиде вертухаем с четырьмя шестерками на затылке.

Уставший романтик

Почему нас так тянет к загадкам истории? Потому что, поняв, что было в прошлом, мы можем понять, что случится с нами в будущем. Ведь история — это спираль, упирающаяся в бесконечность своей вершиной, по которой медленно, божьей коровкой, карабкается человечество. Важно только определить, до какого витка эта букашка докарабкалась. И тогда не будешь смеяться над своим прошлым, понимая, что это твое будущее!

Надо признаться, я никогда не был особенно скромен. Поэтому, собираясь на свидание к первому чуду света, был уверен, что уж я-то разгадаю загадку загадок, тайну тайн, как только прикоснусь к ней взглядом, точнее, душой. Конечно, я не контактер, в астрал последний раз выпадал в студенческие годы и ненадолго.

Однако у пирамид меня ожидало разочарование. Народу в пустыне было не меньше, чем в советское время в ГУМе, когда выбрасывали в продажу польские кроссовки. Хотелось мировой души, а вокруг была мировая толпа.

Японцы крупой рассыпались по пустыне и повсюду фотографировались. На каждом доступном выступе каждой пирамиды, с охраной, с проводниками, стоя рядом с верблюдом, сидя на верблюде, в обнимку с верблюдом... Вообще, путешествуя по разным странам, я каждый раз удивлялся, сколько в мире японцев-туристов! Как будто на земле перепроизводство их, а не китайцев. И все они увешаны своей фото-, видео-, киноаппаратурой, как новогодние елки подарками.

Правда, надо отдать им должное — они самые дисциплинированные туристы в мире. Подъехал автобус, все рассыпались по достопримечательностям, сфотографировались и по команде, как пионеры, дружно всосались обратно в автобус. У старика Дурова был такой аттракцион — мышиная железная дорога. Мыши по его команде очередью заползали в вагоны поезда, поезд трогался, а удивленные мыши тихо глядели из окошек.

Японцы, как мышки: сдержанные и тихие. Они так же смирно и внимательно смотрят из окошек туристических автобусов всего мира. Никогда не кричат, как наши, через всю пустыню: «Ты чего, придурок, батарейки у фотоаппарата не поменял?» Главная задача для них — сфотографироваться рядом с шедевром. Я видел, как в Лувре японец фотографировал свою жену на фоне Джоконды, а она его — прислонившимся к Аполлону Бельведерскому. Для них Лувр был чем-то вроде фотоателье. Но, в отличие от наших, они все-таки не пытаются в этом фотоателье обнять Венеру Милосскую, приставить к ней свои руки или примерить голову жены к Нике Самофракийской.

Совсем другое дело итальянцы. Итальянцам не обязательно фотографироваться. У них и своего антикварного добра и развалин дома навалом, чтобы, как японцы, еще унижаться перед чужими. Поэтому итальянцы путешествуют по миру, чтобы шуметь. От переизбытка энергии, которую им некуда деть в своей маленькой стране-сапожке. Они больше всего похожи на нас по духу. Любят тусоваться, от излишнего темперамента тоже разговаривают руками. Если, скажем, в

Берлине или в Каннах ночью вы издали заметите шумную толпу, это или итальянцы, или русские. Если бы наших кавказцев одеть поприличнее и сильно подушить, получились бы итальянцы.

Англичане путешествуют мало. Похоже, у них за два столетия колониальных войн вообще истощилось желание таскаться по миру.

Меньше англичан путешествующих я видел только шведов. Им и так хорошо у себя в Швеции, как в пансионате для престарелых. Скандинавам вообще путешествовать незачем, у них дома пива достаточно.

Путешествующих испанцев, наоборот, много. Испанцы — почти итальянцы. Но одеты беднее. Они еще меньше любят работать. Самая длинная сиеста в мире — в Испании. Так что просто не хватает времени на производство хороших товаров. У них даже есть примета: если вступишь на улице ногой в собачью мину, то это к счастью. Им легче придумать примету, чем убрать на улице. Впрочем, нам это знакомо.

Китайцы по лицам похожи на японцев. В плавках на пляже китайца от японца отличить невозможно. Но это на первый взгляд. А вглядишься — у китайца значительно напряженнее спина. Чувствуется: за этой спиной исподтишка наблюдает Коммунистическая партия Китая.

Самые напряженные лица и спины у северных корейцев. Но одеты корейцы так же, как вьетнамцы. То есть как наши ученики в ПТУ. Кстати, путешествующих вьетнамцев я не видел нигде в мире, кроме как в аэропорту Шереметьево.

Немцы тоже любят пошуметь, но только после пива. То есть во второй половине дня. В первой немцы больше напоминают финнов. На пляже рядом с большой компанией немцев лучше не располагаться. Потому что на пляже они пьют пиво с утра и к обеду уже заглушают даже итальянцев. Немцы всегда одеты в спортивное, они рослые и этим отличаются от таких же блондинистых финнов.

Финны в прошлом лесорубы, а лес всегда удобнее было рубить, будучи приземистым. В отличие от немцев, финны напиваются сразу даже пивом и шумят недолго. Быстро обмякают, превращаются в полуаморфные тела. Им очень подходит кликуха, данная российскими путанами, — «Финики»: мягкие и годные к употреблению.

Французов в путешествиях, как и японцев, почти не видно и не слышно. Они не унижаются, не самоутверждаются ни шумом, ни излишествами в моде. Они просто презирают все остальные народы мира уже хотя бы потому, что у остальных нет Парижа. К тому же у них, французов, было самое большое количество революций, людовиков, наполеонов. Они законодатели моды в вине, еде, одежде... У них самый сексуальный язык в мире. Как считают только они. И еще им удалось внушить всему миру, что у них самая красивая в мире башня — Эйфелева! Хотя издали она похожа на гигантскую ногу для высоковольтной линии передач.

На самом деле все это высокомерие французов мгновенно сбивается с любого из них, если к нему хотя бы обратиться на его родном языке. Достаточно всего двух слов: «Силь ву пле, месье» или «Силь ву пле, мадам». Он тут же станет приветливым, как таиландская массажистка. И готов будет перейти с вами даже на английский — язык его врагов со времен битвы под Ватерлоо.

Поэтому французы сразу отворачиваются, когда видят наших или американцев. Американцев они презирают за то, что те приходят в самые дорогие рестораны в шортах, громко и смачно сморкаются и разводят бордо пепси-колой. А русских сторонятся, потому что русские не могут выучить даже «Силь ву пле». Ну не умещается в русской голове даже два иностранных слова. Поэтому русские обращаются к французам сразу на русском, а чтобы французы поняли, спрашивают громко: «Слышь, где тут можно пожрать?»

Для меня загадка: зачем путешествуют американцы? Взбираясь на Акрополь, они жалуются, что там нет закусочной или пиццерии около Парфенона. Американская молодежь во всех уголках мира в наушниках: перед пирамидами, в горах, на берегах морей, на Эйфелевой башне... Я видел американскую тинейджерку, которая на французской комедии в «Комеди франсез» сидела в наушниках и, сидя на стуле, естественно, шурша поп-корном, пританцовывала.

Американцев очень легко узнать в любой стране мира по фигурам. Благодаря гамбургерам и антибиотикам, которые они употребляют одновременно, все расширены книзу, как будто у всех в штанах памперсы. Философы считают, что у американцев никогда не будет революции, потому что у них на это недостаточно времени между едой.

В отличие от французов, которые гордятся собой скрыто, американцы, наоборот, гордятся открыто, напоказ. Я считаю, что они могут стать всеобщей планетарной бедой. Потому что они даже слово «Я» пишут с большой буквы, в то время как большинство народов пишут с большой буквы «Вы». Да! Они главные на земле! Их все должны слушаться. Иначе они пожалуются своему президенту, и тот прикажет разбомбить любую страну, обидевшую их туристов! Самое страшное — это слушать в путешествиях, что спрашивают американцы у гидов. Например, там в пустыне американец спросил у сопровождающего: «Фараон Хуфу, когда строил пирамиду, считал, сколько в долларах ему это вышло?»

Уже через 15 минут, стоя напротив пирамид, я с грустью ощутил, что ничего не чувствую, кроме раздражения на мировую толпу. А еще точнее, на самого себя. Хотелось быть романтиком, а я оставался сатириком. Правильно сказал кто-то из моих друзей: «Сатирик — это очень уставший романтик».

Эксклюзивное подземелье

Мне ничего не оставалось делать, кроме как невероятным усилием воли выдавить из себя сатирика, присоединиться к мировой толпе, стать ее частичкой. Не так легко это было сделать. Ведь я был одет эксклюзивно, а они все вокруг, по сравнению со мной, выглядели как портянки.

Я же всю самую темпераментную часть жизни провел в бесцветном инженерно-советском прошлом. Как мы одевались? В серые, как спецовки, костюмы фабрики «Большевичка». Врачи, инженеры, артисты, летчики — мы все были похожи не на население, а на персонал огромного рабочего цеха под названием СССР. Когда я купил себе светло-серый костюм, я, помню, смотрелся ярким, вызывающим пятном на фоне всей нашей кафедры. Обувь мы носили двух фабрик: «Буревестник» и «Скороход». Когда эти туфли стояли на полках обувных магазинов паре к паре, то изяществом исполнения напоминали сложенные на стеллажах снаряды зенитно-пускового комплекса.

Теперь мы все, выходцы из нашего советского детства, мстим нашему серому прошлому, одеваясь уже с утра в самое дорогое. Только наши женщины в гостинице на завтрак приходят в золоте, а мужчины даже на лыжах иногда катаются в горах в галстуках.

Поэтому не удивительно, что, отправляясь в пустыню, как и подобает выпускнику закомплексованной советской юности, я нарядился во все самое откутюристое, как будто пирамиды будут со мной особенно откровенны, если увидят на мне шорты от Ферре и очки от Гуччи.

Поэтому, как только я решил в этом околопирамидальном пространстве заняться общественно-полезным делом — сфотографироваться, как все, на фоне пирамиды, причем на слайдовую пленку, чтобы потом было чем выгонять из дому засидевшихся гостей, и полез на пирамиду, туда, ввысь, с грацией объевшегося медведя-гризли в очках Гуччи. Ко мне тут же подбежал какой-то араб несчастной внешности и, махая на меня руками, как ветряная мельница на Дон Кихота, стал снизу кричать, что залезать на пирамиду строго запрещается. Лицо у него было такое, как будто по египетским законам мне сейчас грозило пожизненное заключение в каирской тюрьме, по сравнению с которой наша нижнетагильская зона — парижский клуб. Он был в гражданском, пояснил, что начальник охраны, хотя по лицу, скорее, напоминал бомжа, живущего в каирской канализации. Правда, при этом настаивал на том, что поставлен здесь государством. Я, естественно, понял это как вымогательство и предложил ему денег, чтобы он меня сфотографировал сам. Произошло невероятное: араб отказался от денег! Даже извинился — мол, не положено. Хотя один раз, так и быть, сфотографирует! Но бесплатно. Исключительно из уважения к тому, что я русский! Ведь его папа был летчиком и летал на русских самолетах. А то, что я из России, он догадался по моим итальянским шортам Ферре и очкам Гуччи.

«Какой благородный араб!» — порадовался я и предложил уже денег чуть больше. Чтобы он сфотографировал меня еще раз. Но он снова отказался! Правда, за мои намерения осчастливить его, проникся ко мне таким уважением, что предложил посмотреть неподалеку не какие-нибудь банальные пирамиды, а тайные, сегодняшние, свежайшие раскопки. Туда туристов еще не возят, но для меня, как для русского, он сделает исключение. Тем более что у меня глаза, как и шорты, человека непростого, а значит, я смогу по достоинству оценить эти раскопки. Из его рассказа я не понял, о каких раскопках вообще шла речь. Английских слов он знал столько же, сколько и я. Но почему-то это были другие слова.

Он сразу подчеркнул, что за такой осмотр придется заплатить. Но не ему, а тамошним охранникам. Правда, они тоже денег не берут, но ради русского возьмут, потому что их папы тоже летали на русских самолетах.

— Куда идем? — спросил я в надежде, что хоть что-то увижу эксклюзивное, соответствующее моим звездным шортам.

— На запад, — ответил сын летчика и показал рукой точь-в-точь, как Саид в «Белом солнце пустыни».

Мы прошли по пустыне на запад всего пятьсот метров. Раскопки появились неожиданно, вынырнув буквально из-под земли. Это были похожие на сморщенные в песках траншеи. Как наши окопы военной поры, только выдолбленные в камне. Кое-где темнели входы в подземные катакомбы, словно норы анаконд. В них чертовски хотелось заглянуть.

Мой гид, не замедляя движения, провалился в одну из этих нор так ловко, как будто проделывал это несколько раз в день. Я последовал за ним, но менее элегантно, сняв очки и боясь за шорты.

— А кому платить? — спросил я. — Что-то не видно никого.

— Отдадите позже. Я им передам. Они все до завтра на обеде.

Мой импровизированный гид включил фонарик, и мы пошли вдоль его лучика в каком-то потустороннем мире. Вдруг он остановился и с максимальной важностью, шепотом сказал мне:

— Смотрите. Стену видите? Вот! Это очень древняя стена! Вам нравится?

На мой вопрос, какого века это подземелье, он ответил: настолько древнее, что когда родилась его бабушка, оно уже было.

Наконец он завел меня в глубь этого загадочного лабиринта, который, судя по всему, арабы вырыли специально, чтобы заводить жаждущих эксклюзивных зрелищ русских туристов. Мы находились, естественно, в очень древней комнате. В ней пахло плесенью истории. Она была абсолютно пустая. Земля сверху давила, и можно было только порадоваться за мумии, которые не боятся клаустрофобии.

Вдруг мой гид закричал таким голосом, словно увидел тень отца Рамзеса Второго:

— Смотрите, смотрите, вот сюда, вниз, на пол!

Я посмотрел. В зайчике его фонарика полз маленький жучок.

— Это очень редкий жучок! — сказал он мне. — Вам сегодня очень повезло, что вы сюда попали, иначе вы бы никогда в жизни не увидели этого жучка. Он назвал имя жучка — оно было длиннее, чем полное имя Бена Ладена.

— А какого времени жучок? — спросил я, потому что надо было что-то спрашивать.

— Очень древний. Вы всю жизнь будете гордиться тем, что его видели.

После этого утверждения мой гид сделал серьезное лицо государственного работника и постарался объяснить мне, что за такую экскурсию надо платить не меньше пятидесяти долларов, потому что эти раскопки сторожат пятьдесят охранников. Все-таки то, где мы находимся, египетская государственная тайна. А египетская тайна в Египте меньше, чем за пятьдесят долларов, не продается. Причем платить надо именно сейчас. Иначе, судя по его тону, я рисковал навсегда остаться здесь и сам превратиться в мумию, покрытую исторической плесенью. И что самое страшное — никому не смогу рассказать, что видел жучка.

Журналисты меня часто спрашивают: «Над вами когда-нибудь смеялся кто-нибудь так, как вы смеетесь над другими?» Теперь я знаю, что я буду им отвечать. Смеялся! Секьюрити! Сын летчика. Он до сих пор, наверное, смеется! Во всяком случае, когда мы вышли из катакомб, у него улыбались не только глаза, но и уши. Он тут же побежал от меня восвояси, естественно, отдавать пятьдесят долларов другим сыновьям летчиков. А я грустно пошелестел по барханам обратно, переживая не столько за пятьдесят долларов, сколько за испачканные навсегда пылью вечности шорты Ферре... А еще за то, что не успел сфотографироваться на слайд... с жучком!

Чудеса на свете случаются...

Дня три я переживал из-за того, что мое свидание с пирамидами оказалось неудачным. Правда, нет худа без добра. Я невольно стал скромнее. Очки Гуччи разбились, шорты Ферре истрепались. Поэтому я купил на арабских рыночных развалах самую дешевую туристическую дерюгу, на которую местные египетские кутюрье специально для наших туристов из глубинки пришили этикетку с надписью русскими буквами «Адидас».

Зато теперь, когда я выходил из гостиницы, местные бомжи не только не приставали ко мне, но и смотрели на меня с жалостью.

Правильно сказал кто-то из моих коллег: «Будь скромнее, и люди к тебе потянутся. Причем правильные люди!» Уже на следующий день после покупки дерюги мне повезло с правильным гидом. Нет, не повезло... Я не прав. Скорее всего, бог Ра мне сделал подарок за мои переживания.

Новый гид абсолютно был не похож на предыдущих. Молодой, неживотастый, веселый, его глаза не играли в прятки, пытаясь меня одурачить. Он даже не чесал рукой под брюками в области паха, как это постоянно делают арабы прямо на улице. Вообще, было похоже, что он спрыгнул с какого-то фрагмента древней фрески. Действительно, оказался не арабом, а коптом. Потомком тех древних, настоящих египтян, которые еще сохранились в Египте и основное занятие которых с утра до вечера делать вид, что они дружно уживаются с арабами. С ними его роднило только то, что его мама тоже училась в Москве и до сих пор, как он сказал, тащится от русской литературы и сейчас читает Пелевина.

Он очень неплохо говорил по-русски, хотя в России ни разу не был. Но уже знал такие слова, как «разборка», «новый русский», «развести», «лох». Видимо, мама зачитывала ему вслух страницы из Пелевина. Он даже знал, выражение «в натуре», но пристраивал его в своей речи совершенно некстати. Например, спрашивал меня: «Как вас, в натуре, звать?» И я ему, в натуре, отвечал, как, мое имя, в натуре.

Он сказал мне, что русские туристы ему нравятся, они веселые, общительные, но вот в последнее время он иногда чувствует себя лохом, потому что не знает, чего от них, в натуре, ожидать. Например, один из его клиентов поздно вечером выпил в баре, после чего сказал: «Что бы такого веселого придумать? Пойти, что ли, соседу по номеру морду набить?» А на вопрос — зачем? — ответил: «Хочется сделать что-то полезное для человечества». И моему гиду было непонятно, что в этом полезного для человечества.

Другой наш турист, напившись, ночью после бара прыгнул в одежде в бассейн. Ну, просто разбежался и прыгнул. От радости. И начал в бассейне кричать, бить руками по воде, булькать под водой, забрызгал все вокруг бассейна. Проходящие мимо немцы за него испугались, думали, человек тонет. Начали вытаскивать. От радости, будучи мокрым, принялся всех обнимать. Они думали, что он так выражает им благодарность за спасение. И наутро устроили скандал администрации гостиницы, что вокруг бассейна ночью не вытирают. Скользко. Русский турист свалился в воду. Им же на ум не могло прийти, что он сам прыгнул туда в одежде. В результате перед нашим извинились, принесли ему в номер бесплатно фрукты и шампанское! И носили каждый день, и каждый вечер он прыгал в бассейн. И они думали: «Вот дурной русский, в одном и том же месте все время оступается и падает в бассейн».

Мы совершили с моим новым знакомым этакий бартер. Под строжайшим секретом я ему поведал, что у нас, у русских, вообще мощнейшая энергия. Но она без вектора. Тем не менее мы научились кое-чему у Запада. У наших новых русских уже появились в речи неопределенные и определенные артикли: неопределенный — «типа», а определенный — «конкретно»! Объяснил также, что означают новые, внушающие уважение любому русскому словосочетания, типа «дуть в уши», «колбасить в кислоте».

За это копт поведал мне тайные слова, после которых даже арабы с бусами должны были меня уважать настолько, чтобы бежать от меня восвояси. Я не знаю, что означали эти слова. Их было трудно перевести на русский так же, как объяснить арабам, что означают наши выражения «колотить понты», «навинтить гайку» или «серпом по рейтингу», не говоря уже о «лохматить бабушку». Похвастаюсь лишь тем, что уже через три дня я научился эти арабские слова произносить почти без акцента. Арабы застывали вместе со своими ювелирными изделиями в руках, превращаясь в монументы самим себе. Провожали меня взглядом, в котором сквозь ненависть, как сквозь два ситечка, просачивались уважение и непонимание, как это, я — иностранец, а не лох. Я считаю, израильтянам эти слова надо преподавать в начальной школе.

Забегая вперед, скажу, что мой новый молодой друг вскоре похвалил меня. Он отметил мое хорошее чувство юмора и даже сказал, что мне надо быть когда-нибудь юмористом. Еще сказал, что я не похож, в натуре, на нового русского туриста, потому что в историческом музее к нему ни разу не обратился с вопросом, с кем можно поговорить, чтобы купить что-то из сокровищницы Тутанхамона?

— Нет, вы не новый русский, — закончил он мне свое признание. — Не надо мне колбасить в кислоте!

И я во второй раз в своей жизни, уже с ним, отправился к пирамидам!

Вечерело, солнце нехотя обогревало пустыню. Нехотя вез нас таксист.

— Уже поздно, — объяснил он. — Вас не пустят.

— Куда не пустят? — спросил я. — В пустыню?

— Да, — ответил он, — ворота в нее закрываются в пять.

Действительно, когда мы подъехали к пустыне, я увидел ворота. Хотя забора не было. Просто посреди пустыни стояли ворота. Этакий натюрморт для Сальвадора Дали.

В этот вечер бог Ра сделал мне второй, самый чудесный подарок. Он испортил погоду! Причем настолько испортил, что отсек пирамиду на весь вечер от мировой толпы. Вдруг подул ветер, который в литературе обозначается обычно словом «нехороший». Еще с дороги видно было, как ветер поднимает в пустыне первые угрожающие вихри и выдувает ими из пустыни последних туристов. Эти вихри взвивались от пирамид вверх, словно пытались сорвать с неба раскрасневшееся солнце, которое начинало остывать быстро, как электрическая плитка, которую выключили из розетки.

Зато пирамиды оживали на глазах! Их рабочий день закончился досрочно! Они не были больше фотоателье и первым чудом света. Они радовались этой гудящей непогоде и как будто хороводили вместе с песочными вихрями, которые срывались с барханов, точно брызги с морских бурунов в бурю.

И за всем этим непогодным беспокойством в пустыне опять чувствовалось вращение земли, и пирамиды маленькими грузиками уравновешивали это вращение. Может, они всегда и были гирьками на весах трехмерной истории человечества, одна из осей которой — вечность тонкого мира.

Мой гид-копт все эти новые теории контактеров, фантазеров и прочих ведьмаков считал кощунством над прахом его дедушек. Он мне с особой тщательностью рассказывал, как строились пирамиды, какие использовались людьми рычаги, как клались одна на

125

другую плиты... В конце концов, словно обиженный ребенок, выпалил: «Это был труд многих тысяч наших предков. А вашим ученым пора «закрыть вентиль», понятно? Это-это-это, — он долго пытался подобрать правильные слова и, наконец, подобрал: «Это базар фуфлометов!» — И с боязнью переспросил:

— Я правильно сказал?

— Еще как правильно!

Я ощутил разгадку за этими случайно сказанными от обиды словами моего молодого египетского друга. Конечно же пирамиды созданы нашими землянами. А все теории про их инопланетное происхождение выдуманы теми недоучеными, которые никогда не держали в руке ничего тяжелее компьютерной мышки и не в состоянии поэтому себе представить, что люди могут столько работать, чтобы создать такое чудо.

Когда я об этом подумал, мне показалось, даже сфинкс подмигнул мне своим подбитым глазом, а от пирамид теплым приветом прилетел порыв ветра. Они разрешили прикоснуться к ним душой! Они были со мной согласны.

Вот уже много веков они стоят на планете как памятники нашим человеческим возможностям, напоминанием о том, сколько в нас сил заложено. И о том, что чудеса на свете случаются, но над этим надо много работать.

А все загадки легко, наверняка и реально объяснимы. Почему они поставлены в таких загадочных точках планеты? Так и церкви стоят на каких-то особых местах, и мы тоже пока не знаем, по какому закону? Есть же на теле человека особые точки, которые задействуют иглами, чтобы восстановить энергетические меридианы. Так и у Земли. Она ведь тоже живая, наша матушка Земля. Просто мы еще очень мало о ней знаем. Почему

продукты сохраняются в пирамидах? Да потому, что там также холодно внутри, как в холодильнике. Вот и вся загадка. Почему не найдено ни одной мумии фараона? Потому, что фараоны требовали хоронить себя вместе с их добром. Большая ошибка! Сколько народов, армий из-за этого добра в истории далеко не хирургическими методами вскрывало внутренности этих пирамид. И неудивительно. Говорят, в начале 90-х в Москве, столице уголовной романтики, однажды похоронили одного кореша с тремя его мобилками в золотых корпусах, в браслетах размером с рыцарские латы, с цепью и нательным на ней крестом, чуть ли не снятым с колокольни Иоанна Великого. На следующий день могилу разграбили, несмотря на то что охрана стояла. Почему так быстро сработали. Потому что сама охрана это и сделала.

Так что прав мой арабский копт — не надо, ребята, дуть в уши! Разгадка в самом простом. В том, что одни шедевры строили, а другие их обворовывали. Самый что ни на есть банальный конфликт истории. А потом нашли виновного — Наполеона. Вроде бы он их раздербанил и даже золотую обшивку с них снял. Но мне в это не верится. Наполеон хоть и тираном был, но гением. А гений и вор не сочетаются. Посмотрите, ни одного гения нет в нашем правительстве или в парламенте. И нос у сфинкса отбили не наполеоновские солдаты, а мамлюки. Потому что мамлюкам не разрешалось смотреть на лицо божества с носом. Мол, с носом оставить может. У разных народов в истории разное отношение было к анатомии человека. Одним запрещалось ниже пояса смотреть, другим — на лица. Это зависело от развития. Более развитые уже не стеснялись нижней половины туловища, а скорее, боялись заглянуть в глаза друг другу. Шедевр тем и отличается, что он показывает человеку, каков его внутренний мир. Например, смотрят люди на Джоконду, а потом один говорит: «Она мне ухмыльнулась», другой: «А мне злорадно улыбнулась», третий: «А на меня посмотрела с надеждой». Поэтому она и шедевр, что каждому показывает, кто он есть и что в тайне о себе думает. Ученые про шедевры потом загадки выдумывают, чтобы пиариться. Мне даже довелось прочитать в одной из статей, что написали о загадке Джоконды ученые-медики. Они доказывали, что у Моны Лизы, судя по лицу, множество заболеваний и что она злобная, а улыбка у нее не загадочная. Просто за сжатыми плотно губами она скрывает кариес и несвежее дыхание! Потому что глубоко беременна, никак не может разрешиться от бремени, и от этого у нее начался атеросимптоматический кардиосклероз с хроническим бронхитом пониженной секреции! Отчего и появилась на лице такая кривая улыбка.

От мыслей и размышлений меня отвлекла неизвестно откуда взявшаяся охрана.

— Вам пора освободить пустыню! Иначе не выйдете! Закрываем ворота!

Они действительно закрывали ворота, которые без забора смотрелись так же забавно и одиноко, как раздетые манекены в витрине магазина. Зато они создавали видимость порядка в витрине государства!

Подводное шоу

Не согласен я с выражением, если хоть раз побывал в Венеции, можно считать, что жизнь состоялась. Для полноты ощущений я бы еще советовал поплавать с аквалангом в Красном море. Жизнь тогда можно считать мероприятием «оптиченным».

Правда, в первый раз, как и с пирамидами, мне не очень повезло с Красным морем. Местный инструктор по дороге с упоением рассказывал мне о чудесах местного подводного мира. Из-за нехватки английских слов пытался жестами описать, какие бывают там рыбы, моллюски, изображал лицом кораллы. Растопыривал руки, стараясь стать похожим на водоросли. Вращал, как краб, глазами. Это несколько скрасило двухчасовую дорогу в безрессорном, пыльном микроавтобусе к тому месту, где это все водилось. В конце дороги мы уперлись в какой-то мол, куда для ныряния свезли, по-моему, всех итальянских туристов со всей Синайской округи. Подводное царство буквально кишело итальянцами, как старый пруд планктоном. Интересно, что итальянцы умудряются быть шумными даже под водой. Они распугали всю рыбу. Казалось, в этом безрыбном пространстве в масках и ластах они просто охотятся друг на друга. Я плавал между их ногами в надежде увидеть хоть что-нибудь из того, что, хлопоча лицом, обещал мне гид. Но похоже было, что от такого гвалта расползлись даже кораллы.

Словом, самое сильное впечатление в этот день у меня осталось от мимики инструктора, который на обратном пути изображал мне те чудеса, которые я так и не увидел.

Зато на следующий день мне опять повезло. За завтраком в ресторане гостиницы меня узнала русская официантка Таня из Днепропетровска. Первым ее желанием было накормить меня булочками, потому что, по ее словам, арабы худых не уважают. Если ты худой, значит, глупый, не можешь заработать себе денег, чтобы достаточно и качественно поесть. Поэтому она, к сожалению, каждый день просто вынуждена есть местную выпечку. Хотя ее друг не местный, не араб. Он шотландец, инструктор подводного плавания. Но поскольку здесь работает много лет, то рассуждает уже как настоящий абориген. Ему тоже нравятся девушки, похожие на булочки.

Я рассказал Тане о своем неудачном опыте подводного плавания между итальянскими ногами. Таня без доли иронии ответила, что сейчас сезон итальянцев. Для меня «сезон итальянцев» прозвучало, как будто итальянцы — это рыба такая, которая тянется в Красное море на нерест. «Тем не менее, — сказала она, — есть места, где их нет. И ее друг знает, где это и сделает для меня все правильно. Он же европеец».

Европеец оказался мексиканцем, который долгое время жил в Ирландии. Поэтому Таня называла его шотландцем. К тому же он был не инструктором, а любителем подводного плавания. Правда, любителем профессиональным. Но таким полным, что не верилось, что вода его не вытолкнет вместе с аквалангом, как понтон. Его круглое лицо напоминало подрумяненную мексиканскую пиццу с помидорами. Но самое приятное, весь этот понтон был наполнен интернациональным чувством юмора и латиноамериканской веселухой.

— Конечно, он большую часть жизни проводит под водой, — жаловалась на него Таня. — Практически живет среди рыб. Я бы посмотрела, как он веселился, если поработал бы с мое среди людей, да еще в Днепропетровске!

Мексиканский шотландец сказал, что действительно знает места, где нет итальянцев. Прежде всего, это очень глубоко под водой. А так как там очень опасно, сначала нужен тщательный инструктаж со мной по технике безопасности, после которого я должен буду сдать ему зачет. Тщательный инструктаж он проводил минуты четыре. Языком полужестов, полуглавных слов.

— Первое и главное. Под водой никого и ничего руками не трогать. Опасно. Как и у людей — чем привлекательней выглядит какой-нибудь гад, тем он ядовитее. Один раз погладишь, всю жизнь будешь мучиться.

Я вспомнил свою жизнь и согласился с ним.

— Второе. Опустимся глубоко. Если вдруг под водой тебе станет плохо, покажешь мне рукой вот так. — Он повертел кистью, как будто закручивал в люстру электрическую лампочку. — Я же тебе покажу в ответ три знака. Первый, — он поднял вверх два пальца — указательный и безымянный, разведенные буквой «V». — Этот знак, — сказал он, — будет означать кредитную карточку «Visa». Следующий знак, — он опустил вниз три средних пальца, — будет означать «Master card». Затем изобразил, как он ест.

— «Dinner club card», — догадался я.

— Смышленый! — одобрил сэнсей. — А это что такое? — Он расставил руки и ноги и стал похож на заплывшую жиром английскую букву «Х».

— Не знаю.

— Это главный знак — «American Express»! Если тебе под водой станет плохо, я покажу тебе по очереди все три знака. Ты на один из них мне кивнешь, и я пойму, какой карточкой ты будешь расплачиваться наверху, если я тебя спасу. О'кей?

— О'кей, — ответил я.

И мы после самого сложного в моей жизни экзамена нырнули с ним в долгожданное безытальянское безмолвие.

Когда люди смотрят на что-то очень пестрое, они говорят: «Все цвета радуги». К подводному миру Красного моря это выражение может употреблять только дальтоник. Радуга по сравнению с ним — скряга и скупердяй.

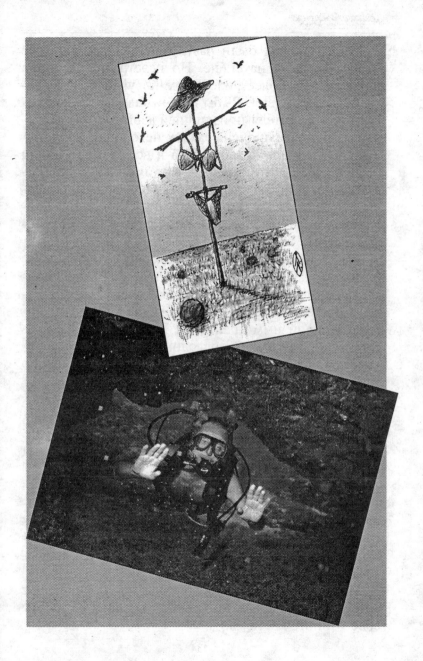

Многие рыбы были разукрашены, как мировые звезды эстрады на сцене. Но неэстрадная тишина придавала им более философский и умный, чем у эстрадных звезд, вид. Рыбы не унижались, не заискивали перед зрителями излишней дергатней и трясучкой. Они плавали очень важно, неторопливо, сознавая собственную красоту. Рыб и всех этих чудовищ было столько, что казалось, от них можно отталкиваться ногами. Говорят, соленая вода особенно щедро разукрашивает живность. Действительно, Балтийское море пресное, и все рыбешки в нем маленькие и серые.

А тут?! Коралловое дно вперемешку с водорослями было похоже сверху на расстеленную ткань для японского праздничного кимоно, из которого с удовольствием пошили бы себе рубахи горячие кавказские кореша и наши иммигранты на Брайтоне. Выражаясь современным языком, подводный мир кишел наворотами. Это было настоящее подводное шоу. Немое, но удивительно впечатляющее.

Водоросли развеваются как в замедленной съемке. Из водорослей выглядывает какая-то рыба, толстая, похожая на автобус. Глаза огромные, как две линзы. Смотрит на нас внимательно, упрямо, точно хочет сглазить. Под ней скала в жабо.

Проскользнула мимо стайка рыбешек таких цветов, которых нет даже в аквариумах у российских финансистов. Какие-то подводные овощи, вроде как грядка патиссонов. У каждого внутри пещерка-ловушка. Выбросишь вперед руку, пещерка, как на фотоэлементе, захлопнется.

Морские ежи и морские огурцы, как начинающие артисты, надулись важностью от сознания красоты собственного костюма.

Кораллы-рога, кораллы-мозги, рыбы-шарики, рыбы-пузыри, рыбы со свинячьими носами, рыбы с индюшачьими хвостами. Медленно проплыло, обогнав нас, какое-то чудовище в юбке-кринолине. Моллюски-блины, моллюски в шипах, точно куски разорвавшейся зимней резины от нашего КамАЗа.

Нет, на такие чудеса нельзя охотиться. Таких рыб нельзя есть, как нельзя есть елочные игрушки. Их можно касаться только взглядом.

Правда, вся эта замедленная добропорядочность подводного мира царит только, пока не приглядишься. А посмотришь внимательнее — какая-то плоская очередная тварь стелется по дну, точно подводная лодка. Думает, ее не видно, судя по всему, уже что-то натворила. Краб дал от нее деру. Огромная рыбина погналась за более мелкой. У самого берега черепаха, отправляясь в свое двухсотлетнее путешествие, чего-то испугалась и втянулась в панцирь. Фиолетовые цветы с желтыми оборочками на выступе скалы заманивают сорвать их. Но прикоснешься — обожжешься. Каракатица прикинулась на всякий случай камнем. Над ней веревками грозно развеваются чьи-то щупальца с присосками.

Вот так миллионы лет существует этот замедленный хищный мир, прикрытый красотой и космическим спокойствием. Мир, недоступный для человека, хотя и живет по тем же законам.

Как отмыть грехи

То, что в Египте есть пирамиды и Красное море, знают все. Но далеко не все знают, какая легендарная гора есть на Синайском полуострове. Правда, многим туристам не известно, что и сам Синайский полуостров находится в Египте. Он зубом мудрости вдается в Красное море. Весь в горах и в пустынях. Со стороны Красного моря оторочен пляжами и морским прибоем. Сюда съезжаются туристы со всех континентов покупаться, погулять по ресторанам, попить дешевого вина и нахлебаться псевдоголливудской жизни за деньги профсоюзов всего мира.

Синай — это египетский Крым. Так же как вокруг Крыма, идут споры, чей он. Арабы, естественно, считают, что Синай был арабским еще до того, как они его заселили. Пылко доказывают, как во время последней войны с Израилем героически разбили евреев и вернули себе исконно арабский полуостров. Евреи не менее убедительно рассказывают, какое сокрушительное поражение в этой войне они нанесли Египту. И только после победы подарили Синай арабам из-за своей вечной еврейской щедрости!

Но, в отличие от Крыма, на Синай тянутся туристы совсем другого толка. Это те христиане из разных стран, которые если и не соблюдают заповеди, то хотя бы знают, что они есть. И знают, что заповеди эти, согласно легенде Ветхого Завета, пророк Моисей получил от Всевышнего во время восхода солнца на вершине одной из самых высоких гор Синая. Поэтому многие между собой эту гору называют горой Моисея.

Каждый вечер с наступлением темноты несколько тысяч паломников со всего мира собираются у ее подножия, чтобы совершить восхождение и, подобно Моисею, встретить рассвет на вершине.

Наверняка каждый надеется, что ему на восходе Господь тоже шепнет что-то заветное и укажет оттуда на его Землю обетованную. И он начнет новую жизнь с первого же понедельника. Говорят, что поэтому больше всего собирается народу у горы во вторник. Чтоб не сразу приступать к новой жизни!

К такому испытанию большинство готовится заранее. Берут с собой теплые вещи. Ночью на горе очень холодно. Еще каждый берет с собой фонарик — идти предстоит в свете звезд. Дорога, точнее тропа, осталась не тронутой со времен самого Моисея. Гора высокая и крутая, закрывает собой часть неба, как будто на звездную карту наложили вырезанный из картона ее силуэт. До вершины более двух тысяч метров. Но это если на вертолете. Или если тебя встряхнут и поднимут за шиворот наверх, как мешок с картошкой. А если пешком, петляя, километров одиннадцать. Где идти, где карабкаться, где почти ползком. Главное — успеть к рассвету! Иначе можно пропустить заветное слово. А повторять для опоздавших Всевышний не будет. Это не производственное совещание.

Конечно, тот, кто ленится, может нанять верблюда. Правда, верблюд пройдет только первые километров пять, а дальше начнется такое, что не только черт, но сам верблюд себе ноги переломает. Последнюю часть пути сможет пройти только самое выносливое животное в мире — человек!

Зато, согласно поверью, тому, кто пройдет все эти трудности восхождения не на верблюде, сам поднимется на гору, Господь там, на вершине, во время восхода солнца простит все его предыдущие грехи. Кто-то спустится с горы уже как очищенный от излишней информации файл и со свежими силами будет готов к его заполнению новыми грехопадениями.

Очередной нанятый мною англоязычный проводник-араб, этакий Дерсу Узала, сказал, что надо начинать подъем ровно в двенадцать ночи.

— Не раньше? — несколько раз переспросил я его на всякий случай.

«Дерсу» меня успокоил. Он поднимается на эту гору с такими, как я, каждый день, поэтому не надо его учить. Все сделать успеем — и встретить восход, и отмыть грехи.

Когда же мы встретились с ним у подножия горы ровно в двенадцать, он мне заявил, что надо нанять верблюдов, потому что опаздываем, слишком поздно встретились и можем к рассвету не успеть. Мне ничего не оставалось делать, как подавить в себе в очередной раз разведенную гордыню и нанять двух верблюдов. Потому что иначе я бы не успел к рассвету на вершину горы и остался бы с неотмытым «черным налом» грехов на всю оставшуюся жизнь. А во второй раз, клянусь, приезжать в Египет мне уже не хотелось. Потому что Египет — замечательная страна, но в ней есть один существенный для меня недостаток — арабы.

Впрочем, так можно сказать про любую страну. В Америке очень раздражают американцы. В Германии слишком много расплодилось немцев. Италия была бы значительно менее суетной без итальянцев. А если бы из Франции убрать французов, Париж стал бы самым интернациональным городом мира. Единственная страна, которой не подходит такая метафора, — Россия. Уберите из нее русских — останется одна грязь. А с населением грязь вперемешку с веселухой!

В темноте верблюд шел мягко, но быстро, хотя у него не было фонарика. Теперь главное было — не смотреть вниз. Я понимал, что верблюд выбирает самый легкий для него путь, но почему он все время жался к пропасти? Обходя камни и валуны, раскачивался так, словно пытался катапультировать меня в эту пропасть. Что бы и произошло, если бы меня от страха, когда я смотрел вниз, так плотно не заклинило между его горбами. Мне все время хотелось сказать верблюду: «Смотри, подлец, себе под ноги! « Но верблюд гордо смотрел вверх. Может, поэтому и не боялся пропасти, что просто не видел ее. Опустить голову было ниже его фрегатного достоинства.

Есть святое правило. Если, скажем, на приеме у английской королевы вы не знаете, как вести себя за столом, следите за тем, кто умнее вас в этой ситуации, лучше всего за королевой, и просто старайтесь обезьянничать. Здесь, на Синае, синайский верблюд был настолько умнее меня, насколько умнее его я на российской сцене. Поэтому я стал подражать ему и тоже гордо смотреть вверх, туда, на вершину темного силуэта горы.

Тоненькой космической спиралью заползали на эту гору тысячи грешных фонариков. Мерцая и подрагивая, они карабкались по темному силуэту горы и там, в вышине, превращались в звезды, плавно перетекая в Млечный Путь — главный большак нашей Вселенной. В какой-то момент эта светящаяся спираль напомнила мне кардиограмму выздоравливающего больного!

Бедный пророк,
или Еврейское счастье

О пророке Моисее я вспомнил, когда дорога круто изогнулась вверх, как спина испуганной кошки. Даже верблюд начал упираться, фыркать в ответ на понукание, как будто это был не верблюд, а осел. Он недоуменно глядел вверх на звезды и не мог понять, зачем его заставляют карабкаться на небо, он же не цирковой.

Целые группы паломников уже останавливались, чтобы перевести дыхание. Были сошедшие с дистанции. Они возвращались со взглядами футболистов, проигравших ответственный матч.

«Бедный Моисей», — подумал я. Он ведь, в отличие от нас, несколько раз подряд поднимался на эту гору и без фонарика, один. Вообще, перечитывая перед поездкой Ветхий Завет, адаптированный для самых маленьких, я пришел к выводу, что все пророки у евреев были очень беспокойными. Они никогда не давали спокойно пожить своему народу. Все время их гнали куда-то. Но самым непоседливым был Моисей. Шутка ли, в одиночку уговорил шестьсот тысяч человек уйти из Египта на поиск непонятной Земли обетованной.

Тут у любого логически мыслящего человека возникнет вопрос — как вообще в Египет попало шестьсот тысяч израильтян? Причем сразу. Хотя Египет с Израилем до этого никогда не воевали по одной простой причине — Израиля не было. Было что-то вроде деревни Израйлевки.

Правил Египтом в то время практически израильтянин Иосиф. Фараон Иосифа очень любил за то, что тот умел разгадывать его сны и, в отличие от фараонова окружения, умел в уме умножать на десять. За это фараон назвал Иосифа Мудрейшим из Мудрейших и управление страной доверил ему. Себе оставил только два дела: есть и спать. Оба они справлялись с обязанностями. Практически Иосиф был в истории первым ученым-евреем при правителе. Потом этим изобретением многие пользовались. А в то время это ноу-хау было как настоящее хау-ноу.

И начали будущие евреи перебираться друг за другом потихоньку к Иосифу под его крышу из своей Израйлевки, где им на всех счастья и золота уже тогда не хватало. Не знали они еще будущей мудрости: «Несчастен не тот, у кого мало, а тот, кому мало!»

Иосиф опять-таки первым был в истории, кто показал пример, как надо пристраивать своих на теплые местечки. Дальним родственникам подарил художественные салоны по расписыванию храмов... Для ближних организовал новые великие ударные стройки пирамид, открыл шопы, бутики.

В общем, так хорошо стало переселенцам в Египте, в этих тепличных условиях, что стали они очень быстро размножаться. Это совсем не понравилось аборигенам, которые к тому времени тоже научились в уме умножать на десять. Недаром считается, что евреи — это умственные дрожжи любой страны. Особенно не нравилось аборигенам, что переселенцы считали себя первопроходцами, в то время как местные считали их первопроходимцами. Начались волнения. Фараон от решения возникших проблем укрылся в самом укромном месте — на том свете. На смену прежнему правителю пришла новая династия фараонов — совершеннейших антисемитов. Новая администрация и Иосифа, и всех евреев с их насиженных мест погнала, страшно сказать, на физические работы! Что уже тогда для евреев было равносильно плену. Более того, отняла все права, по-современному — лишила гражданства. И стали евреи в Египте негражданами. Сокращенно — неграми. Так что первые негры в Африке были евреи.

Что такое кризис? Как говорил, хитро прищурясь, дедушка Ленин: «Кризис — это когда верхи не могут жить по-старому, евреи — не хотят!»

Тут и появился Моисей! Для начала, чтобы завоевать симпатии соотечественников, «замочил» египтянина. Его тут же признали как авторитета. Потом сбежал на Синай, где долгое время жил в шалаше, как Ульянов в Разливе.

Однажды сидел Моисей у подножия будущей горы имени его памяти, обдумывал свои тезисы. И вдруг неподалеку от него загорелся куст!

Позже человечество назовет этот куст неопалимой купиной. После того как он сгорел, наутро снова ожил. И до сих пор цел. Так мне сказал один монах, очевидец событий времен Моисея. Вокруг этого куста в шестом веке был построен первый в мире православный монастырь святой Екатерины. Горы окружили со всех сторон этот монастырь. Небо между их вершинами голубым нимбом высвечивает его неприступные стены. В монастыре две достопримечательности, ради которых идут в него паломники христианских церквей. Первая — куст неопалимой купины. Тот самый, что загорелся еще при Моисее. Правда, сам куст увидеть нельзя. Только дырку в полу, под которой он растет, цветет и, естественно, пахнет. Но народ со всех уголков мировых едет на эту святую дырку посмотреть, и щупает ее руками, и заглядывает в нее. А там колодезная тьма и подвальные запахи. Но в истории так много народа туда заглядывало, что уже не имеет значения, есть там куст или нет. Дырка намолена, и к ней обращаются, как к иконе, и просят у нее здоровья, счастья и хорошие проценты в банке. Вторая достопримечательность — Охранная грамота, выданная монастырю самим пророком ислама Мухаммедом. Она висит у входа в монастырь в рамке. И вызывает необычайное уважение мусульман и негодование русских туристов, которые возмущаются, что Моисей писал какими-то клинышками, прочитать невозможно. Не мог сразу по-русски написать, нормально!

Но все это будет позже. А тогда Моисей из горящего куста услышал голос самого Всевышнего.

«Иди немедленно в Египет и уводи оттуда своих соплеменников из рабства. Скажи им, это я, их Господь, приказываю. Будут они избранным мною народом, если отрекутся от поклонения золотому тельцу, и будут верить только мне одному, и будут этой вере учить другие народы!

И тогда я покажу им их землю обетованную. Очень хорошая земля! Поверь, плодородная! Полна ископаемыми! Воткнешь в нее палку, — через год с этой палки будут сыпаться помидоры, апельсины, лимоны или бананы — у кого что!

А чтобы соплеменники поверили твоим словам, я, во-первых, разверзну твои уста — нельзя с таким косноязычием в большую политику соваться. Еще покажу тебе разные фокусы. Запомни, ни одному пророку ни один народ не поверит, если тот не умеет показывать фокусы.

Вот жезл у тебя, видишь? Ударь о пол, скажи: «Господи, дай мне воды, еды и преврати озеро в кровь. Все сделаю. Понимаешь? Будешь меня слушаться, быстро тебя раскручу как пророка!»

Короче, сотворил Господь из Моисея этакого Копперфильда. Но на фараона этот пиар не подействовал.

«Какой еще твой Бог? У меня своих богов навалом».

Не впечатлили его и Моисеевы фокусы. У фараона среди жрецов своих дворовых Кио было тогда больше, чем теперь в мексиканском сериале рекламных пауз.

Разозлился Моисей не на шутку и учинил фараону такую разборку, о которой до сих пор все человечество помнит. За то, что тот не хотел отпускать евреев, наслал на весь Египет десять египетских казней. Причем почему-то не на фараона казни наслал, а на египетский народ. Жабы, крысы, змеи полезли изо всех щелей во всех домах египтян. Голод начался, мор, град побил урожай...

Вот так всегда — правитель накуролесит, народ расплачивается.

Причем интересно, все эти жабы и змеи выползали только из щелей египетских домов, у аборигенов. А к евреям ни одна не заползла. Видимо, они как-то по языку их различали. Даже когда с неба сажа повалилась, точно вокруг еврейских домов. Сообразительная сажа была. Тьма упала только на египетские дворы. В еврейских дворах в это же время светило солнышко. Но самой умной оказалась саранча. Все, что у египтян коренных выросло, поела, а от еврейских хлебов отворачивалась, говорила: «Не будем есть израильские хлеба». Такая антисемитская саранча оказалась!

Не сдавался фараон.

И тогда Моисей такое устроил, что даже страшно рассказывать. По его просьбе Господь на землю командировал ангела, который должен был в ночи поразить всех египетских первенцев. Надо сказать, ангел оказался очень хорошим организатором. Он сразу Моисею сказал: «Пускай евреи пометят кровью, желательно крестиком, все свои двери, чтобы я, когда в раж войду и буду душить детишечек, не дай Бог, случайно вашего не задушил». Как не стыдно после этого ангелом называться? У другого бы крылья отвалились!

Только после этого фараон наконец понял: его разрозненная языческая «крыша» от Моисеевой единой «крыши» не убережет. Сказал: «Чтобы я вас больше никогда не видел. Никого!»

Но тут уже сам Господь решил испытать избранный им народ. Подготовить к земле обетованной. Проверить, готовы ли они быть избранным народом и учить другие народы единобожию? Начал он их с помощью Моисея водить кругами по пустыне. Кто испытание пройдет, тому земля обетованная и достанется.

Не ожидали евреи такого подвоха. Людям всегда любое испытание кажется несправедливостью. Начали они своему пророку закатывать скандал за скандалом: «Сколько можно нас дурачить? Ты зачем увел нас из сытого пятизвездочного рабства?»

Пригорюнился Моисей, сидит у подножия той же горы, и вдруг опять загорается куст. И слышится голос ангела. Слава Богу, другого, не того, который детишек душил.

«Плохо справляешься ты со своим заданием. Даже люди твои перестали верить твоим речам. Новый пиар пора организовывать. Поднимайся к рассвету на вершину, там Творец научит тебя новым фокусам».

Несколько раз бегал ночами Моисей на вершину горы на курсы повышения квалификации для пророков.

«Прежде всего, — сказал Сам, — передай своим от меня заповеди! А чтобы они тебе поверили, не забывай о своем жезле — волшебной палочке».

Так Моисей и сделал. Захотят евреи пить — ударит он жезлом в скалу, треснет скала, а из трещины польется ручей чистейшей воды. Доволен народ. Вот это Бог, вот это Моисей! Целый день искренне верит народ в Творца. Пока ручей не высохнет. Наутро проголодаются, пить захотят, опять сомневаться начинают. Роптать. Основное занятие в этом странствовании евреев было роптание на пророка. Мол, Моисей, мы голодные уже, куда Бог смотрит? Избранные мы, в конце концов, или нет? И давай опять золотому тельцу поклоняться. Хоть идол, но золотой! Конкретный. Его пощупать можно, выпросить что-нибудь полезное. Снова выйдет Моисей в центр толпы, возденет руки к небу, скажет пароль «Помоги мне, Господи», и с неба посыпятся куропатки. Причем уже жареные, с приправой. Практически куропатки-гриль. Так что первая в мире микроволновка была изобретена еще Моисеем. Но евреям и этого мало. Они опять роптать. «А где хлеб, — спрашивают. — Это что, мы без хлеба есть должны?» Моисей опять руки к небу — пароль — и с неба сыплется манна небесная!

Кое-как, благодаря всем этим пиаровским ходам, убедил-таки пророк своих соплеменников в том, что пора с язычеством заканчивать. Последний раз ему довольный Господь там же, на горе, сказал: «Молодец! Награда тебе и твоему народу будет земля обетованная. Вон видишь ее там, за горами? Сам же ты до этой земли не дойдешь. Замучил ты меня. Заберу я тебя лучше к себе. Иначе ты меня достанешь со своим народом и постоянным для него попрошайничеством».

Повезло Моисею, что его забрал к себе Всевышний до того, как соотечественники увидели обещанную им землю. Разорвали бы на части, хоть он и ведущий пророк. Не то, что с палки лимоны не сыплются, палку воткнуть некуда — камень сплошной.

Смотрели евреи на эту землю, и ни один из них не мог тогда предположить, что всего через каких-то три с небольшим тысячи лет все эти камни покроются цветами. И каждому туристу местные гиды будут с гордостью говорить: «Смотрите, к каждому корешку этих цветочков через компьютер вода иглой впрыскивается. А ведь в этой земле ничего раньше не росло».

И все туристы из разных стран будут уважать и любить Израиль за эту трогательную, подведенную к корешкам жизни воду.

А тогда рассердились евреи сильно на Моисея! Чуть в Боге, который их избрал, окончательно не разуверились. Обидно стало даже самому Творцу, и решил он: «Не буду больше им ничего советовать, не буду их учить и наставлять не буду. Пускай до всего собственным умом доходят. Мучаются пускай и умнеют сами. А поскольку многие из них все еще своему тельцу золотому поклоняются, пускай пройдут самое страшное в истории испытание — золотом! Может, тогда вспомнят, что избраны были мною для того, чтобы другие народы заповедям учить, а не для того, чтобы просто считать себя избранными! Вот когда это поймут, тогда и обретут землю обетованную. В душе своей».

Словом, сами евреи собственным безверием привели себя к своему еврейскому счастью. Поверили бы Моисею, Господь бы их сразу привел в Швейцарию. За сорок лет он их вообще до Урала довести мог, богатого всякой всячиной. Была бы у нас сейчас хоть одна не силовая, а мозговая Уральско-Еврейская республика. Недаром теперь есть гипотеза, что так Всевышний за их вечное роптание на них рассердился, что сорок лет водил по пустыне, потому что искал место, где нет нефти!

Вот такие великие события разыгрались на той горе. И начало человечество свое восхождение к заповедям. Как по той горе, медленно, в темноте, с препятствиями, с валунами на пути, с пропастями по краям, но с фонариками. Однако далеко не каждому еще удалось добраться до вершины и увидеть рассвет.

Мировая душа

Когда поднялись на вершину, было еще темно. Не верилось, что восхождение закончилось. Последние километры в темноте, на крутом подъеме, пришлось карабкаться самому, без верблюда. Перепрыгивать с камня на камень. Хотелось бросить все, развернуться — и туда, вниз, обратно, к комфортабельному верблюду, который покорно ждал возвращения перед последней финишной кривой.

Болели суставы, ныли мышцы, жаловался на свою участь мозг, просился обратно в постель. Так рано утром в автобусе студент представляет себе, какую бы позу он сейчас выбрал в постели, каким бы эмбрионником сложился под одеялом и щечки, как хомячок, положил на лапки.

Но невозможно было даже остановиться, чтобы пофантазировать или передохнуть. Дышали в спину, как в метро. Подталкивали сопением. Сзади, как на демонстрации, чувствовались колонны людей. На обочину нельзя было сойти, потому что обочины не было. Были горы и пропасть. Прямо за мной карабкался в поднебесье старый японец лет шестидесяти-восьмидесяти. Трудно по японцам определить, сколько им лет. Одно я мог сказать точно — он был хромой и с палкой. Но хромал так ловко и быстро, что ему стыдно было уступать дорогу. На час с лишним он стал моей совестью. Он буквально гнал меня своей палкой и еще, что было совсем противно, успевал по дороге фотографироваться. «Где он научился так ловко и быстро хромать по горам? — думал я. —Может, тренировался по утрам на своей Фудзияме». Он заставлял меня переводить дыхание прямо на ходу и, чтобы выдержать этот темп, напевать про себя песню Высоцкого:

«И можно свернуть, обрыв обогнуть, но мы выбираем трудный путь!»

Уже несколько раз мне казалось, что мы на вершине. Но за очередной вершиной скалы начинался подъем на следующую.

Вдруг, неожиданно, вместе с японцем-погонялой мы буквально вынырнули почти с отвесной тропы на самую макушку горы. Наверное, такое же ощущение было у Садко, когда он поднялся на поверхность с морского дна. Небо было очень близко. Звезды висели на созвездиях-ветках, как спелые яблоки.

От фонариков и звезд вершина казалась освещенной. Правда, скуповато. От количества людей в полутемноте напоминала дискотеку, в которой вот-вот заиграет музыка.

Жизнь кипела. А значит — арабы торговали. Они даже здесь открыли свои лавки. Не лень было из-за своей копеечной прибыли забраться в такую высь. Собранные где-то из досок, где-то из фанерных ящиков их арабские лавки напоминали будки наших пенсионеров на садово-огородных участках. Чайные и закусочные больше походили на спортивные раздевалки, в которых пахло потом, снятыми башмаками и перетренировавшимися спортсменами.

Но все это было такой мелочью по сравнению с тем счастьем, которое испытывал каждый взошедший. Успел! Добрался! Значит, все-таки услышу, что шепнет мне Господь! Если б я поглядел на себя в зеркало, я бы сказал, что у меня было выражение лица бухгалтера, у которого сошелся годовой отчет. И чертовски здорово казалось сидеть на фанерном ящике, попивать чаек среди мировой туристической толпы в скупом свете арабской лампады волшебника Аладдина. Арабы и те казались после такого испытания удивительно симпатичными. Непонятно было, как евреи не могут с ними договориться. Сели бы вот так вместе на фанерный ящик, попили чайку. Но для этого надо было сначала совершить **восхождение**. Или хотя бы пожелать его совершить.

Только я об этом подумал, как действительно увидел еврея, не нашего, израильского, настоящего, черного. Он мирно что-то обсуждал с арабским лавочником. Какие-то сорта чаев. Я не понял какие, потому что они говорили на очень своем израильско-арабском английском.

«Может, и правда, — подумал я, — гора эта святая?» Француз и американец сидели дружно, рядышком, на бревне. Американец был очень большой. Бочкотелый и общительный — всех спрашивал, бывали ли они в Америке и как им Америка — о'кей или не о'кей? Итальянцы руками ему показали, какой большой о'кей Америка. Японцы хихикали и фотографировались группой на фоне этого американца. В тридцатых годах были такие фотографии: группа летчиков на фоне дирижабля.

Даже француз и тот сказал, что Америка ему о'кей. Американец спросил, а как француз в Америку прибыл? Француз ответил: «На самолете».

— А почему не на машине? — переспросил «дирижабль».

— Вообще-то, океан между нами, — ухмыльнулся француз.

— Но вы же прорыли какой-то туннель, разве это неправда? — переспросил американец.

— Но это туннель через Ла-Манш, — смутился француз.

Американец задумался. Видимо, пытался вспомнить, что означает слово «Ла-Манш». Но тут его еще больше удручила белорусская семья, которая подсела на соседний с бревном ящик. Меня не узнала, я был в кепочке. Он, она и мальчик лет двенадцати, который вообще не мог понять, зачем его в ночи сюда затащили. Грехов вроде нет — от силы две мухи убил за свою жизнь. Поэтому глаза у него были сонные, удивленно-выпученные и напоминали два перекачанных анаболиками фрукта!

— А вы откуда? — спросил американец, явно жалея ребенка.

— Белараша! — на чистом университетском английском ответила она.

Американец очень напрягся от загадочного слова. Он и РАША-то не знал толком где... Между Германией и Китаем?

— What is that? — спросил он.

Тут уже обиделся глава семьи:

— Скажи ему, — попросил он свою жену, — ученые недавно вычислили, что Белараша — это самый центр Европы!

Она перевела.

Трудная ночь выдалась у бедного американца. На этот раз он молчал долго. Потом хихикнул и сказал:

— Это шутка, я понял. Думаете, я не знаю, что центра не может быть и что Земля круглая!

Даже при всей моей нелюбви к американцам этот сильно выросший лилипут после восхождения казался мне симпатичным. Ну что он виноват, что у них в Америке такое образование. Зато он пытается в чем-то разобраться. Шел на эту гору, к чему-то стремился. Все-таки Америка небезнадежна, пока у нее есть такие наивные и чудные дирижабли. И арабы небезнадежны.

Вон араб-лавочник переключился с еврея на группу немцев. Шутил с ними. Они дружно смеялись. Правда, из последних сил, не гогоча, как обычно. Не как немцы, а как эстонцы. Вообще, я заметил, что немцев и финнов могут рассмешить даже самые незамысловатые шутки турков и арабов. Например, на пляже в Турции я сам видел, как турок разносчик мороженого бросил немцу в плавки кусочек льда. Все немцы давились от хохота. Лишь тот один, кому достался лед, извивался аскаридом на сковородке, а остальные ухахатывались. Неизысканное, прямо скажем, чувство юмора. Не наше. Попробовали бы нашему бросить в трусы кусочек льда?

Наверное, гора действительно была волшебной! Здесь все были симпатичны и интересны друг другу. Восхождение, как трудно прожитая человеком жизнь, приближало всех взошедших к заповедям.

Однако было очень холодно. Минус три-четыре градуса. Дул ветер. А что, собственно, ему еще было делать ночью в горах? Он по-своему радовался общению с многотысячной толпой. Несмотря на взятые с собой теплые вещи, я купил у араба два полосатых матрасика размером с прикроватные коврики, чтобы закутаться в них и верхней, и нижней половиной туловища. После чего стал искать себе место, как ищут в театре, когда билеты проданы, а места на них не пронумерованы. Дело оказалось непростым. Самые умные забрались сюда с вечера. Они заняли первые ряды партера, амфитеатра, сидели на выступах и в пещерах, как в правительственных ложах. Мне досталось не самое плохое место в первом ряду галерки. Место стоячее. Один шаг — и бездна!

Чтобы матрасы держались на мне крепко, я обвязал один из них вокруг себя купленной у арабов веревкой.

Другой матрас держал от ветра кульком на голове. Мне жалко было, что никто из этой темной бездны не может меня сейчас сфотографировать. Люди же все прибывали и прибывали...

Начинался переаншлаг.

Если бы вход на гору был платный, то там, внизу, должны уже спрашивать лишний билетик. Странно, как местные арабы до этого не додумались?

Кого тут только не было. Немцы восстанавливали потерянную жидкость, естественно, пивом. Уставшие итальянцы отряхивали от грязи свою модную одежду. Причем я впервые видел, как они что-то делают молча. Японцы, естественно, фотографировались на фоне взошедшей Венеры. Они уверены были, что японская вспышка достанет и до нее.

Мне как всегда повезло. За спиной послышалась русская речь. Скорее, говорок русско-украинский. По этому говорку в любой точке мира можно безошибочно узнать наших эмигрантов. Он появляется у них только, когда они от нас уезжают. Ни в России, ни в Советском Союзе, ни в Украине я не слышал такого акцента, который больше всего подходит для комедий, поставленных по Шолом-Алейхему в самодеятельной оперетте.

— Ну что, Сара, будем молиться на рассвете? — спросил мужской, сильно грассирующий голос, как будто всю жизнь отрабатывал скороговорку «четыре черненьких чертенка».

Сара не ответила.

Второй, не менее шоломалейхемский мужской голос начал рассказывать подробности из жизни Моисея.

— Откуда ты все это знаешь? — спросил первый.

— Я вчера прочитал на личном сайте Моисея! — ответил второй, не подозревая, что говорит это все через матрас на ухо мне. И этим практически попадает в мировую историю!

Они втроем стали обсуждать Моисея, иудаизм, выкрестов, курс доллара, цену на нефть и международный терроризм одновременно. Наконец тот, который говорил обо всем с уверенностью профсоюзного работника, заявил, что, по последним данным, Арафат в прошлом советский еврей-десантник. Был заслан на Ближний Восток Комитетом государственной безопасности, но, когда прыгнул с парашютом с самолета, промахнулся, попал в Палестину. Ветром отнесло! Чтобы его не опознали, надел на голову полотенце и с тех пор удачно косит под араба.

Но вот небо начало светлеть, и на горе стали проявляться люди, как проявляются в темной комнатке фотографа цветные фотографии. Многие, оказалось, пришли сюда в своих народных костюмах. Негры-христиане в белых одеяниях, экскурсия из Латинской Америки — словно с бразильского маскарада, человек тридцать японцев. Одеты одинаково в теплые оранжевые жилеты. Напоминают издали наших шпалоукладчиц на БАМе. Японцы заняли целый выступ горы и держали перед собой ноты, словно собирались вот-вот что-то запеть, но ждали сигнала. Стали проявляться постепенно и цепи гор, которые ветер волнами гнал к нам из-за горизонта. Начиналась предрассветная увертюра цветов. Даже в шуме ветра слышалась ее музыка.

— Сара, ты видишь, вон там земля обетованная, — послышался снова сильно грассирующий голос. — Вот она. Отсюда Моисей ее увидел впервые. Именно такой она изображена на его сайте: www.moses.net.

Чем светлее становилось небо, тем приглушенней слышались голоса, словно каждый к чему-то готовился, очень важному. Бледнели все звезды, кроме Венеры. Она, Венера, словно вытягивала солнце из-за горизонта. Оно уже было где-то совсем рядом. Темнота сопротивлялась его лучам из последних сил. Но лучи пробивались, как пробиваются травинки через асфальт. Уже подрумянились горы, и загорелся над горизонтом солнечный нимб, точно указав, где сейчас появится аура бога Ра.

И вдруг голоса мгновенно стихли. На горе словно никого не было. Солнце дожидалось именно этого момента. Мгновения тишины! Оно осторожненько высунулось, сначала одним своим лучом полоснув по остаткам тьмы, и поводья невидимой колесницы бога Ра вытянули его. И вдруг... в этой тишине раздались аплодисменты!!! Как в театре. Аплодировали на горе все. Аплодировали свету, победившему тьму, аплодировали богу Ра. И верилось, что на свете есть все-таки одна чеховская мировая душа. Аплодировали люди разных национальностей, конфессий, люди разных языков, культур. Это был единственный момент в жизни, когда верилось, что люди когда-нибудь начнут жить по заповедям, то есть по-человечески.

— Сара, я все-таки помолюсь, — сказал тот же голос совсем шепотом.

Запели японцы. Не для кого-то. Им было все равно, слушали их или нет. Они пели для себя. Их мелодия была красивая, видимо, очень древняя. Наверняка была посвящена свету. Арабы никому не навязывали бусы. Понимали: сейчас их покупать никто не будет, не до них. Немцы замерли, как в стоп-кадре, с пивом в руках. Молчали итальянцы. Негр в белом был похож на привидение. Он раскрыл Библию и что-то бубнил себе под нос.

Солнце выбиралось из-за горизонта легко, по-спортивному. Оно было удивительно огромное. Мне казалось, что я смотрю на него через увеличительное стекло. Совсем рядом, перед глазами, ближе, чем на ладони. При этом на него можно было смотреть, не жмурясь, оно не было агрессивным и не слепило. Всего несколько минут, и гора начала согреваться, как будто сковородку нагревали электрической плитой. Мне было жалко, что солнце так быстро вынырнуло. Я скинул с себя ужасные матрасики. Ветер стих. Представление окончилось.

И таким глупым казалось отсюда, сверху, думать о том, что где-то там, внизу идут споры, чья конфессия правильнее, чья обрядовость точнее. Все это имело значение только там, внизу, в городах. Потому что это был спор за паству, а не за веру, то есть за те деньги, которые принесут в церковь. С той ночи, которую я провел на горе Моисея, когда я слышу подобные споры, я думаю, сколько вокруг меня было людей со всего мира, сколько языков и костюмов. Как это было красиво! Так и религии. Они должны быть разными на земле, удобными для своих народов и обряженные в разные одежды. Как цветы на поле! Не может же целое поле состоять из одних цветов, пускай это даже будут розы. Смотреться оно будет вызывающе и скучно.

У паломников есть свои приметы. Например, если после встречи восхода солнца спустишься с горы, ни разу не оступившись, значит, Господь простил тебе все грехи. В противном случае расслабляться рано. Скажу честно, на обратном пути я два раза чуть не сломал ногу. Но я особенно не расстраивался. Во-первых, даже если мне отпущена половина грехов, — это немало. Во-вторых, мне очень нравится, что сказал Гоголь:

«Нашего русского человека надо благодарить хотя бы за его намерения, потому что у него все равно ничего не получится». А намерения у меня были светлые.

Послесловие

Со времени моего путешествия по Египту прошло несколько месяцев. Впечатления начали бледнеть за ежедневной суетой, которая с удивительным упорством обряжает нас ненужными обязанностями. Устав от суеты, я уехал на Рижское взморье. Один мудрец, не индус, наш, но тоже очень умный, посоветовал мне хотя бы раз в месяц, когда накапливается усталость, проводить один день в полном молчании. Он сказал: «Молчать вообще полезно. Кто знает, молчит, а кто не знает, пускай помалкивает. Причем начинать этот день надо обязательно с восхода солнца. Без молчания новую жизнь начать не удастся. — И добавил: — Кто встает за час до восхода, тому открываются тайные мысли. Кто на восходе, тот успевает сделать многое и никогда не болеет. Кто просыпается час спустя после восхода, тот успевает сделать мало и все время болеет. А кто потягивается в постели до десяти, тому можно уже не вставать».

Я помню, после такого нравоучения я вышел на пустынный осенний юрмальский пляж. Выдохнул накопившуюся суету и ненужные мне обязанности. Их понесло от меня ветром куда-то в море. Дождался первого солнечного лучика. Показалось солнце. Я и раньше, в юности, видел много рассветов. И на Курильских островах, и на Северном морском пути, и на склоне Авачинской сопки на Камчатке, и на лесопилке в дебрях Сихотэ-Алиня во время похмелья. Но теперь, после восхождения на гору Моисея, выползающее из-за сосен солнце было как никогда родным. Оно казалось мне намного ближе, чем раньше. Но — что было особенно приятно — оно тоже узнало меня! И проскользнувшим по нему облачком так по-юношески прикольно подмигнуло мне, как бы напоминая о главном. Чудеса на свете случаются, но над этим надо много работать.

ПИСАТЕЛЬ,
КОТОРЫЙ РАЗВОДИЛ КОШЕК

Ки-Вест — самый южный городок Америки. На карте — точь-в-точь родинка на кончике похожей на нос дядюшки Сэма Флориды. На самом деле город на острове. От него до материка еще несколько таких же островов-родинок. Как будто кто-то разбросал в море камушки, чтобы какой-нибудь великан мог, ступая по ним, добраться от материка до Ки-Веста, не замочив ноги.

Ки-Вест — город музей. Здесь жили Хемингуэй, Теннеси Уильямс, Трумэн, другие известные люди, политики, бизнесмены. Коренные жители уверены, что в их городе Хемингуэй написал знаменитую повесть «Старик и море». Поэтому в многочисленных галереях больше всего акварелек в стиле прозрачно-миражных японских миниатюр, на которых изображен похожий на Хемингуэя старик в лодке, с удочкой, на фоне или заката, или лунной дорожки.

Правда, кубинцы уверяют, что знаменитую повесть великий Хэм написал у них на Кубе, где прямо напротив Ки-Веста, через пролив, милях в пятидесяти, есть еще один домик Хемингуэя. Как будто любивший плавать писатель иногда, после вечернего виски, вплавь добирался от одного своего домика к другому, запутывая будущих критиков своего творчества: где что он написал.

Ки-Вест не похож на обычные американские небоскребные города. Деревянные, двухэтажные, покрашенные в светлые тона домики с воздушными террасами, резными наличниками и ставнями-бабочками, как прозрачные привидения из романтического американского прошлого, скрываются в кудрявых зеленых садах и напоминают нам об «Унесенных ветром», «Хижине дяди Тома» и Гекельберефине. Широколистные южные деревья густыми ветками, как опахалами, обмахивают эти музейные домики, заставляя шевелиться обленившийся на жаре почти тропический воздух.

Ки-Вест — это город-декорация к спектаклям Теннеси Уильямса и Артура Миллера. Это воздушный привет, посланный потомкам от Митчелл и Марка Твена.

Но туристы этого не знают. Для них Ки-Вест — просто самая южная точка самой главной страны в мире. Пестрой маечной толпой текут весь день они вдоль главной улицы, которая как узенькая речка, в берегах сувенирных магазинов, галерей и аттракционов впадает в море, заканчиваясь дельтой кафе, баров и ресторанов. В этих кафе последние американские романтики, влюбленные и трогательные старушки с прическами, похожими на седые воздушные шарики, могут по вечерам наблюдать, как написано в зазывных рекламах «неповторимый Ки-Вестовский закат». Для этого у каменных парапетов прибрежных кафе стоят высокие стулья, как у стойки бара. Но с противоположной стороны стойки бара не бармен с напитками, а краснокожее американское солнце, под мягкую музыку живого джаза, не скупясь, протянуло каждому посетителю по зеленому морю обещанную администрацией ресторана неповторимую Ки-Вестовскую солнечную дорожку. Как будто дорожка, а заодно с ней и само солнце в штате рекламирующего их ресторана. Особенно возбуждает всех туристов то, что совсем неподалеку Куба.

— А где Куба? — почти с испугом спрашивают туристы у официанта.

— Вон там, — показывают руками официанты, — слева от солнца и чуть за ним.

И туристы, кто прищурившись, а кто в бинокль, напряженно вглядываются в шершавый горизонт, словно пытаются за ним разглядеть остров вечных бунтарей и его последнего коммунистического романтика Фиделя Кастро.

Музыка сочится из всех дверей, окон, щелей. Музыка, как и еда, — неотъемлемая часть жизни среднестатистического американского большинства. Она заставляет толпу вибрировать в резонанс, одинаково чувствовать, одинаково думать не задумываясь. Она главный зазывала. Она засасывает демонстрантов по ночным клубам, ресторанам, аттракционам, залам ужаса, галереям, ювелирным и сувенирным лавкам, которые по своей мешанине напоминают российские сельмаги. Только по американскому вкусу с более пестрым и блестящим ассортиментом. Здесь и хрустальные тигры, и ювелирные подделки, и открытки с кошечками и закатами, и штампованные картинки с теми же закатами, и искусственные цветы, и бейсболки с надписями, и майки с остротами и неприличностями, и носки, и трусы с портретами Хемингуэя.

* * *

Утро. Туристы еще по-американски добротно завтракают в своих гостиницах, чтобы с достаточным запасом энергии начать течь по улицам города-лавки.

Консьерж гостиницы, у которого я хочу спросить, как пройти к домику Хемингуэя, разговаривает с американкой загадочного возраста. Она после очевидной, модной в среде высшего и среднего американского класса пластической операции. Или, как коротко говорят в Америке: «хирургии». Хирургия — единственный вид искусства, в котором разбираются все американцы. Хирургия — признак зажиточности, пропуск в высший свет, один из самых крутых американских наворотов. Наравне с погодой, домашними животными — это любимая тема в любой женской компании.

— Я знаю доктора, который превосходно делает носы и укрупняет глаза.

— А наш врач использует новую технику, он подшивает под щеки воланчики, чтобы не было ямочек.

Действительно, американские врачи-хирурги в этом деле добились не меньше, чем художники эпохи Возрождения в живописи. Среди них появились свои Леонардо да Винчи, Рафаэли, Веласкесы. Они не врачи, они живописцы от медицины. Они меняют овал лиц, обрезают носы, удлиняют мочки ушей под размер сережек, укрупняют женщинам губы, делают их сочными и поцелуйчатыми, как у Софи Лорен или как у Джулии Робертс. Мужчинам раздувают ноздри, как у Джека Николсона, создавая ощущение такого же скрытого темперамента. Уколами умерщвляют нервы в местах скопления морщин, чтобы думать не морщась, смеяться не улыбаясь и чтобы лицо выглядело невозмутимо просветленным в любой ситуации, будь то юбилей или похороны. Если б не активные пока еще зрачки в обрамлении отредактированных глаз, многие американки напоминали бы сегодня собственные посмертные маски.

У американки, которая разговаривает с консьержем, даже не лицо, это пятка младенца. По лицу ей можно дать лет пять, по фигуре — сорок восемь, по рукам — все шестьдесят семь. Говорит она очень громко, как говорят люди, уверенные в том, что не при каких обстоятельствах своего лица уже не потеряют.

— Где тут домик этого известного бородатого человека, который разводил кошек?

В отличие от консьержа — поляка, который, судя по всему, давно уже работает в Америке и привык к подобным вопросам, — я не сразу понял, что она спросила о Хемингуэе.

Во-первых, я забыл, что Хемингуэй действительно любил кошек, во-вторых, он их все-таки любил, а не разводил, но для сегодняшнего американского реалиста, воспитанного книгами Карнеги, а не Марка Твена и Фицджеральда, непонятно, как можно любить без прибыли. А значит — разводил. Но еще больше меня поразило, что стоявшие рядом американцы, которые тоже ждали ответа консьержа, ничуть не удивились ее вопросу. Консьерж вынул откуда-то из-под своего прилавка несколько карт Ки-Веста, отметил на них, где находится музей, и крупно печатными буквами каждому написал имя великого кошачих дел мастера.

В музей меня вез таксист-латиноамериканец. Я рассказал ему об этом случае. Он с радостью человека, который любит поболтать с пассажирами, тут же подхватил тему:

— Ой, это же американцы, они же narrow-minded (словосочетание в дословном переводе на русский означает «узкоумственный»)! Я недавно вез одну из аэропорта в Майами, ей лет сорок. Выехали на берег, она как закричит: «Наконец-то я увидела Тихий океан!»

Я спросил у таксиста, из какой он приехал страны.

— Я бразилец, — гордо ответил таксист, тем самым подчеркнув, что уж он-то не narrow-minded. — А кем Вы в России работаете?

— Я писатель, книжки пишу.

— Не, я книжек не читаю. У нас в семье было много детей, грамоте учили плохо — мне читать трудно.

Он ненадолго замолк, наверно, вспоминая свое бразильское босоногое детство, а я подумал: не слишком ли это парадоксально, что даже не умеющий толком читать бразильский таксист считает американцев узкоумственными.

***

Я брожу по дворику хемингуэевского дома. Дом двухэтажный, старинный, лоскуток поэзии на рациональной американской земле. Много деревьев. Они когда-то скрывали Хемингуэя от жаркого солнца Флориды. Дорожки ныряют между кустами. В доме сохранилась библиотека. Интересно, что любил читать Хемингуэй? Есть даже небольшая брошюрка, которая называется «Бурлящий бассейн», видимо, в то время эти первые «джакузи» только что появились, и Хемингуэй мечтал о таком бассейне.

Во дворе у него тоже есть бассейн. Не такой, как нынешний, в кафеле, но бодрость писателю с утра, очевидно, этот бассейн придавал. Много книг о здоровье, книга «Мой бизнес», романы известных писателей: Фицджеральда, Ивлина Во и большая брошюра Форда «Конвейер».

Но американцев не интересуют книги и библиотека Хемингуэя. Они атакуют гидов другими вопросами, ведь в музее специально для привлечения американских посетителей — сто кошек, якобы в память о писателе. Вот что действительно привлекает обывателя.

— Вы были в домике Хемингуэя? Что Вы, сходите обязательно: там сто кошек! Понимаете? Сто!

И идут люди, чтобы увидеть в музее Хемингуэя сто кошек. И задают вопросы, которые из этих кошек помнят самого писателя? И как писатель кастрировал котов? Сам или у него кто-то был для этого? А какими инструментами в то время кастрировали? Практически главная экспозиция музея — кошки Хемингуэя, следующая — спонсоры Хемингуэя, следующая — его женщины.

Я выхожу прогуляться по тенистому саду. Деревья с уважением обмахивают меня своими опахалами. Они как бы чувствуют во мне что-то родное для них, писательское. Я представляю себе, как Хемингуэй также любил по утрам бродить среди этих деревьев, и по шороху их листьев я читаю его грустные мысли. Недаром в его библиотеке есть книжка — фордовский «Конвейер».

Он чувствовал, что гениальное изобретение цивилизации внедрится скоро и в кино, и в живопись, и в литературу, и художественный стиль, и художественное слово уступят место стилю литературно-телеграфному. И разговор о том, кто гениальнее, Фицджеральд или Хемингуэй, абсолютно беспредметен, потому что через несколько лет после внедрения конвейера во все сферы человеческой души забудут и о том, и о другом. Может быть, будут помнить только название повести «Старик и море» и то лишь потому, что будет выгодно зарабатывать на акварельках с нарисованными стариком и морем. Изображать их на зонтиках и носках.

А как нарисовать «Прощай, оружие»? Да и сам тезис неприбылен. Может, поэтому каждый вечер на берегу моря старик Хэм выпивал любимое виски, и тогда ему казалось, что все не так безнадежно. Ему веселей становилось на душе, и казалось, что «Старик и море», как и стихи Байрона, и полотна Рафаэля, и пьесы Шекспира созданы, чтобы человечество когда-нибудь сказало себе, как и герою его романа: «Прощай, оружие».

ВОЗВРАЩЕНИЕ

Путевые заметки
якобы об Америке

(1989 г.)

В 1989 году я впервые выехал в США. В гастрольную поездку. До этого бывал лишь в Польше, ГДР и однажды в ФРГ.

Сегодня, вспоминая те первые свои гастроли в США, я удивляюсь, как изменилось всего за десять лет мое отношение к американскому стилю жизни. Сегодняшние мои размышления на эту тему многие хорошо знают по моим выступлениям на телевидении. Некоторые мою точку зрения не принимают, потому что искренне восхищаются всем американским. Я их понимаю. В то далекое советское время я был таким же. Свое восхищение Америкой я описал в 1990 году. Назвал эти очерки «Возвращение», потому что, путешествуя по Америке, мыслями всегда возвращался домой, и мне хотелось, чтобы мы в Советском Союзе тоже когда-нибудь стали жить так же улыбчиво и самодостаточно, как американцы. Да, я был романтиком! Хоть и считался сатириком.

Очерки отказались публиковать в журналах и газетах. Редакторы, которые сейчас в демократах, назвали их предательскими. Только в Эстонии, в которой в то время уже понемногу освобождались от цензуры, напечатали небольшую брошюрку. Своим оформлением она больше напоминала «Руководство по эксплуатации пылесосов». Выглядела книжонка настолько невзрачно, что в некоторых книжных магазинах даже продавалась в отделе «Научно-техническая литература». Словом, об этих очерках так никто и не узнал.

Я понимаю, что сегодня найдутся читатели, которые обвинят меня в непостоянстве взглядов. От панегирика до сатирического фельетона. Всего за десять лет. Но, во-первых, мир с тех пор изменился: изменились страны, народы, порядки, отношения... Поэтому отвечу словами древнего мудреца: «Свое мнение не меняют только глупцы и покойники»!

Вместо предисловия

Oбъявили посадку. Через несколько минут самолет «Вашингтон — Москва» приземлится в аэропорту «Шереметьево». Большинство в самолете наши. Мы все незнакомы. Но нас объединяет одно — грустные лица.

И даже симпатичный партийный работник, молча просидевший рядом со мной восемь часов, когда колеса самолета коснулись земли и нас привычно, породному тряхнуло всех, как кули с картошкой, грустно и задумчиво выдохнул: «Ну вот и Родина!»

Я его понимаю. Ему надо будет рассказывать о том, как *т а м* плохо. О чем он расскажет? О том, что их мостовые устланы «утраченными иллюзиями неимущих», а тротуары вымощены «страданиями эксплуатируемых масс»?

Мне легче — я не партийный работник. Я могу рассказать о том, о чем хочу рассказать. Во-первых, потому что далеко не все из вас, уважаемые читатели, бывали в Америке. Во-вторых, не все в ближайшее время туда поедут. Еще не у всех есть там родственники. Я понимаю, что об Америке много написано: Горький, Маяковский, Ильф и Петров, Жванецкий. Наконец, Валентин Зорин и Фарид Сейфуль-Мулюков, авторы незабвенных «утраченных иллюзий» и «страданий эксплуатируемых масс». Я думаю, каждому Америка должна понравиться и не понравиться по-своему. Потому что любую страну можно считать произведением искусства того народа, который в ней живет...

Произведение искусства прежде всего ощущаешь после поездки. Мне очень захотелось рассказать о том, какой мне ощутилась Америка и почему у соотeчественников при возвращении из Америки грустные лица.

Первые впечатления

Когда я прилетел в Нью-Йорк, я подумал, что все вокруг заранее извещены о моем прилете. Даже прохожие улыбались мне, словно меня только что показали по американскому телевидению. Откуда же мне было знать, что в Америке просто так принято — улыбаться друг другу. Что они ходят по улицам с радостным выражением лица, что они радостно живут! Когда смотришь на лица американских прохожих, создается впечатление, будто они не знают, что загнивают...

До конца поездки я так и не смог привыкнуть к этой бесконечной американской доброжелательности. Ну, с чего они все тебе улыбаются? Чего им от тебя надо? Поначалу, когда мне еще в самолете улыбнулась стюардесса, я, честно говоря, подумал, что она со мной заигрывает. Когда же улыбнулись, глядя на меня, вторая, третья американки, я решил, что у меня что-то расстегнуто. Доконал швейцар в гостинице. Он улыбнулся и раскрыл передо мной двери! Он был рад моему приезду! Вы видели когда-нибудь швейцара, который радуется вашему приезду?! Ну почему во всех странах мира швейцары в гостиницах открывают двери и подносят вещи, а наши не пускают? Когда пожилой «бой» занес мои вещи в номер и, бестактно улыбаясь, предложил мне помочь разложить их по полкам, я выгнал его из номера за его грязные намеки.

Так что уже в первые дни гастролей я понял, насколько правы советские корреспонденты и телекомментаторы, утверждая, что находиться в Америке неприятно. Действительно, неприятно. Не знаешь, что делать в ответ. Тоже улыбаться? Я не могу улыбаться в течение суток. У нас, советских людей, развиты не те мышцы лица. Я пробовал. К вечеру улыбку заклинивает, лицо перекособочивает. Получается улыбка смертельно раненного человека.

Не улыбаться нехорошо. Некультурно. Стоит зайти в магазин, к тебе подбегает продавец и с идеально отшлифованной улыбкой: «Что вам угодно? Чем могу быть полезен?» Ну, как ему объяснить, чем он может быть полезен? Только тем, что исчезнет немедленно. И не будет мешаться. Потому что я зашел не купить, а посмотреть. Так как никогда не видел сто метров разной обуви сразу. Поэтому у меня сейчас экскурсия!

Не дай Бог, возьмешь с прилавка туфли и попытаешься их примерить. Он усадит в кресло, сам наденет тебе туфли на ноги, зашнурует их. Если окажутся не по размеру, будет приносить со склада все новые и новые пары. Пока ты, руководствуясь уже чувством вины перед ним, не купишь хотя бы... шнурки с тапочками. За каждую проданную вещь, оказывается, ему положена премия. Каждому по труду. Это закон социализма! Поэтому они и ведут себя так, как должны вести себя в социально справедливом обществе. То есть ты чувствуешь себя виноватым, если ничего не купил, в отличие от наших продавцов, которые ведут себя согласно нашему строю. И ты чувствуешь себя виноватым за то, что вообще зашел в магазин.

К концу поездки я, правда, научился бороться с их улыбчивым сервисом. Он только ко мне: «Чем могу быть полезен?» А я ему тут же с улыбкой от уха до уха: «Спасибо! Я из Советского Союза». Его тут же след простыл. Понял — зашел просто посмотреть. Потому что во всем мире уже знают, что советскому человеку денег меняют ровно на посмотреть... Причем знают об этом не одни продавцы. Американские женщины испытывают к советским мужчинам жалость, с которой относятся только к убогим. Интеллигентная американка не позволит советскому мужчине заплатить за нее в кафе, даже если она выпьет стаканчик диетической пепси-колы. От силы, она позволит себе принять в подарок от русского набор открыток типа «Ромашки Нечерноземья» или «Козлы Алтая»... Чтобы эти открытки остались у нее навсегда ярким напоминанием о подарившем.

Однако наиболее опытные продавцы в Америке не подбегают к тебе, когда ты входишь в магазин. Многие из них уже научились отличать советского человека. Не по одежде, нет... Через три дня после приезда в Америку любой советский одет точь-в-точь, как американский безработный. Если, конечно, их безработный согласится надеть отглаженные со стрелками джинсы и под них черные лаковые на каблуках туфли. Нет, нашего человека среди любой беспочвенно радостной западной толпы можно безошибочно угадать по выражению лица. На котором как бы навсегда застыла наша индустриализация! Осели этапы большого пути, прилипли шесть орденов комсомола, непаханая целина и непрекращающееся восстановление разрухи... При этом в глазах ежесекундная борьба озадаченности с озабоченностью.

С другой стороны, какое еще выражение может быть у нашего человека, если он заходит в продуктовый магазин и видит там сорок сортов сыра? Он же мучиться начинает! Какой сорт выбрать? В этом отношении наше общество гуманнее. У нас не надо мучиться, какой сыр выбрать. Потому что у нас один сорт сыра — сыр! Называется «Если завезли...».

В одном магазине я не поленился и насчитал... тридцать семь сортов маслин! Поскольку я не мог нафантазировать такое количество сортов того, о чем я вообще имею смутное понятие, я расспросил продавца, чем они различаются. Оказывается, вместо косточек там внутри разные орешки. В одних — миндаль, в других — арахис... В третьих — такие, глядя на которые, Мичурин бы свалился с того, что сам вырастил. Удивительно! Как-то эти орешки попадают в эти маслины. И попадают туда без руководящей роли партии. Без участия министерств и ведомств. Никто не издает указ: «О всемирном высасывании косточек» и не вешает плакат: «Орешки — в жизнь!» Со всей продуктовой вакханалией справляются фермеры — два-три процента населения в стране! В отличие от наших сорока процентов, занятых в сельском хозяйстве. Причем этим двум процентам фермеров не помогают высасывать косточки студенты Йельского университета и профессура Гарварда...

В одном супермаркете я насчитал девяносто сортов кефира! Есть кефир с привкусом клубники, есть с привкусом земляники, черники. Есть с шоколадом, есть с орешками. Есть с орешками, шоколадом, клубникой, черникой и земляникой... Как я понять могу, чего я хочу? Я все хочу! Может быть, меня больше никогда за границу не выпустят после того как я расскажу, сколько я видел кефиров. Может быть, вообще перестройка на днях закончится. Так что я хочу все кефиры сразу! Здесь, немедленно! Я хочу принять «ерша» из этих кефиров! Именно это выражает мое «индустриализационное» лицо, когда я смотрю на эти кефиры, расставленные на полках, как книги в Ленинской библиотеке.

Вы попробуйте прийти у нас в магазин и спросить у продавщицы: «Какой из кефиров вы мне сегодня рекомендуете?» Продавщица вам тут же ответит: «Вчерашний, козел!» Поскольку за семьдесят лет так называемой советской власти мы научились выпускать два сорта кефира: вчерашний и позавчерашний. Бывает еще двухнедельный, но это уже не высший сорт!

Когда в Америке заходишь в продуктовый магазин, невольно перекидывается грустный мостик на Родину. Даже наши эмигранты, прожившие по 20 лет в Америке, сознаются, что это происходит с ними до сих пор. И жалко становится наших женщин. Почему их женственные лица должны превращаться в «индустриализационные», а ноги — в тромбофлебитные, если во всем мире и слов-то таких нет, как «кошелка» и «авоська»?

Мужиков мне не жалко. Мужик у нас всегда в порядке. Принял стакан, и он в Америке. Принял еще один — в Австралии. Наутро в канаве представил себя в Венеции!

В один супермаркет мне довелось зайти с женщиной из Воронежа. Она приехала к сестре. Сестра Валя уже пятнадцать лет в Америке. Мать категорически не хотела отпускать свою дочь навсегда. Прокляла ее. Старая большевичка, мать Вали до последнего дня искренне верила нашему правительству и Кукрыниксам, что Америка — это небритый дядя Сэм с жирным мешком денег вместо туловища и носом, похожим на Гренландию.

Провожая дочь, несмотря на проклятие, она жестко сказала: «Если будешь там голодать, напиши — консервов вышлем!»

— Жалко, мама не дожила до перестройки, — говорила Валя. — Не смогла к нам приехать. Мне так хотелось, чтобы она увидела, как я живу.

Вместо мамы приехала сестра с десятилетним сыном. Когда она зашла в супермаркет, она заплакала. В ее глазах был только один вопрос: «За что?» Вопрос, который нам на Родине даже задать некому. Десятилетний сын тянет маму за рукав.

— Мам, это что?

— Это клубника, сыночек.

— Неправда, мам, такой клубники не бывает.

Валя уговаривает сестру не набирать так много. Взять только на вечер. При этом по привычке набирает сама. Но сестра не может поверить в то, что все это будет здесь и завтра, и послезавтра.

— До завтра же все испортится! — оправдывается она перед Валей.

Валя улыбается.

— Завтра завезут свежее.

— А это?! Куда они денут это?

— Сама не понимаю... Куда все уходит?

Вопрос — что американцы делают с непроданными продуктами — приходит на ум только советскому человеку. Сами американцы над этим никогда не задумываются. Каждый занят своим делом. Его не интересуют дела другого. В отличие от нашего человека с его тревожным государственным умом, который должен все знать, все понимать и каждому указать из собственной нищеты, как должно быть.

— Дядя, — просит меня мальчик, — сфотографируйте меня на фоне этой клубники. А то в школе не поверят...

И снова горький мостик перекидывает меня на Родину.

За неделю до моей поездки в Америку у моего друга в Москве умерла мать. По этому случаю ему разрешили (после того как он принес свидетельство о ее смерти) закупить продукты для поминок в подвале гастронома. На двери небольшого помещения было написано: «Для спецконтингента». Даже не для контингента, а для *спец*контингента». И радость приобщения к нему ты можешь испытать только в случае смерти кого-то из своих близких. И все! И до новой смерти.

Ну что ж! Зато, как утверждают советские идеологи, мы живем в гуманном обществе, где человека не страшит его будущее. Где он спокоен за завтрашний день. У американцев в этом отношении, безусловно, общество значительно суровее. Американцы не знают, что ждет их завтра: поездка на Багамы или в Италию? Покупка виллы или машины? У нас все четко! Никакой тревоги за будущее. Через десять лет выслуги на одном месте — прибавка к зарплате на 15 рублей, к концу жизни — расширение жилплощади на 15 кв. см... А может быть, даже подойдет очередь на спальный гарнитур, который тебе в общем-то уже и не очень нужен, потому что ты остался один...

Потрясение первое

За время поездки по США у меня было несколько потрясений.

Первое — перед моим первым концертом на загородном шоссе под Нью-Йорком. Говорят, на этом же месте испытали потрясение и другие наши известные артисты.

Импрессарио, который организовал мои гастроли по Америке, до меня организовывал гастроли Пугачевой, Жванецкого, Хазанова и многих других наших звезд. Его секретарша почти всех возила по магазинам. Теперь она хорошо разбирается в советском искусстве, поскольку точно знает, кто что покупает и какого размера.

— Благодаря вашим я узнала, где у нас в Америке самые дешевые магазины. Да, да... Правда! Я очень много нового узнала от ваших. Представляете, один ваш музыкант привез с собой из Москвы лупы и продавал их в пуэрториканском районе Нью-Йорка детям. Я бы никогда не догадалась, что в Америке можно продавать советские лупы пуэрториканским детям. Мальчишки в этом квартале, когда он появлялся, бежали за ним толпой с криком: «Мистер Лупа!»

Дорога тянется между сплошными рекламами. По рекламам в Америке можно изучать английский. Они разноцветные и забавные, как картинки в детских учебниках, чтобы веселее запоминалось...

Мы голодные. Экскурсия по магазинам затянулась. Экспозиция была волнующей. Вообще американские магазины настолько многообразны и познавательны, что мысль посетить музей первое время лично мне даже не приходила в голову. Впрочем, как и в последнее время.

— Вы хотите есть? — спрашивает Нина.

Нина из второй волны эмиграции. Вернее, ее родители. Сама она родилась уже в Америке. По-русски говорит с еле заметным акцентом. Так говорят обычно в наших фильмах актеры из Прибалтики, когда играют иностранцев.

О том, почему и как ее родители в конце войны попали в Америку, она умалчивает. Нина — православная. В свободное время организовывает выставки при православной церкви. Многие русские в эмиграции увлеклись, как бы сказали у нас, прикладным народным искусством. Выставка, на которую мы перед этим заехали, небольшая: яйца пасхальные, разрисованные под палехскую школу, шкатулки берестяные... Русские формы из американской бересты. Игрушки детские глиняные. Наволочки для подушек, расшитые народными узорами. Два рушника. Русский пейзаж, нарисованный по памяти или по рассказам родителей.

Многое выглядит трогательно и наивно. Напоминает работу учеников на уроке труда в показательной школе. Посетителей немного. Выставка вряд ли приносит доход. Но это не волнует верующих. Их выставка — не коммерция, а уголок Родины... и вера в Бога, благодаря выставке при церкви, соединяется у них с верой в свою Родину...

— Что вы молчите? — повторяет свой вопрос Нина. — Вы есть хотите?

— Я не понимаю, почему вы меня об этом спрашиваете. Конечно, хочу. Но и так опаздываем.

— А я ужасно хочу пить. Мы сейчас знаете, что сделаем?

— Что?

Нина останавливает машину у обочины. Открывает окно. И чуть высунувшись из него, говорит вниз, в канаву:

— Мне, пожалуйста, три диетических пепси-колы, две порции устриц и один салат.

Честно говоря, я думал, что она с голодухи немного тронулась. Да и как я мог предполагать, что в двадцати метрах от закусочной «Макдоналдс» у обочины выставлен микрофон — для тех, кто торопится и хочет перекусить прямо в машине, не выходя из нее.

Не прошло и двух минут, как из окна закусочной в окно машины нам передали поднос с блюдцами, стоящими в лунках, как на корабле, чтобы не расплескать. Я был потрясен настолько, что доставил Нине удовольствие.

— Почему вы так удивлены? — спрашивает Нина. — Разве у вас вдоль дорог нет закусочных?

— Нет.

— Почему?

— Потому что у нас нет дорог.

— А что есть?

— Направления.

— Так что же вы тогда подумали, когда я заказывала?

— Я подумал, что вы немного того, как говорят у нас, «кукукнулись». Высунулись из машины и из канавы требуете устриц с салатом. Или, думаю, у них в канаве кто-то сидит? Типа нашего дяди Васи, который насаживает в этой канаве устриц, как у нас угрей на правительственном озере.

— Что такое правительственное озеро? — не понимает Нина. Я пытаюсь доходчиво ей объяснить, что такое правительственное озеро, рыбный егерь, стрельба по уже застреленному кабану... Она внимательно слушает и обещает мне следующую свою елочную бумажную игрушку для выставки сделать по моим рассказам и назвать ее «Дядя Вася на правительственном озере».

Потрясение второе

Второе потрясение я испытал в «стейк-хаусе». В переводе на русский «стейк-хаус» означает «дом бифштекса». Конечно, само название уже могло бы стать для меня потрясением. Я к чему привык? К Дому политпросвещения! У них «Дом бифштекса» — у нас «Дом политпросвещения». Потому что кто чем может, тот тем свою страну и кормит. Единственное наше фирменное блюдо — это лапша на уши народу. Я бы даже предложил над каждым Домом политпросвещения честно писать — «Дом лапши»...

Однако потрясло меня не название. Меня потрясли размеры поданного мне бифштекса. Я многое видел в жизни. Но чтобы через всю тарелку, даже скорее блюдо, нагло раскинулся бифштекс! Не как у нас — копытце пони... Что по жесткости, что по размеру. А некий евразийский материк, как его рисуют на ученических картах. Более того, с двух сторон с тарелки не менее нагло свешивались уши — Европа и Чукотка.

Сидевший за одним из столиков в зале негр, как и я, не доел точно такой же бифштекс.

В этот момент я понял — правы, ох как правы наши телекомментаторы, которые ежевечерне сообщают нам, что негры в Америке недоедают!

Потрясение третье

Сто седьмой этаж небоскреба в Нью-Йорке. Ресторан высшего класса. Без пиджаков и галстуков не пускают. Уже ночь. Американцы обедают поздно. Глубоко под нами, разлинеенный огнями на «стриты» и «авеню», светится Манхэттен. Отсюда сверху, сдавленный Гудзоном и протокой, остров Манхэттен, на котором осел центр Нью-Йорка, похож на палубу корабля. И мы слегка покачиваемся на его главной мачте. Мачта так высока, что на нас то и дело набегают тучи, скрывая палубу. Все ближе раскаты грома. Чем сильнее от ветра раскачивается мачта, тем тревожней становится на душе. Ощущение, что гроза наползает прямо на наш столик.

На обед меня пригласил мой товарищ со времен юности, ныне господин — Юрий Радзиевский. Двадцать лет назад он был одним из самых известных капитанов КВН. Возглавлял команду города Риги. Теперь он хозяин рекламного офиса. Если перевести с американского на советский — это значительно больше, чем директор Елисеевского магазина. Он знает английский. По-прежнему весел и находчив. Когда читаешь его рекламу электрической зубной щетки, поражаешься, как же ты жил без нее раньше? Недаром (и далеко не даром!) к нему тянутся самые богатые заказчики. За эти годы он много работал, понимая, что в Америке — каждому по труду!

Он помогает из загнивающего Нью-Йорка своим родителям в процветающей Москве. Снабжает их товарами первой, второй и третьей необходимости.

Молния пролетает мимо окна, официант приносит горячее. Горячее на противне, закрыто крышкой. Радзиевский что-то говорит ему на ухо, и официант вместе с горячим уходит обратно на кухню.

— Что ты ему сказал? — спрашиваю я.

— Что он рано принес, — отвечает Юра.

— Прости, что он сделал?

— Рано принес. Понимаешь, в ресторане такого класса считается плохим тоном — выставлять на стол все сразу. Это неэстетично. Мы еще не закончили есть холодные закуски.

— Юра, — говорю я вполне серьезно. — У меня просьба. Приедешь в Москву, пойдем с тобой в ресторан, и, умоляю, скажи там официанту, что он рано принес. Я хочу, чтобы ты тоже испытал потрясение. Причем чисто физическое.

Еще одна молния пугает нас, ныряя в Манхэттен. Гром гремит на крыше ресторана. Небоскреб уже представляется мне главным в Нью-Йорке громоотводом, который должен вбирать в себя все молнии...

Чтобы отвлечь меня от столь резких, невиданных доселе ощущений, а также поскольку мне еще месяц находиться в Америке, Юра преподает мне правила хорошего тона для цивилизованных стран.

Например, что пить сок через соломинку считается пижонством. Соломинка необходима, чтобы размешать воду от растаявшего льда. После чего нужно отложить ее на тарелочку...

А хороший дорогой коньяк подается в высоких широкобедрых бокалах. При этом наливается чуть-чуть, лишь бы прикрыть донышко. Называется такая порция — «один дринк». Оказывается, широкобедрость бокала позволяет ощущать аромат древнего коньяка.

Из всего, что объяснил мне Радзиевский, я понял одно — все эти изыски не для психики нашего человека. Причем понял по себе. Дринкнул, и что дальше? Сидишь, как на иголках, ждешь следующего дринка? А пока официант за ним степенно ходит, ощущаешь аромат широкобедрого бокала? Я не знаю, как по отношению к американцу, но по отношению к нашему человеку — это садизм!

Более того, каждый третий дринк, как оказалось, в этом ресторане вам приносят за счет фирмы... Нечто вроде премии за перевыполнение плана. Я уверен, что это правило не было рассчитано на увеличившийся благодаря перестройке поток советских туристов в Америку. Никогда не забуду глаза официанта, слегка беременные удивлением после того, как он сбегал для нас за двадцатым бесплатным дринком. Вернувшись, он спросил, откуда мы. Я ответил: «Из России!» Он сбегал снова, вернулся с бутылкой и, из последних сил улыбаясь, сказал: «Вот и дринькайте на здоровье! И нечего меня все время гонять туда и обратно!»

— Видишь, Юра, и у вашего сервиса есть предел элегантности!

— Да. Но только в отношениях с вашими... в смысле с нашими! Кстати, должен сразу тебя предупредить, американцы нас не любят. Коренных русских любят, а эмигрантов нет. Видишь — улыбается? А глаза — смотри — ненавидят. Он тебя считает тоже эмигрантом. Знаешь, почему они нас терпеть не могут? Потому что только наш может прийти в этот ресторан и сказать: «Мне первые два дринка не надо, мне сразу третий». У наших, старик, оказалась такая соображалка, которая не снилась ни одному американцу. Те завидуют нашей смекалке.

Например, заметил, как здесь наливают вино? Дают сначала попробовать. Ты отпиваешь, потом еще раз отпиваешь, потом допиваешь и говоришь: «Нет, кисло — унесите». И они уносят. За счет фирмы. Для американцев это нормально. А наш тут же соображает: ага, можно переходить из ресторана в ресторан и говорить: «Кисло!» И к вечеру уже совсем не кисло будет! Здесь, в Штатах, я понял, что человек, объегоривший советскую власть, может без напряжения объегорить любую власть в мире! Мне порой кажется, что мышление людей сродни расположению улиц в тех городах, где они живут. Видишь, внизу Манхэттен? Стрит, стрит, стрит... Все параллельно. Авеню, авеню, авеню... Все перпендикулярно. Так и мышление у американцев — прямоугольное. А в наших городах? Переулок, канава, помойка, плакат, тупик... Тупик, плакат, канава, помойка, закоулок... Потому у нас мышление — закоулочно-канавочное. Впрочем, довольно о грустном. Давай лучше попробуем самое дорогое вино в этом ресторане.

— Гарсон, вот это вино, пожалуйста! — Юра указывает название вина в меню.

Заложив руку за спину, гарсон, заранее нас ненавидя, наливает мне в бокал вино на пробу. Я пробую, еще раз пробую... Допиваю! Как же хочется сказать: «Кисло!» Унесите!» Гарсон смотрит на меня ненавидящими глазами над вынужденной улыбкой.

— Отличное вино! — говорю я. — Разлейте!

Его глаза добреют. Такого от русского «эмигранта» он не ожидал.

Очередная молния в очередной раз пролетает мимо нашего столика. Благодаря выпитым дринкам она уже не пугает нас. Наоборот, воспринимается как часть шоу за счет фирмы.

Юра учит меня есть японские суши палочками, а куриные крылышки ножом и вилкой. Я беру куриное крылышко левой рукой и интеллигентно насаживаю его на вилку, которую грациозно держу в правой руке. Гарсон разливает «некислое» вино. Мне кажется, что я уже все знаю, все умею и готов к предстоящим гастролям. Снизу мне хитро подмигивает разноцветными огнями сквозь клочки туч прямоугольный, как и мышление американцев, Манхэттен.

Потрясение княгини

Самым неожиданным для меня потрясением стало потрясение княгини Долгоруковой. В девичестве Апухтиной. Она уже в эмиграции вышла замуж за последнего из князей древнего рода Долгоруковых. Несмотря на возраст, у обоих до сих пор гордые спины и светлые глаза цвета аристократической голубой крови. Даже у националистов Прибалтики язык бы не повернулся назвать их мигрантами. В Америке никто не унижает национального достоинства. В Америке нет национальности, потому что там есть все остальное.

В двадцатом году, еще совсем юными княгиня Апухтина и князь Долгоруков ушли со своими семьями на одном корабле с Врангелем из Севастополя.

— Вы знаете, Врангель был очень умным, интеллигентным человеком, — рассказывает княгиня Ирина Петровна. — А главное, очень порядочным. Я помню, как он собрал нас всех вместе с родителями перед отправлением из Севастополя и честно сказал: «Мы должны покинуть Россию. Я ничего вам не обещаю. Нас может не принять ни одна страна в мире. Но оставаться здесь никому не советую. От большевиков нельзя ждать ничего хорошего. Попробуем уйти в Турцию. А там как у кого сложится судьба».

Ирина Петровна чисто говорит по-русски. В ее речи нет слов: альтернатива, регион, подвести черту, поставить вопрос, регламент, консолидация с ротацией, не говоря уже о консенсусе. Она говорит на литературном русском, пушкинском языке. Нелепо представить себе, чтобы Пушкин консолидировался с Натали Гончаровой во имя деторождения и при этом имел альтернативный вариант в соседнем регионе.

Здесь, в Америке, благодаря эмиграции первой волны, сохранился русский язык, русская кухня, русская интеллигенция.

Спасибо Врангелю!

— Ничего, русские еще возродятся, — успокаивает меня Ирина Петровна. — Мы с мужем очень болеем за Россию. И очень уважаем Горбачева... Нам кажется, что он выведет страну из разрухи. Очень хочется побывать в Москве. У мужа там особняк. Знаете, рядом с библиотекой Ленина. В нем теперь музей Карла Маркса. Это хорошо. Значит, ваши следят за нашим особняком. Но муж неважно себя чувствует. Вряд ли он отважится на такое путешествие. А я все-таки соберусь. Хотя очень боязно. Мне кажется, что я уже не доживу до встречи с Россией или не переживу ее.

На следующий день после моего концерта Ирина Петровна позвонила в семь утра. Голос ее был необычайно взволнован.

— Простите, что бужу, но я всю ночь не спала. Мы с князем потрясены. Скажите, это правда или вы сочинили, что в России нет мыла? — Даже по телефону я чувствую, что она задает вопрос с комком в горле. — Неужели ваши люди в правительстве, — недоумевает княгиня, — не знают, что на протяжении всей истории человечества развитие цивилизации познавалось по расходу мыла? Мы с мужем всегда считали, что невежественные люди разорят Россию, но никогда не думали, что до такой степени!

За день до этого звонка я подарил Ирине Петровне привезенный из Москвы флакончик французских духов. В Америке эти духи стоят около 100 долларов, а у нас всего 45 рублей. Поскольку мы продаем тайгу и за проданную тайгу получаем духи, которые распределяются между теми, кто продал тайгу.

Ирина Петровна была рада и удивлена такому подарку.

— В России есть французские духи?

— Полно! — ответил я с гордостью за нашу тайгу. Наш разговор по телефону закончился последним вопросом Ирины Петровны:

— Михаил Николаевич, я не понимаю, зачем в России продаются французские духи, если там нет мыла?

Хромосомный набор

Звонит телефон. Я снимаю трубку.

— Мишка, здорово!

Голос знакомый. Из детства. Но чей — вспомнить не могу.

— Вована помнишь?

— Какого?

— Ну, мы в одной школе учились.

— Вовка! Боже мой!.. Ты откуда говоришь?

— Из тюрьмы.

— То есть как?

— Очень просто. У меня хорошая камера. Две комнаты. Телефон. Телевизор. Видео.

...Вован всегда мечтал разбогатеть. Он еще в детстве умудрялся обменивать фантики из-под леденцов на фантики от «Косолапого мишки». Правда, потом его всегда били. В какие только аферы он не пытался меня втравить уже в юности! Голова его всегда была полна самых смелых, нелепых идей. Его знали все хулиганы, хотя он сам хулиганом никогда не был. Однажды он рассказал мне о плане освобождения своего отца из тюрьмы. Кажется, его отец сидел в то время по известному «делу врачей».

Вован был очень толстым и настолько же добрым. Однажды, когда меня избили и я лежал в постели, он привел ко мне домой тех, кто меня избил, чтобы они извинились. Он был уверен, что мне от этого станет легче. Потом оказалось, что он им просто заплатил из тех денег, которые копил на побег отца.

После школы Вован неожиданно для всех запел. Причем сразу громко, оперным голосом. Это было время поклонения Магомаеву. Всех, кто пел похоже, приглашали на концерты, платили деньги. Петь оперным голосом было тогда выгодно. Поэтому он им и запел.

Но Вован всем рассказал, что он учился в Италии с Муслимом. Хотя для меня до сих пор загадка, где он научился сразу так громко петь...

Вскоре он понял, что прибыльнее петь на Севере. И уехал туда года на два. Разбогател. В каких только уголках нашей необъятной Родины он ни организовывал самые смелые халтуры с продажей собственных билетов из разрезанных пополам открыток за две копейки! При этом на каждой половинке, не мудрствуя лукаво, он собственной рукой писал: «1 рубль». И ставил печать, вырезанную из старого каблука очередным умельцем-Левшой за бутылку рижского бальзама. Когда я вспоминаю еще отечественного, неуехавшего Вовку, я всегда думаю: нельзя так опрометчиво заявлять, будто мы все жили в застое. Были умы и тревожные, и светлые, и беспокойные. Они, между прочим, и подготовили перестройку. Недаром теперь многих наградили за то же самое, за что раньше посадили...

Словом, я всегда знал, что Вовкино будущее — тюрьма. Но никогда не предполагал, что тюрьма под Нью-Йорком и с телефоном.

На вопрос, сколько ему дали, Вован не захотел отвечать. Ему не хотелось говорить о неприятном. Я понять его могу. По одним слухам, ему дали сто с чем-то лет, по другим — всего восемьдесят. За достоверность слухов не ручаюсь. Но в Америке это вполне реально. Там одно наказание не поглощает другое, и все сроки плюсуются.

Как мне насплетничали, рижанин Вован со своим другом из Одессы выпустили фальшивые доллары. Причем на краденой бумаге, а рисунок нанесли ворованной краской. Ведь нашему человеку даже в голову не придет купить бумагу! Поймали их, когда они, вдобавок ко всему, превышали скорость на чужой машине в нетрезвом состоянии и впятером проехали на шесть «кирпичей». Одним словом, набежало!

Эмигранты любят о нем рассказывать. По приезде в Америку он пытался петь. Но здесь никого не интересовало, с кем он учился в Италии. Недолго думая, Вован с советским мышлением занялся американским бизнесом. После чего окончательно обнищал. Пытался устраивать для эмигрантов просмотры советских фильмов типа: «Свадьба в Малиновке», «Зозуля с дипломом», «Битва в пути»... Но за аренду надо было платить. А на просмотры ходили пять-шесть бывших советских коммунистов из желания еще раз окунуться в свое героическое прошлое. Наконец мой добрый толстый друг на все плюнул и решил разбогатеть сразу. И по-простому.

О процессе писали американские газеты. Коренных американцев поразило, во-первых, как много фальшивых денег выпустили наши всего за два дня. Во-вторых, как они это сделали. Простота, находчивость и наглость одновременно обидели и восхитили американцев.

Они выпустили фальшивые доллары на ксероксе!..

Как тут было не вспомнить слова Радзиевского о соображалке советского человека.

Много лет в Америке существует многоцветный ксерокс. Американцы думали, что на нем надо работать, чтобы получать деньги. А оказывается, на нем не работать надо, а сразу деньги печатать.

Много, много нового узнали для себя американцы с прибытием в их страну наших эмигрантов.

Например, что бензин можно разводить водой... Сообщение в газете о том, как это делается на русской бензоколонке в Бруклине, стало научным откровением даже для американских ученых. Доселе они предполагали, что это невозможно с химической точки зрения — карбюраторы будут барахлить. Но, видать, любой наш мужик с тремя классами образования может дать фору всей американской химической промышленности. Оказывается, просто надо знать, как разводить. Комбинация-то уже отыграна на Родине и проще не бывает. Хороший бензин надо разводить средним, средний — плохим, а плохой — уже водой...

Видимо, наш человек развит от нищеты так же, как их человек туп от сытости.

Приехав в Америку, наши мгновенно сообразили, что надо скупать дома, потому что они со временем дорожают. За два-три года большинство наших «обошло» по богатству среднезажиточных американцев.

И тут Радзиевский не прав. Американцы не просто не любят наших эмигрантов. Они прокляли тот день, когда пригласили их к себе. Ну что же — так им и надо! А то они столько лет кричали: «Отпустите к нам своих инакомыслящих! Дайте им свободу!» Ну, дали, ну, отпустили. Но ведь оказалось: никто из тех, кто кричал, даже предположить не мог, насколько наши инакомыслящие. Я считаю, советская эмиграция третьей волны в Америку — самая серьезная провокация против Запада!

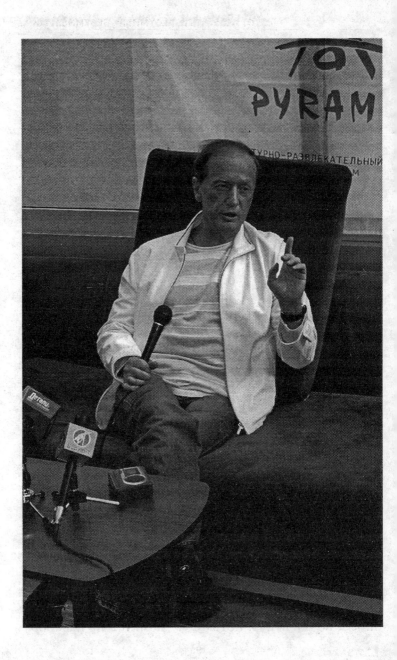

...В ресторане рядом со мной сидит русский эмигрант. Неожиданно для меня он вытаскивает из кармана лавровый лист, поджигает его зажигалкой и резко опускает в рюмку с водкой.

— Зачем вы это делаете? — спрашиваю я.

— Я за рулем... Чтобы не пахло...

Видимо, смекалка — в генетике нашего человека. В его хромосомном наборе. Поскольку единственное, что передавалось по наследству советскими людьми из поколения в поколение, — это нищета, изворотливость и энтузиазм.

Поэтому Америка с ее свободой бизнеса и оказалась черноземом для нашего мышления. Нельзя вывозить из России картины именитых художников? Разве это проблема для нашего эмигранта? Догадались приглашать самих художников. Кормить их, оплачивать суточные, делить пополам гонорар, только чтобы они рисовали прямо тут, в Америке, на эмигрантских чердаках. Причем чтобы рисовали картины американских классиков прошлого века.

Сейчас в связи с перестройкой фантазия у наших эмигрантов разыгралась окончательно. Особенно в сотрудничестве с нашими кооператорами. Открываются совместные охотничьи угодья для миллионеров на Волге. Бедные миллионеры платят тысячи долларов за такую охоту. В то время как наши проводят их туда через дырку в заборе за бутылку, которую дают егерю.

Чего только не пытаются всучить за доллары бедным американцам наши умы! Дошли до того, что опубликовали рекламу, будто для мужской потенции особенно полезна настойка на камнях, выведенных из почек коров. И тут без дружбы с Советским Союзом никак не обойтись, потому что камни в почках образуются только у советских коров... Мне думается, что популярные ныне среди американского обывателя сувениры — кусочки разрушенной Берлинской стены — отколупнуты в русском эмигрантском районе.

Говорят, в настоящее время в **ФБР** создан отдел по расследованию того, что творится в русском районе Нью-Йорка.

Об этом районе уже ходят легенды во всем мире как об одном из самых «веселых» мест на земном шаре.

Брайтон-бич... Проще — Брайтон... Берег Атлантического океана... Рассказывают, что когда-то здесь жили приличные нищие негры. Из истории известно, что если куда-то приходили жить негры, то все остальные оттуда сразу же уходили. Это единственный случай, когда откуда-то ушли сами негры. После того, как туда пришли русские. Вернее, не ушли, а сбежали. Наши их выжили. Выгнали пинками под копчик. Кому-то даже выкололи глаза. И нищие кварталы расцвели ресторанами, магазинами... Вспыхнули рекламы на русском: «У Римы», «Одесса», «Киев», «Русь», «Яша и сыновья»... Покатилась по набережной музыка.

«...Небоскребы, небоскребы, а я маленький такой...».

«Еще не поздно, еще не рано, стою одна я у ресторана».

«... Ямщик, не гони лошадей...»

Разбогатевшая Ялта с одесским темпераментом и харьковским вкусом. Только в Ялте отдыхают в сезон, а на Брайтоне — всегда.

Ну и, конечно, рестораны поблатнее, лица повеселее, песни поразудалистее, украшения на женщинах поувесистее. Только наши ходят в Америке в золоте с самого утра. В каждом ухе по слитку ценой в Днепро-

ГЭС! Благо нет ОБХСС. А вечером ресторан. И веселье! Но какое! Мне кажется, чувства счастья, что они уехали из Советского Союза, многим нашим эмигрантам хватит на всю оставшуюся жизнь. Поэтому они и веселятся каждый день, будто этот день последний. Все! Завтра обратно в Советский Союз...

«... Ямщик, не гони лошадей!..»

Вырвались! Разбогатели! Свободные!

«... Мне некуда больше спешить...»

На Брайтоне царит русский язык. Многие даже не учат английского. Какая-то тетя Фрида пришла в американский магазин и искренне возмутилась:

— Шо такое! Мы тут уже шесть лет, а американцы по-русски не говорят!

Порой создается впечатление, что не наши приехали в Америку, а Америка пришла к ним. И тетя Фрида была не так уж далека от истины. Американские полицейские учат в русском районе русский язык. Причем вместе с матом. Поскольку наши ругаются там, как на Родине. Полицейские думают, что это и есть русский язык. Я спросил у полицейского-негра про нужную мне улицу по-английски. В ответ он послал меня по-русски... известным нам всем маршрутом.

Американские обыватели боятся Брайтона. Их пугает сверхгромкая ресторанная музыка, настораживают танцы — смесь ламбады с цыганочкой и Хава Нагилой. Им непривычно видеть раскрасневшиеся лица, уткнувшиеся на ночь в салат. Да что там обыватель. Даже американская мафия не знает, что делать с русской мафией. Ни один чикагский гангстер не приедет в русский район. Он не знает, где оставить машину. Стоит ему на семь секунд оставить на улице свой черный «Роллс-Ройс», как на нем по-нашенски в эти же семь секунд гвоздем нацарапают известные всему миру три буквы...

Недавно в очереди у американского посольства в Москве, где сутками стоят желающие выехать в Америку, какой-то грузин закричал на чиновника:

— Почему вы нас так долго оформляете?

И американского чиновника прорвало:

— А я не хочу, — закричал он в ответ на всю очередь, — чтобы вы ехали в мою страну!

И его можно понять...

На Брайтоне даже сменили новые американские телефоны-автоматы на старые. Новые были созданы «во имя человека», чтобы не подбрасывать монеты в течение разговора, не отвлекаться. Усовершенствовали конструкцию. Бросаешь начальные четверть доллара, разговариваешь семь, десять, тридцать минут. Закончив говорить, вешаешь трубку. Телефон-автомат звонит. Снимаешь трубку — тебе робот сообщает, на сколько ты наговорил и сколько еще надо опустить. Нашли дураков! Причем ладно бы наши просто уходили, нет. Они ведь еще должны испытать удовольствие или, как выражались ранее, чувство глубокого удовлетворения. От того, что они кого-то объегорили хоть в мелочи. Поэтому наши все-таки снимают трубку и радостно говорят: «Пошел к черту!» И только после этого уходят, нет, убегают с чувством глубокого удовлетворения.

Я не случайно все время пишу «наши, наши, наши». Это действительно наши люди, прежде всего — по хромосомному набору.

Некоторые по привычке даже празднуют 1 Мая. Многие отмечают и американские праздники, и советские. Я спрашивал, не выходят ли 1 Мая по привычке на демонстрацию?

Шутки шутками, а кто-то вступил в американскую коммунистическую партию. Говорят, в связи с перестройкой скоро будут переводить непосредственно из нашей коммунистической партии в американскую, если из их партии, конечно, придет официальный запрос...

Можно изменить фамилию, имя, лицо, Родину, но нельзя изменить хромосомный набор.

Самое большое количество доносов в Америке идет с Брайтона. Это хромосомный набор!

У кого-то за соседним столиком в ресторане «Русь» вспенилась открытая об стол бутылка пива. И это хромосомный набор.

Кто-то предложил мне купить выломанный из машины приемник. А хозяйка ресторана ведет меня на кухню:

— Купи пальто!

Спекулировать в стране, где есть все, может только наш человек.

— За семьдесят долларов отдам!

Я вижу, что пальто стоит как минимум триста долларов. Из дорогой материи. Новое...

— Откуда оно? — спрашиваю я.

Она глазами показывает мне в угол. Там на стуле сидит цыган. Воруют! Самонадеянные американцы думают, что они справились с проблемой воровства. Научно-исследовательские институты работали у них над решением этой проблемы. И решили. Цену на товаре стали указывать закодированными магнитными полосками.

И если их не размагнитить, они зазвенят в дверях магазина. Размагнитить эти полосы человек не может. Надо знать код. А в кассе щуп компьютера одновременно и засылает в компьютер цену, и размагничивает полосы. Так что у тех, кто заплатил, покупки не звенят в дверях, а звенят только у тех, кто прошел мимо кассы.

Научно-исследовательские институты с решением этой задачи, как им казалось, справились. Как бы не так! Наши просто отрывают ценник с магнитными полосами и выносят те товары, которые им нравятся. И все!

Мы — непобедимый народ! Американцы это начинают понимать. И я думаю, они никогда не будут с нами воевать. Они понимают, что мы им просто что-нибудь оторвем от их ракеты.

Что мы непобедимы, я понял, когда увидел, как наши покупают бананы в супермаркете. Самообслуживание. Бананы кладутся в полиэтиленовый пакет, пакет опускается на весы. Весы говорящие: сообщают, сколько ты должен заплатить. И выдают чек. Вы обклеиваете этим чеком пакет и идете в кассу, где с вас и берут деньги согласно чеку. Так делают американцы. А наши? Наши кладут полиэтиленовый пакет на весы вместе с бананами и... приподнимают связки бананов! Тупые американские весы тут же выдают чек с ценой за вес полиэтиленового пакета. И только такой же слаборазвитый, как и его весы, американец в кассе не может понять, почему за такую кучу бананов — всего несколько центов.

Конечно, среди наших эмигрантов много приличных и интеллигентных людей, уехавших по идейным соображениям, а не для того, чтобы с утра не бояться ОБХСС. Они знают английский. Среди них есть писатели, художники, врачи, бизнесмены, которых уважают коренные американцы. Есть среди них и бедные, живущие впроголодь. Но хромосомный набор нашего человека виден не по ним, а по большинству наших эмигрантов. Конечно, дети этого большинства вырастут другими. Они будут знать английский. Их влекут компьютеры и хорошие фильмы. Они вырастут американцами. Но их родителей уже не переделать. Они наши! Они плачут, когда поют русские песни. Они любят язык своего детства. Они любят наших артистов. В ресторанах они заказывают самые новые советские песни.

«...Без меня тебе, любимый мой, земля мала, как остров»...

Эмигранты любят свою Родину издалека. Как сказал мне один из них: «Можно жить в любом государстве, но Родина у тебя одна...»

Даже те из эмигрантов, кто интеллигентно ругает Брайтон, кто живет среди американцев и, казалось бы, бесповоротно обамериканился, — иногда, ну хоть разок в год, а заглянет на Брайтон. Это для них уголок Родины. Здесь им искренне нагрубят, откажет в месте швейцар перед входом в ресторан, потом обсчитает официант, пошлет полицейский известным нам всем маршрутом. Но и накормят по-русски сразу и осетриной, и пельменями, и картошкой... С черным, вкусным, привезенным кем-нибудь из родственников, настоящим хлебом!

Больше всего эмигранты рады привезенному им с Родины черному хлебу...

Да, Брайтон — это частица Родины! Здесь до сих пор сидят на кухнях и до сих пор генетическим полушепотом ведут задушевные разговоры о непорядках в России. Но здесь могут и помочь тебе, и понять тебя, как никогда не помогут и не поймут тебя улыбчивые американцы.

Брайтон — это уголок Родины.

Однако всем эмигрантам ужасно хочется побывать на настоящей Родине. Хочется показать своим прошлым друзьям, какими они стали. Чтобы все увидели их машины — длинные-предлинные, времен тех фильмов, которые по несколько раз смотрели в юности. Чтобы все увидели их серьги, золотые-презолотые.

«... Ведь тебе теперь, любимый мой, лететь с одним крылом...»

Эмигрант — это человек с одним крылом. Огромным, размашистым, но одним.

Поэтому они и любят эту песню. Под нее они чувствуют свою роскошную неполноценность, богатое несовершенство, веселье несостоявшегося счастья...

Наши эмигранты в Америке напоминают ребенка, выросшего без отца при богато фарцующей маме!

Вован тоже наш человек...

— К сожалению, Миша, я не могу сегодня прийти к тебе на концерт. Я еще здесь плюхо знаю тюремщиков... Не отпустят.

Вован потерял оба крыла, но сохранил главное — чувство настырного советского оптимизма.

— Ничего страшного... Подумаешь, сто лет! Мне обещали, если буду хорошо себя вести, скостить срок лет на пять, а то и на десять!

Я слышу в трубке, что его торопят.

— Мне пора, — говорит он. — Обедать зовут. У меня здесь особая кухня. Ко мне здесь относятся с уважением.

Я понимаю, что, как и в детстве, он врет. Это его хромосомный набор. Наверняка он звонит из служебного помещения.

Я напоминаю ему, как он привел ко мне для извинения тех, кто меня избил. Голос Вовки сникает. Он вспомнил Ригу. А может быть, и накопленные на побег отца деньги. И хоть говорят, что в Америке тюрьмы комфортабельнее наших санаториев четвертого управления... Все же это тюрьма. А доллары не фантики!

Встреча

Бывают книги занимательные, но поверхностные. В прошлом веке такая литература называлась бульварной, то есть литературой, которую можно было легко читать на бульваре.

Если бы я не поехал к своему другу в Техас и не увидел неэмигрантской Америки, моя поездка превратилась бы в поверхностную. И стала похожа просто на бульварную занимательную литературу. Правда, Юрка тоже эмигрант, но он американец. Американец не по паспорту, а по профессии, по знанию языка, по друзьям.

Кто-то из древних сказал: «Национальность человека определяется языком, на котором он думает». Юрка думает уже по-английски. Хотя чувствует все еще по-русски.

Когда он встретил меня в хьюстонском аэропорту после 15 лет разлуки, первое, что сказал: «Ну, теперь я наговорюсь наконец-то по-русски!» И тут же начал несусветно ругаться матом. Причем с ошибками. Чувствовалось, что даже русский мат он стал переводить с английского. Хотя сам пыл и наслаждение от брани остались русскими и даже усилились. Одна из самых сильных ностальгий у наших эмигрантов — это ностальгия по русскому мату.

В Техасе его зовут Джордж, доктор Джордж. В России Юрка был кандидатом медицинских наук. Приехав в Америку, шесть лет снова учился на врача. Закончил резидентуру, получил разрешение на практику в Техасе и во Флориде. Открыл свой офис, купил компьютерную аппаратуру для диагностики, стал членом совета директоров трех госпиталей. В Америке врач — синоним слова «богатый». Но для меня, каким бы он ни был богатым, он всегда оставался Юркой.

Мы учились в одной школе, в Риге. Не проходило ни одного дня, чтобы мы не виделись. Любили Рижское взморье, волейбол и музыку. Юрка играл на рояле. Играл размашисто. Так породистые хозяйки полощут белье. Попросту говоря, он полоскал рояль, выводя на нем сразу все партии джазового оркестра. Я так и звал его в юности — «человек-оркестр».

Совершенно непонятно, почему он поступил в медицинский. Вероятно, подсказала интуиция, которая уже тогда начинала предчувствовать его техасское будущее. Он стал кандидатом медицинских наук, я — инженером Московского авиационного института. Мы по-прежнему продолжали любить Рижское взморье, музыку и волейбол.

Потом Юрка пропал, почти на год. Позвонил неожиданно. Голос у него был нервный и прерывистый. Такой бывает только при некачественном кагебешном прослушивании на советских телефонах.

— Я тебе долго не звонил, потому что уезжаю. Не хотел подводить тебя. Все-таки ты у нас засекреченный. А мы с Верой подали заявление на отъезд, и вот пришел ответ. Если не хочешь, не приходи на проводы, я не обижусь. Я же все понимаю. У тебя могут быть потом неприятности.

Теперь я вспоминаю, как осуждал его в душе. Еще бы! Я руководил агитбригадой. Ездил летом на комсомольские ударные стройки. Ставил спектакли о великих этапах большого пути. Меня восхищали нефтяные вышки Самотлора с огненными факелами в ночи. Вдохновляли громыхающие грузовики КамАЗа. Впечатляли отравляющие воздух трубы Магнитки и никуда не ведущая Байкало-Амурская магистраль. Впечатления от восхищений я вдохновенно переносил на спектакли, за что вскоре и был удостоен вместе с коллективом агитбригады премии Ленинского комсомола. Премию нам дали сразу после нашего выступления в Кремлевском Дворце съездов, лично перед товарищем Брежневым. Где лично я читал лично ему стихи под фонограмму с отрепетированными заранее аплодисментами. Аплодисменты заряжались и репетировались как раз теми комсомольскими работниками, которые лично потом и дали нам премию. На нашем представлении Политбюро в полном составе заснуло. Однако премию нам дали, так как о ней мы договорились еще до того, как они заснули.

Позже выяснилось, что премия Ленинского комсомола была задатком, чтобы мы поставили в будущем «Малую землю». Но я тянул с этой постановкой, как Ходжа Насреддин, который все-таки дотянул до того, что ишак скончался.

Шутки шутками, но Юрку в то время я осуждал не на шутку. Однако на проводы пришел. Оказывается, уехать его уговорила жена. Юрка не был евреем. Он женился на еврейке. В то время многие женились на еврейках, понимая, что еврейка в период застоя — не национальность, а средство передвижения. Тем не менее Юрка женился по любви. Почему он уезжал? Надоело заниматься бесполезной научной работой? Влекло посмотреть мир? Теперь-то я понимаю, что Юрке хотелось, еще будучи молодым, получить возможность развиваться непредсказуемо! Лентяем он не был никогда. Ему, как и мне, всегда было ненавистно, что русских считают лоботрясами!

На проводах мы оба напились. Мы были уверены, что больше никогда не увидимся. Кто же мог предположить, что через 15 лет уехавших признают чуть ли не героями, а оставшихся — чуть ли не предателями. Тем более я не мог предположить, что на чужбину к уехавшим будут посылать артистов, точь-в-точь как в период расцвета застоя агитбригады — на комсомольские ударные стройки.

Свои вечера встречи в Америке я начинал с фразы: «Добрый вечер, уважаемые дамы и господа, бывшие товарищи! До меня у вас выступали Хазанов, Пугачева, Ширвиндт, Державин, Жванецкий. Похоже, что вы специально уехали сюда, чтобы послушать выступления известных советских артистов».

Юрки на моем выступлении не было. Не смог прилететь ни в один город, где были концерты. Он ждал в Техасе. Освободил неделю для путешествия по немногоэтажной фермерской американской Америке.

Впереди у нас Нью-Орлеан, Хьюстон, Сан-Антонио, Миссисипи, берег Мексиканского залива. В машине музыка, в багажнике волейбольный мяч. От восторга Юрка взахлеб ругается, заставляя меня исправлять ошибки в его заметно пошатнувшемся мате.

Дорога бежит между озерами, нефтяными вышками, болотами, выбегает на 20-километровый мост, над топью, ныряет опять в лес. Снова извивается между нефтяными вышками. После множества путешествий по нашей перекопанной стране Америка кажется сплошным газоном. Ощущение, что пострижены даже лужайки в лесу. Болота — и те выглядят нарядными, а небо — украшенным помытыми облаками. Нефтяные вышки веселые, цвета детских игрушек. По обочинам не валяются забытые трубы. В лесах нет плакатов: «Лес — наше богатство!» В городах никто не ведет по мостовым горячую воду, чтобы подключить ее потом к коммунизму, КамАЗы не возят воздух с двумя рейками и тремя кирпичами. Вокруг заводов нет свалок, огороженных досками почета. Машину не подбрасывает на ямах, не вздрагивают с испугу амортизаторы. Всюду так не по-человечески опрятно, словно профсоюзы провели субботник по уборке территории к приезду президента. Я не был в Англии, Голландии, Бельгии, но Америка мне запомнилась навсегда как один бесконечный газон!

Юрка расспрашивает меня о России. Ему невыносимо хочется услышать о каких-либо хороших переменах в Союзе. Что мне ответить ему?

Что мне тоже хотелось бы о них услышать? Заикаясь, как наш депутат, которого впервые заставили говорить без бумажки, я отвечаю ему, что в Москве бывает хорошая погода. Но тоже все реже... Своими вопросами Юрка ставит меня в тупик. Я сам для себя пытаюсь найти, что же за последнее время у нас изменилось в лучшую сторону?

— Весь народ узнал, что Сталин — сволочь, — говорю я, радуясь своей находчивости.

— И все? — обиженно спрашивает Юрка.

— Нет. Еще мы все теперь знаем, что Брежнев тоже был дурак.

— А еще?

— А еще у нас напечатали и признали Булгакова, Набокова, Солженицына, Войновича, Цветаеву.

Я долго перечисляю ему, кого у нас признали, говорю, что выпустили сборники Высоцкого, что Галича приняли в Союз писателей те, кто его исключал, и чуть не вернули ему московскую квартиру посмертно.

А Валентин Зорин теперь по телевизору хвалит все то, что раньше ругал, и ругает все то, что раньше хвалил.

— Короче, приезжай, и на собственной шкуре испытаешь все наши хорошие перемены. Потому что рассказать о том, что у нас происходит, нелегко даже сатирику.

Действительно, как я ему расскажу о том, что в Москве продукты продаются по паспорту? Никогда в жизни я сам не мог предположить, что когда-нибудь буду есть кефир по месту прописки! Или как я ему объясню, что за три года мы обогнали все страны мира по рэкету, проституции и демократии одновременно? Что наш народ успешно борется с коммунистической партией под ее руководством? Что в результате спущенной на нас сверху гласности у нас обострилась дружба народов? Как мне подобрать слова, пересказывая выступления некоторых наших депутатов, чтобы он не подумал, что я шучу и пересказываю ему свою очередную миниатюру... Стыдно говорить, что наш парламент за год научился переставлять новые запятые в старых законах, голосовать на компьютере фирмы «Филипс», сводить друг с другом счеты, увеличивать налоги, уговаривать народ еще немного потерпеть и переносить время в городах на час туда, затем на час обратно... Невозможно описать ту безысходность, которая поголовно овладела людьми, лишила их надежды на будущее и сделала озлобленными от настоящего настолько, что в глубинных городах пиво стали отпускать только в полиэтиленовые пакеты. А иначе слишком много травм. Мужики бутылками пробивают друг другу головы. Ни один иностранец в мире не поймет, как можно наливать пиво в авоськи!

Экономика страны познается по ее дорогам, аккуратность женщины — по ее ванной комнате, мужское достоинство — по рукопожатию, а забота о людях — по районным поликлиникам.

Я даже боюсь заикнуться ему, директору госпиталя, о том, что у нас вся страна, доведенная до отчаяния отсутствием лекарств и недоброжелательностью районных врачей, лечится по телевизору.

Конечно, мне не трудно сказать ему, что у нас вечером по телевизору — Кашпировский, а с утра Чумак тазики заряжает. Но вряд ли он поймет, что означает выражение «заряжать тазики». Наверняка спросит: «Зачем надо это делать?» Я ему отвечу: «Чтобы рассосались спайки!» Тут же последует вопрос: «Где?» И я просто вынужден буду сказать правду: «В мозгах». А иначе чем объяснить, что некоторые люди во время парапсихологических телевизионных сеансов больным местом прислоняются к экранам телевизоров? Чем объяснить, что население Москвы однажды съело весь тираж газеты «Вечерняя Москва», заряженный ведущим парапсихологом? Люди ели газеты! Потом в редакцию писали письма, в которых спрашивали, чем в следующий раз запивать. Или просили впредь указывать, какую точно статью зарядил профессор — «передовицу» или «прогноз погоды». А то тяжело жевать всухомятку всю газету, хотя она и свежая.

В какой еще стране могут слушать по радио заряженную здоровьем минуту молчания? При этом некоторые записали ее на магнитофон. Чтобы потом сделать погромче.

Американцы не в состоянии понять всех этих отрыжек советской демократии.

А Юрка стал американцем! В день встречи он дал мне таблетку от радикулита. А я два года лечил его у наших экстрасенсов. Я не хочу говорить обо всех, среди них есть много приличных людей. Но с тех пор как я стал хорошо зарабатывать, почему-то большинство из них стало убеждать меня, что я безнадежно болен. Бляшки в сосудах, позвоночник в солях, песок в мозгах, глухонемая язва слепого желудочка. Словом, все то, что невозможно проверить методами нашей медицины.

Один совершенно законченный парапсихолог открыл мне дверь своей квартиры и сказал: «Подождите пять минут, я в той комнате сейчас усилием воли повышаю урожайность хлебов в России».

— А как их хранить? — спросил я тут же по-российски хозяйственно.

— Это наша следующая задача. Я один с ней не справлюсь. Придется подключать энергию жены.

«Посмотрев» меня руками, он сказал:

— Очень тяжелый случай! Когда вы выступаете, многие зрители вас не любят. Они вас и сглазили. У вас теперь сзади вырос энергетический хвост. Это очень плохо. Энергия из космоса через хвост утекает в преисподнюю.

— Что делать? — задал я извечный вопрос, мучивший российского человека.

— Надо его обрубить. Могу за это взяться. Но хвост очень серьезный. Справиться с ним будет нелегко. Стоить это будет сто рублей.

Я согласился. Он положил меня на диван, долго колдовал над моим копчиком, бормоча стихи, по-моему, Крученых или раннего Маяковского. Потом отошел в дальний угол комнаты. Я спросил: «Что, действительно хвост такой длинный?»

— Да, очень. Боюсь даже, за один сеанс мне его не обрубить. Придется еще прийти два раза по сто рублей.

— А куда вы складываете обрубленные хвосты? — спросил я. Я с максимальной точностью пересказываю этот разговор двух сумасшедших Юрке.

— Ты шутишь? — спрашивает он.

— Если бы. Приезжай. Я тебя к нему отведу. Он тебе тоже чего-нибудь отрубит. Я оплачу. Потом из хвостов сделаем шубы женам.

Юрка просит меня объяснить подробнее, кто такие экстрасенсы. Он что-то слышал, но точно не знает. Да и зачем ему знать это, если у него есть таблетки от радикулита.

Двум нашим известным людям необычайно повезло: они заболели за границей. Евгению Леонову — это стало теперь известным, поэтому я имею право об этом упомянуть. И нашей известной эстрадной певице. Без ее разрешения я не могу назвать имя. У Евгения Леонова случилось на сцене то же самое, что и у Андрея Миронова, но в ФРГ. Нашей звезде сделали операцию в Лос-Анджелесе. Я к ней заходил в госпиталь. Она еще не вставала, но была в хорошем настроении. Я спросил, есть ли у нее боли? Она показала мне рядом с кроватью кнопку обезболивания. Ей не надо было даже в случае приступа вызывать нянечку, похожую обликом на полотер.

Конечно, наша медицина бесплатная, да и как можно платить за то, за что расплачиваешься своим здоровьем.

Юрка проверил меня на своей аппаратуре. Как он выразился, «прокрутил на тестах». На общую сумму три тысячи долларов. Такой счет он бы выставил любому американцу. Но любой американец каждый месяц платит медицинскую страховку. И когда он болеет, за него выплачивается благодаря этому 80, 90, а то и 100 процентов. Мы тоже платим подоходный налог.

Только мы не знаем, куда он идет. Потому, что он идет в закрома Родины. У американцев нет закромов Родины! Я ни разу не видел в американской печати, чтобы какой-то фермер «намолотил в закрома Родины славной поступью в авангарде пятилетки, держась за экономические рычаги». Поэтому американцы в большинстве своем и не знают, кто такие экстрасенсы. Только в эмигрантских газетах, например в «Русском слове», можно увидеть объявление: «Доктор Гинзбург лечит руками все, что хотите, за умеренную плату».

Впрочем, американцы не знают не только этого. Они многого еще чего не знают. Например, что бутылки можно открывать зубами. Не знают устройства своих сливных бачков: где надо пошарить рукой, чтобы потекло и не опозориться в гостях. Они не умеют разливать виски в парадном по булькам за спиной с закрытыми глазами. Они не понимают, как это в электрический счетчик можно поставить «жучок» так, чтобы государство еще приплачивало деньги. Они даже не подозревают, что можно стирать полиэтиленовые пакеты и, вывернув их наизнанку, сушить на бельевой веревочке. Они не догадываются, что свежие газеты можно класть в шкаф от моли. А орехи лучше всего колоть дверью. Они не знают, что такое счеты! Я им привез в подарок, они думали, что это массажер для спины.

— Я хочу в Россию, — говорит Юрка. — Все эти годы я не думал об этом. А сейчас... ты меня растеребил, я соскучился. Помнишь, как мы с тобой в Риге разливали в парадном по булькам с плавленым сырком? Кажется, этот сырок стоил 14 копеек!

— Твой дом в Риге снесли.

— И что там теперь?

— Какой-то институт.

Мы выкатываемся на берег Миссисипи. За окнами все тот же бесконечный американский газон. По реке идет старинный, декоративный пароход с декоративной трубой и декоративным дымом. На том берегу где-то «Хижина дяди Тома», Гекльберри Финн в сахарном тростнике...

— Расскажи мне еще что-нибудь о России, — просит Юрка...

Путевые заметки на чем попало

Ещё в юности я заметил, что больше всего разнообразных мыслей приходит в дороге. Думать долго бывает лень. Может, поэтому большинство людей старается в путешествии разговориться. В Америке я довольно много летал на самолетах. И все молча, поскольку вокруг были сплошь американцы. Какие только мысли не приходили мне в голову. Некоторые даже казались интересными. В такие минуты по закону подлости под рукой ничего не оказывалось, и я записывал их на чем попало: листочках, салфетках, полях рекламного журнала авиакомпании, — после чего с чистой совестью украдкой от стюардессы уносил его с собой под полой пиджака.

* * *

У американского и советского языков есть нечто общее. Советский — испорченный русский, американский — исковерканный английский. Советский язык — это русский язык, сознательно растянутый на бюрократической дыбе ради инструкций, которые не надо выполнять, докладов, которые не надо понимать, рапортов, за которые не надо отвечать. Язык, затуманенный солидными иностранными существительными, безграмотными прилагательными и деепричастными оборотами с продолжениями на следующей странице. Это язык государственных лоботрясов. Он помогает им самим верить в то, что они приносят пользу обществу.

Американский язык, наоборот, — язык деловых людей. Сжатый английский. Порой пропускаются звуки в словах, не договариваются сами слова... На американском языке можно кратчайшим путем договориться о сделке. Он постепенно избавляется от литературных, ненужных бизнесу красивостей. Американский вариант английского языка оказался настолько выгодным, что наиболее яркие «американизмы» стали быстро проникать в английский. Акселерат-ребенок стал влиять на инфантильного родителя.

И советский, и американский языки выгодны своим создателям. Но ни на том, ни на другом невозможно написать хорошие стихи. Чтобы выразить чувственные оттенки, поэт невольно вернется к русскому или английскому.

* * *

В американских домах никогда не отключается горячая вода. И я понял почему. Нет домоуправлений. Некому отключать. Вода течет себе и течет. И никто ею не руководит.

* * *

Русских туристов в Америке очень точно называют «пылесосами». Они высасывают из страны все дешевое пыльное старье.

* * *

Американский рабочий за год обеспечивает себя года на три вперед. Наш — год вкалывает и потом 25 рублей занимает на обратную дорогу из отпуска.

* * *

Во всем мире американцы ведут себя так же важно, как москвичи в нашей стране.

* * *

Ностальгия по Родине у всех эмигрантов пропадает после первого ее посещения. Они возвращаются домой от нас такими измученными, что впредь готовы за свой счет приглашать в Америку всех, по кому соскучились, лишь бы никогда не иметь больше дела с нашей «катастройкой».

* * *

По американскому телевидению часто передают полезные советы. Среди них чаще других повторяется один: если на вас напали бандиты, отдайте им все, что они попросят. Не сопротивляйтесь! Лишитесь кошелька, зато сохраните жизнь.

Однажды в новостях передали коротенькое сообщение о смелости и ловкости нашего советского туриста. У него наркоман-негр пытался отнять кошелек. Невзрачный на вид турист из Челябинска проявил необычайную силу и не только не отдал кошелек, но еще и поколотил негра, фигурой похожего на гигантскую перевернутую кеглю. Опешивший от неожиданного сопротивления негр даже побежал от русского туриста. Но тот его догнал и ударил по голове урной, после чего отнял кошелек и еще раз ударил урной. Бедный негр долго стоял в оцепенении, поскольку давно привык к тому, что американцы никогда не оказывают сопротивления. Тем более урной. Таких советов по американскому телевидению никто не давал. Но он же не знал, что это русский турист, которому поменяли всего тридцать инвалютных рублей, и который все свои дни в Америке только и делал, что высчитывал, как на эти деньги одеть семью, себя и еще привезти подарки тем, кто его оформил в туристическую поездку.

Для советского туриста за границей жизнь без кошелька не имеет смысла. А лицо жены дома, в Челябинске, узнавшей о пропаже кошелька, страшнее лица любого кеглеобразного негра в американской подворотне.

* * *

Бывший русский дворянин, который уехал из России сразу после революции, много рассказывал своему сыну, родившемуся уже в Америке, что самая удивительная охота на медведей — под Брянском. Сын пошел в отца — стал заядлым охотником. Не раз просил отца подробнее рассказать, чем же так удивительна охота на медведей под Брянском, что он так часто о ней вспоминает.

— Когда-нибудь времена изменятся, — отнекивался отец. — Сам поедешь поохотишься и поймешь.

Наступила перестройка. Времена изменились. Отца уже не было в живых. Богатый сын решил осуществить свою мечту — узнать, чем же удивительна охота на медведей под Брянском. Связался с Брянском. Предложил заплатить валютой, за идею тут же ухватился ловкий кооператив. Конечно, было одно «но»! Под Брянском последнего медведя видели во время гражданской войны. Однако терять валюту было жалко. Везти медведя из дальневосточной тайги — дорого и долго. Американец уже выехал в Союз. Обратились в цирк соседнего города. Действительно, в цирке был один старый медведь, которого давно не занимали в программах. Сначала руководство цирка не хотело его отдавать. Все-таки родное для них животное. Но кооперативщики сказали, что просят его для фотоателье, обещали хорошо ухаживать, предложили небывалые деньги. И руководство выдало им медведя.

Везти старика-медведя в брянские леса решили на товарном поезде. От радости и в предвкушении валюты кооператоры в поезде напились. Операция была назначена на завтра. Миллионер утром должен был отправиться на охоту в родительские леса. Видать, умное животное благодаря многолетнему опыту работы с людьми почувствовало что-то неладное и недоброе. И как только подвыпившие «конвойные» заснули, сбежало из поезда через плохо закрытую дверь клетки.

Утром медведь вышел на проселочную дорогу. В это время по ней на велосипеде мирно ехал местный почтальон. Когда почтальон впервые в жизни увидел в родном лесу медведя, он сиганул с велосипеда и убежал в лес. Велосипед остался на дороге. Но! Медведь-то был цирковым! Он давно не работал на арене. Соскучился. Поэтому, недолго думая, сел на велосипед и, радостный, покатил навстречу восходу. Как раз в это время из леса на проселочную дорогу с ружьем вышел американский миллионер. Увидев медведя на велосипеде, охотник остолбенел, но так как медведь двигался на него, с испугу вскинул ружье. Медведь понял это как знак к цирковому трюку и встал на руле на передние лапы.

В этот-то момент заядлый охотник и впрямь понял, что отец был прав — действительно, самая удивительная охота на медведей в России под Брянском!

* * *

Все иностранцы быстро схватывают язык. В отличие от нас. Нам Сталин «железным занавесом» надолго кастрировал способности к языкам. Остальные народы не жили, как мы, взаперти. Они общались, развивались. Поэтому зачастую хватают на лету даже такие труднодоступные выражения, как русские.

Дешевая распродажа в любой стране мира отличается повышенным процентом русских покупателей. С известной нашей актрисой на одной из таких распродаж мы подходим к прилавку с купальниками. Продавец — араб. Слышит, что мы говорим по-русски. Видимо, до нас кто-то из наших женщин у этого прилавка побывал. Потому что он уверенно говорит моей спутнице:

— Бери, дура, завтра не будет!

Сколько же раз он слышал это выражение, если, не понимая ни слова, запомнил его и уверен, что у русских так принято уговаривать. Спутница с ужасом смотрит на продавца. И тогда он с той же простодушной улыбкой обращается ко мне:

— Бери, дура, завтра не будет!

* * *

Американцы средней зажиточности для нас все миллионеры. Слово «миллионер» в настоящее время не имеет того смысла, который советские люди вкладывали в него поколениями. Хороший дом, сад, пара машин, бассейн, квартира в городе — вот уже и миллионер. Американское богатство — это оборот денег в год, это собственность, это кредитные карточки, а не сумма в банке.

И вот что еще бросается в глаза. Богатые, как правило, худые, бедные — толстые. Об облике богатого американца мы ведь с детства привыкли судить по журналу «Крокодил»: этакий маленький человечек с животом-рюкзаком, все лицо непременно в бородавках. В течение всех этапов большого пути мы искренне радовались подобным карикатурам: мол, мы лучше, мы без бородавок! Оказалось, все наоборот. Бедные люди в Америке толстеют от дешевой еды. Поначалу она кажется вкуснее дорогой. Потому что в ней есть вкусовые синтетические добавки. От этой еды трудно оторваться. В результате в Америке появились настолько толстые люди, что американцы стали ими даже гордиться. У нас таких людей единицы. Мы все примерно 52-го размера; как в автобусе ни поворачиваешься, а все равно выходит боком.

Богатые же американцы большей частью выглядят спортивно. Они не едят синтетику, не заходят в закусочные типа «Макдоналдс», играют в теннис, тренируются в «клубах здоровья» с массой спортивных приспособлений, банями и бассейнами. Они следят за своим здоровьем по одной-единственной причине. Когда живешь так, как они, хочется жить как можно дольше!

* * *

Американские мужья любят своих жен. Называют жену «медовая». У них нет такого разнообразия ласковых обращений к любимой женщине, как у нас: «зайчик», «рыбка», «кошечка», «собачка», «мышка», «крыска», «бегемотик». Даже в этом у американцев сказывается обедненность обывательской фантазии, не затронутой изящной литературой, свойственной комплексующей бедности.

* * *

Американцы искренне любят свои праздники. Любят свою страну. Что-то показалось мне в этой любви даже примитивным. В этом отношении у нас опять-таки веселее. Наш сходит на демонстрацию за отгул, пронесет флаг через всю Красную площадь, наорется «ура!», а вечером на кухне напьется за то, чтобы все это сгорело синим пламенем.

У американцев жизнь протекает бесконфликтно, как в советской драматургии, где хорошее борется с еще более хорошим; они сами с «чувством глубокого удовлетворения» вывешивают перед своими домами флаги. Сами, а не из-под палки, ходят на демонстрации. И сами на кухне втихаря от жены вечером с друзьями выпивают за Родину. Невозможно себе представить нашего мужика, который вдруг, заведя своего кореша на кухню, скажет:

— Давай, пока жены нет, за Родину, а?

* * *

Западные правила хорошего тона — основа нашего позора за границей. Никогда не позорился я так, как там...

Закусочная в аэропорту. С Василием Семеновичем Лановым мы, собираясь перекусить, взяли блюда со стендов.

— Смотрите, Василий Семенович, блюдо даже целлофаном задернуто. Это, наверное, чтобы мухи не засиживали.

— Наверно! — гордо говорит Лановой и первым идет к кассе. Потрясенная кассирша собирает всех служащих посмотреть на двух «мамонтов».

— Это чтобы смотреть! — объясняет она нам жестами. — Смотреть! Смотреть!

Она широко раскрывает глаза, показывая нам, что надо делать с тем, что мы взяли. Да, долго на стенде стоял муляж омлета. Пока русские с голодухи не решили его попробовать.

* * *

В морском ресторане я решил отведать омаров. А то все читаем про них. Дай, думаю, попробую, пока перестройка не закончилась. Сел за стол, настроился. Сейчас подойдет официант, закажу ему омаров с таким видом, будто это моя любимая еда. Подходит официант.

— Омаров! — говорю я развязно.

— Хорошо, а еще что? — спрашивает официант. К этому вопросу я готов не был.

— И компот! — говорю я первое, что приходит на ум. По выражению его лица я понимаю, что я первый посетитель в его жизни, который заказал компот после омаров.

— И компот? — сильно удивлен официант.

— Да, и компот! — еще развязнее говорю я, как будто это просто у меня такое хобби — каждый день после омаров пить компот.

Я проклял тот момент, когда решил заказать омаров, после того как официант принес мне этого омара со щипцами. Оказывается, ломать омара надо специальными щипцами. Я забрызгал полресторана. От меня отсаживались люди. И тут он мне приносит нечто вроде пиалы. Там какой-то похожий на персик фрукт, маслина и лимонная долька. «Что-то жиденький компотик, — подумал я. — Как русским, так разведенный!» Однако не стал поднимать скандала и выпил все до дна.

Умирая, наверное, я буду вспоминать глаза тех, кто был в этот момент в ресторане. Я выпил жидкость для мытья рук после омаров. Да и как мне могло прийти в голову, что это жидкость для мытья рук после омаров, если в ней плавал фрукт, похожий на персик?!

* * *

Я долго думал: что в Америке хуже, чем у нас? Сразу оговорюсь: не так же плохо, а именно хуже. И нашел! У американцев хуже чувство юмора. Их юмор одноклеточный. Посмотрите американские комедии. Человек упал в лужу, брызги полетели в старушку. У той упало пенсне и наделось на нос ее собачке... Над подобным эпизодом будет ухохатываться вся американская семья вместе с собачкой.

Их юмор, за небольшим исключением, лишен второго плана, иронии... Страна развивалась в условиях бесцензурной демократии, и это испортило литературный вкус большинства американцев. Им чужд эзоповский язык, а также изысканные «фиги в кармане». Их радует нормальная здоровая фига...

Английский и французский юмор «недотягивают» до американского понимания шуток. Немецкий перетягивает. Когда же они слышат советский юмор, они вообще не понимают, что это юмор...

Однажды во время гастролей в России в одном северном городе мне дали в гостинице номер, в котором дверь в ванную запиралась только снаружи. Когда я рассказываю об этом со сцены у нас, зрители смеются. Американцы даже не улыбаются. Некоторые ахают и сочувственно качают головами. Для них это не шутка — шпингалет с другой стороны, — а горе, беда! Профессор русского языка из Сан-Франциско, после того как я рассказал ему об этом шпингалете, долго смотрел на меня, потом очень серьезно спросил:

— А почему шпингалет с другой стороны? Я не понимаю. Если это анекдот, то объясни, в чем смысл!

Что я должен был ему объяснить? Мне надо было начинать объяснения с 1917 года, почему у нас шпингалет с другой стороны.

Также невозможно объяснить американцам, в чем юмор, если пробка в ванной в два раза меньше, чем отверстие. Или если ситечко в ванной слетает с душа, который ты принимаешь, и бьет по голове. Для них это все не шутки, а неприятности.

Поэтому шутить с американцами оказалось нелегким делом.

С первых же дней их улыбчивость настроила меня на веселый лад. И мне показалось, что они ценят мое искрометное остроумие.

— Вы такие примитивные патриоты, — заявил я как-то в компании врачей, Юркиных друзей, — что вам пора выпустить глобус США.

Несмотря на то что все были людьми интеллигентными, за столом повисла неловкая пауза. Только один молодой врач-бизнесмен испытующе посмотрел на меня, словно его мозговой компьютер что-то в это время вычислял, и секунд через пять очень серьезно предложил:

— Давай в этом бизнесе с тобой пойдем напополам.

Компания с воодушевлением стала обсуждать, сколько на этом деле можно заработать и как лучше выпускать — маленький глобус США, сувенирный на брелоках или большой, настоящий — для развития патриотизма у детей в колледжах.

К такому прямому восприятию шуток в Америке приходится привыкать. Если у нас в каких-то случаях можно интеллигентно отшутиться, у них того и гляди попадешь в неловкое положение.

Кафе на берегу Миссисипи. Официантка-креолка никак не может понять, на каком языке мы разговариваем с Юркой. Она и прислушивается, и старается подольше ставить тарелки, наконец не выдерживает:

— Вы откуда, мальчики?

За время путешествия по неэмигрантской Америке мне надоело объяснять, что я русский. Все тут же бросаются с объятиями и начинают задавать вопросы: ну как там у вас теперь в России? Как Горбачев?

О нас, русских, американский обыватель почти ничего не знает. Он только убежден, что у нас медведи по улицам ходят, и руководит ими Горбачев. Президента нашего любят необычайно. В этом их можно понять. Все страны с приходом к власти Горбачева стали жить лучше. Я не имею в виду нашу страну. Поэтому обнимают и целуют, узнав, что ты русский, не тебя, а Горбачева в твоем лице. Мне надоело целоваться на дармовщинку под нашего президента, и мы условились с Юркой впредь говорить всем, что мы из Китая.

Так что на вопрос официантки, откуда мы, я тут же решил отшутиться.

— Мы из Китая.

Любой наш улыбнулся бы шутке и понял, что с ним не хотят продолжать разговора. Но американцы — не наши! Им если сказали — из Китая, значит, из Китая.

— Как, прямо из Китая? — ахает креолка.

— Да, прямо из Китая.

— И кто же вы по национальности?

— Мы китайцы!

— Чистые?!

— Нет, грязные.

— Это как?

— Помесь с латышами!

Я понимаю, что рискую навлечь на себя гнев прибалтийских народов, но должен честно заметить, что, оказывается, далеко не все на Западе знают, кто такие латыши, литовцы, эстонцы. И если они отделятся, то им еще долго придется объяснять всему миру, кто они такие. Если, конечно, Горбачев не замолвит за них словечко...

Американцы, похоже, в массе своей плохо учились в колледжах. Они много еще чего не знают. Например, никто из американцев не знает, что делал Ленин в Шушенском.

— А латыши, это кто? — не унимается официантка.

— Это племя такое, в Гималаях живет.

— Как интересно! Сколько же в мире интересного. А мы тут с мужем прозябаем на Миссисипи. Но вы что-то оба не очень похожи на китайцев.

— А у нас перестройка, мы меняемся. Очень глубокий процесс охватил все наше общество.

Креолка ушла от нас с озадаченно-советским лицом. Пошла думать, как это мы, китайцы, из-за перестройки меняемся в Гималаях благодаря латышам.

Последнюю свою попытку пошутить я предпринял в магазине новинок. После того, как увидел там очки с «дворниками», устройство для разбивания сырого яйца, кресло с массажем спины, электрическую зубную щетку, машинку для выбривания волос из уха, которая, кстати, и по размеру и по конструкции резко отличается от устройства для выбривания волос из носа. Причем рекламу ко всем этим новшествам, по-моему, придумывал Радзиевский: когда ее читаешь, и впрямь удивляешься, что жил без всего этого раньше.

Конечно, я внутренне развеселился, представив себе, какое бы устройство для выбривания волос из уха выпустили у нас. Во-первых, оно не влезло бы в ухо. Во-вторых, выбривало бы исключительно с мозгом. Да еще и батарейки к нему, как в анекдоте, пришлось бы носить в четырех чемоданах...

— У вас есть грелка для пупка? — серьезно обращаюсь я к продавщице.

Она также серьезно смотрит на меня, очевидно, вспоминая, есть ли у нее грелка для пупка или нет. И ее тоже можно понять. Если у нее есть машинка для выбривания волос из уха, почему бы не быть и грелке для пупка? Человеку же нужна грелка для пупка. А там все во имя человека! Она по глазам моим видит, что я жить не могу без грелки для пупка. Значит, должна помочь.

— Вы знаете, у нас нет, — извиняется она, — но вы можете посмотреть еще в одном магазине. Вот адрес.

— Я там был, тоже нет...

— Тогда, если хотите, можете оставить нам заказ.

Такого поворота, признаюсь, я не ожидал. Но быстро сориентировался и написал заявление: «Прошу срочно изготовить грелку для пупка с дистанционным управлением».

— Припишите внизу свой адрес, — попросила продавщица, прочитав заявление.

Я приписал адрес Радзиевского. Что-то он в последнее время мне не звонит. Видимо, ему прислали грелку для пупка. Откуда он ею дистанционно управляет, я не знаю. Зато знаю главное: в чем мы навсегда обогнали Америку, так это в нашем непобедимом чувстве юмора!

Лица городов

Мы часто говорим «лицо города». Для меня лицо города — это то, что вспоминается в первую очередь.

НЬЮ-ЙОРК запомнился мне как чудовище, распластавшееся на берегу Гудзона. Небоскребы — его мозг. Авеню, стриты, спидвей, мосты, автострады — щупальца. Магазины, бары, парки, рестораны и музыка — его дыхание. Описывать Нью-Йорк бесполезно. Он слишком велик как в ширину, так и в высоту. В нем, как в макромире, есть все. Дефицит, как говорят сами американцы, только в друзьях и в «паркинге».

ЧИКАГО, по сравнению с Нью-Йорком, сдержан. У Чикаго северный темперамент. Это город-интеллигент. В нем больше акварельных полутонов. Особенно акварельно озеро Мичиган. Единственное, что осталось в Америке от легендарных индейцев, — это сувенирные лавки и Великие озера.

Но вот слились в ночи полутона, улицы развеселились огнями. На всех деревьях загорелись лампочки, которые на Рождество протянули вдоль каждой веточки каждого дерева, отчего все деревья стали похожи на богатые театральные люстры, только перевернутые. В витринах магазинов куклы разыгрывают сцены из сказок. Родители с детьми приезжают в центр со всей округи посмотреть на эти ожившие окна. Чикаго светится, как лицо счастливого человека. Скоро Рождество!

БОСТОН не просто город-интеллигент, а интеллигент, который всем своим видом постоянно старается вам доказать, что он интеллигент. Ему бы очень подошли очки. Но обязательно в дорогой профессорской оправе. Город серьезен. Гарвардский университет наполняет его дома передовыми мыслями, а дешевые кафе — раскомплексованными студентами.

Город уже в возрасте. Конечно, возраст города в Америке — понятие относительное. Тем не менее здесь уже есть свои «антикварные» дома. Поэтому в архитектуре Бостона много вкуса, присущего старине.

По городу меня возил человек, который, как и большинство наших эмигрантов, начал с хвастовства:

— Вы посмотрите, какая у меня машина!

Машина у него была предлиннющая. Креветочного цвета. Впереди на никелевой дощечке гордым почерком была выгравирована фамилия владельца.

— Ну, мог бы я такую иметь в Союзе? Ви меня понимаете?

Мой проводник мешал мне наслаждаться архитектурой Бостона, заставляя хвалить то телевизор в машине, то бар, то ручной пылесос для автосалона...

— У нас в Америке удивительные машины. Они ползают, как змеи. А послушайте, как работает мотор? Это же зверь, а не мотор!

Когда он мне сказал, что его машина — зверь и что как только мы выедем за город, он мне покажет, какой она зверь, машина заглохла.

Я старался не улыбаться, глядя, как он по-женски тупо заглянул под крышку капота, откуда взвился смерч из пара, дыма и антикварной пыли.

— Ну, что ж, всякое бывает, — сказал он мне, нимало не смущаясь. — Зато у нас в Америке такие неполадки можно моментально исправить. Стоит позвонить, и через десять минут приедут. Это вам не в Союзе. Ви меня понимаете?

Часа два мы ждали, пока приедут из сервиса. Я начал нервничать. Мне хотелось посмотреть Бостон. Все это время мой спутник не переставал успокаивать меня тем, что такое у него впервые, что в Америке вообще-то так не «бивает», что это просто какой-то закон подлости. Но что когда я увижу хозяина сервиса — Мойшу Израильтянина, я сразу пойму, насколько здесь у них в Америке не так, как у нас там, в Союзе.

Когда я увидел Мойшу Израильтянина, я понял, что Бостон я не увижу никогда. Мой спутник явно жалел, что я понимаю их разговор.

Первое, что сказал Мойша, заглянув под капот:

— О-о-о-о-о! Это же надо делать капитальный ремонт. Даже не знаю, хватит ли денег у вас расплатиться... А это что еще такое? — Он порылся рукой в двигателе, вытащил какую-то деталь и выбросил ее на тротуар. — Да-а, плохо дело... Таких деталей у нас давно нет. Надо выписывать на заводе. Месяца два пройдет. Или четыре. Ви меня слышите?

— Он что, тоже наш эмигрант? — спросил я у своего вконец поникшего проводника.

— Нет. Он из этого вонючего социалистического Израиля. Этот социализм всех портит. Хорошо, что Циля заставила меня уехать в Америку. Здесь — все по-другому! Ви меня понимаете?

И я все понял! Я понял, что Бостон навсегда запомнился мне не архитектурой, а днем, который я провел почти на Родине.

ФИЛАДЕЛЬФИЮ я видел еще меньше, чем Бостон. Привезли меня на выступление вечером, увезли ночью. Поэтому описывать Филадельфию не могу. Не достиг мастерства советских классиков писать о том, чего не знаю.

Тем не менее город остался в памяти ярким воспоминанием, потому что в Филадельфии я выступал в синагоге. Наверно, я первый русский писатель-сатирик, который выступал в синагоге. Сразу посыпались вопросы.

— Как там в Союзе евреи в связи с перестройкой?

— Расскажите о «Памяти».

— Говорят, что в Москве ожидаются еврейские погромы?

— Задорнов — это псевдоним? Или ваш отец известный русский писатель Николай Задорнов?

— А разве ваша мать не еврейка?

— Что вы лично думаете об антисемитизме?

Лучше всех на подобные вопросы однажды ответила Маргарет Тэтчер: «У нас нет антисемитизма, потому что англичане не считают себя хуже евреев».

Здорово сказано! Действительно, большинство людей в России не понимает, что обвинять в своих бедах другую нацию — это бессознательно признавать свое бессилие. Другими словами, это не что иное, как предательство своей нации. Мол, мы не лентяи. Нам просто не создали должных условий.

В Риге в соседнем доме жил мальчик Лева. Жил в коммунальной квартире в большой еврейской семье с тетями и дядями, бабушками и дедушками. Как это ни банально, отец Левы заставлял его играть на скрипке. Русские ребята из наших домов в это время гоняли во дворе кошек, кидали в Леву камнями, обзывали «жиденком». Теперь Лева играет в Австралии в симфоническом оркестре. Наши русские ребята отсидели уже по два-три срока. Возвращаются они из тюрьмы в те же коммунальные квартиры. Во дворах их дети гоняют потомков тех кошек, которых гоняли их родители.

В этом году у меня были две встречи. В Риге я встретил Саню-боксера. Бывшего предводителя нашего дворового детства. Он растолстел настолько, что когда садится в свои поношенные «Жигули», задний мост цепляет за мостовую.

— Вы там треплетесь по телевизору, а не понимаете, — сказал он мне, — что евреи во всем виноваты!

Вторая встреча была у меня совсем неожиданной. В Филадельфии на мой концерт пришел Лева. Он гостил у родственников. Лева до слез обрадовался тому, что я действительно, как он и предполагал, его сосед по детству:

— А как наши ребята? Видел кого-нибудь? Как Боксер? Его взяли потом в сборную?

«Наши ребята»... У Левы не осталось ни к кому злобы. Он благодарен нам. Мы его воспитали. Он выжил во дворе. После чего ему уже значительно легче было выжить в Австралии.

Вечером он играл нам на скрипке русские романсы. Многие евреи, уехав из России, полюбили русских и русское. Провожая меня из Филадельфии, под пьяную скрипку, по-русски пьяные евреи пели: «Мы желаем счастья вам...» Сентиментально! Но трогательно. Они пели в моем лице всем нам, русским, за то, что мы гоняли кошек, кидались камнями... За то, что мы воспитали их, что выжили их из своей нищеты, в которой сами продолжаем «гонять кошек».

Через полгода после Америки, выступая в Израиле, я говорил зрителям:

— Вы обвиняете русских в антисемитизме? Это неправильно. Вы должны нам быть благодарны. Из-за нас вы приехали сюда, обретя Родину. Брежневу и Суслову вы должны поставить памятник в Тель-Авиве. Благодаря им расцветает теперь бывшая пустыня!

Да, наш русский антисемитизм прежде всего глуп. Сколько умов и талантов покинуло Россию из-за него. А сколько евреев в школах обучают детей русскому языку, искренне любя Пушкина, Тургенева и Толстого. Наши же русские руководители в это время «мусорят» язык «альтернативными консенсусами» и «региональными конверсиями».

Как-то со сцены я поделился своими мыслями о том, что русские и евреи могли бы стать непобедимой силой, если бы научились видеть хорошие качества друг друга. Незамедлительно из зала пришла записка: «Как вам не стыдно со сцены произносить слово «евреи»?!» Я расхохотался. Вспомнил, как в Израиле, где я был в группе журналистов, актеров и политиков, одному нашему бывшему очень крупному в прошлом руководителю прислали из зала не менее забавную записку: «Как посмели вы, один из главных антисемитов страны, приехать в Израиль?» Он искренне хотел ответить, что это не так, что он всегда любил евреев, но, как вдруг оказалось, не смог со сцены произнести слово «еврей». Споткнулся о слово, которое в его хромосомном наборе значилось как неприличное. Он попытался произнести фразу по-другому:

— Я всю жизнь любил... — выручил все тот же хромосомный набор, — лиц еврейской национальности!

В зале началась повальная истерика среди «лиц еврейской национальности».

Бунин, Толстой, Чехов, Тургенев и вообще русские интеллигенты никогда не были антисемитами. Они не считали себя хуже евреев! Я думаю, что любая национальная неприязнь — будь то у русских, прибалтов, кавказцев, евреев — свойственна людям, у которых еще не закончился путь эволюционного развития. Это нечто среднее между «хомо сапиенс» и «хомо советикус». А главное — это бессознательное предательство своей нации!

После концерта в филадельфийской синагоге, который длился часа три и превратился в несанкционированную творческую встречу, ко мне подошел богато одетый человек, дал мне свою визитную карточку и сказал: «Я лучший в городе протезист. Если будете у нас еще, позвоните. Я готов вам сделать новые зубы. Бесплатно!»

Ну разве можно после этого заявлять, будто русские не могут дружно жить с «лицами еврейской национальности»?

САН-ФРАНЦИСКО. Месяц назад здесь было землетрясение такой же силы, как и в Армении. Небоскребы дрожали, но выстояли. Вот на что оказался способен неразведенный цемент. Пока закрыт один мост. Больше никаких следов землетрясения нет. Невысокие двух-, от силы трехэтажные дома карабкаются по городским холмам, плотно прижавшись друг к другу, словно каждый поддерживает своих соседей, а те, в свою очередь, с двух сторон не дают упасть и ему. Дома напоминают дружно взявшихся за руки людей. Поэтому и выстояли.

ЛОС-АНДЖЕЛЕС. После просмотра множества американских коммерческих фильмов город кажется родным. Голливуд с отпечатками следов бывших великих; Беверли-Хиллс с виллами великих ныне; Санта-Моника — пляжнопальмовое раздолье... Как знакомо!

ДИСНЕЙЛЭНД — это когда взрослые становятся детьми. Когда нет возраста и национальностей. Думаю, даже прибалтийские экстремисты, попав в Диснейлэнд, на время забывают о своей неприязни к русским. Диснейлэнд — это путешествие и по Земному шару, и по истории. Здесь на тебя нападут пираты, защитят от крокодилов в джунглях почти живые индейцы, душа оборвется в водопаде. Привидения в старинном «оскар-уайльдовском» доме покажутся, по сравнению с реальным миром, ласковыми, добрыми и неуловимыми.

В Диснейлэнде чувствуешь себя в гостях у доброго волшебника. Диснейлэнд — самая дорогая и добрая шутка в мире. Американцы ничего не жалеют для детей. Я думаю, больше, чем на содержание Диснейлэнда, средств уходит только у нас — на содержание Детского Фонда.

ЛАС-ВЕГАС. Если бы в мире присваивались городам «знаки кичества», этот город, наверное, наградили бы первым. На одном квадратном метре и светящаяся реклама, и пальмы, и водопады, и попугаи, и всякая другая, вроде как роскошная всячина. Лас-Вегас — город-шоу. На любое шоу в Лас-Вегасе тратится больше средств, чем на парад на Красной площади. Здесь все светится. Но это не лицо счастливого человека. Это нервное, больное лицо, богато заштукатуренное дорогим макияжем. Танцовщицы легкие, изящные, с нагой грудью... глаз не оторвать! Но в танце каждая, как сказали бы наши остряки, «не Ойстрах».

На рынках у нас раньше продавались копилки в виде разукрашенных кошек с прорезью для монет на затылке. Лас-Вегас по сути такая же копилка со «Знаком кичества» вместо прорези.

Лас-Вегас — это Анти-Диснейлэнд!

ТОРОНТО. При перелете в Канаду у меня впервые за целый месяц потребовали паспорт. Я три месяца с таким трудом его оформлял, а он оказался никому не нужен. Обидно. Слава Богу, хоть на границе попросили, хотя и вяло, без нашего вахтерского энтузиазма.

— О, русский! — обрадовался таможенник. — Выпивка с собой есть?

— Нет.

— Тогда мы приветствуем вас в нашей антиалкогольной стране. Запомните, у нас нельзя только напиваться и купаться в Ниагарском водопаде. Сейчас вода холодная.

Ниагарский водопад интересен не столько водопадом, сколько своими берегами. Кафе, рестораны, закусочные... Прожектора, подсветки... Сувенирные лавки, подземные ходы, ведущие прямо в пещеры под водопадами... Многолюдно. Шумно. Деньги летят через каждые сто метров. Летят весело. Под музыку, вылетающую из окон ресторанов. Ниагарский водопад — это загородный «Бродвей»!

ХЬЮСТОН я увидел с самолета. Среди лысой земли Техаса вдали показался небоскребный затылок еще одного чудища...

САН-АНТОНИО — вкусно приготовленная американская Венеция в остром мексиканском соусе.

НЬЮ-ОРЛЕАН — музей. История архитектуры от салунов до тех же небоскребов, которые в центрах всех американских городов одинаковы, так же как во всех наших городах одинаковы центральные площади с приземистыми горисполкомами.

В Нью-Орлеан по-прежнему приезжают веселиться. Не хватает только лошадей. Старый Нью-Орлеан живет ночью. До обеда в его кварталах безлюдно, как у нас утром Первого января. Утром у старого Нью-Орлеана похмелье. К вечеру он снова трезвеет, а к ночи оживает. Люди переходят от кафе к кафе, от джаза к тяжелому року, от стриптиза к стриптизу, от секс-шопа к секс-шоу... На улицах, как на Арбате. Только вместо пирожковых — стриптиз, а вместо вышибал — зазывалы.

ПОРТ-АРТУР — это прощание с Америкой. Хотя впереди еще неделя гастролей, но в Порт-Артуре мы прощаемся с Юркой. Значит, на этом американская Америка для меня закрывается. Впереди опять Америка советская. Эмигрантская.

На прощальный вечер Юрка решил пригласить в ресторан своих друзей.

Француз Джанги. Стареющий плейбой. Шутит, не переставая. Когда за столом кончаются темы, начинает играть на кромках бокалов. При этом сам смеется больше других. Он тоже врач. Не так богат, как Юрка. Но любит Юрку настолько, что готов с ним ехать туристом даже на его перестраивающуюся Родину.

Канадец Мишель. Плейбой в расцвете. Он серьезен. Противовес Джанги. У него лучшая в Порт-Артуре коллекция книг. Вернее, библиотека. Поскольку он их читает, а не копит. Хорошо знает Чехова, Достоевского, Толстого... Первый человек в Америке, который знает, кто такие латыши и что делал Ленин в Шушенском.

С нами за столом две девушки. Одна — вечная невеста Джанги. Она молода, красива и, как подобает вечной невесте, грустна. Всю веселость Джанги забрал себе.

Вторая — наоборот. Веселее Джанги. Никогда у американцев не бывает таких счастливых лиц, как после удачных сделок. Сегодня ей повезло. В свободное время она выкупает из тюрем заключенных, у которых не оказалось с собой денег заплатить за себя и нет родственников, готовых дать за них выкуп. Таков ее побочный бизнес. Тюремщики в этих случаях звонят своим людям. Сами тюремщики тоже в доле. Выйдя на свободу, выкупленный возвращает деньги с хорошими процентами. Сегодня моя соседка справа выкупила какого-то крупного мафиози. Получила славную прибыль. Ее лицо светится счастьем сильнее, чем Чикаго перед Рождеством.

А одного из своих друзей-профессоров Юрка на вечер не позвал. На него обиделась вся компания за то, что он решил отпраздновать свой юбилей в закусочной «Макдоналдс». Даже американцы посчитали это скупердяйством. Хотя у американцев особые, непонятные нам отношения со своей конвертируемой валютой. Не считается зазорным, если девушка и парень, придя в ресторан, платят каждый за себя. После банкета принято всю оставшуюся еду забирать с собой. Выпускаются даже специальные бумажные пакеты. Их называют «пакеты для собак». Скупость и та приобрела в Америке цивилизованный вид. И американцы хвастаются пакетами для собак не меньше, чем своей демократией.

·Юрка рассказал друзьям, кто я. Пытался даже пересказать кое-какие рассказы. Естественно, никто ничего не понял. Кроме одного: что мне опасно возвращаться на Родину.

В результате мы весь вечер пили за мое безопасное возвращение, за нашу с Юркой Родину. Отдельно — за гласность и кооперативы. Потом за дружбу с Литвой. Потом тут же за отделение Литвы. За нашего президента с супругой. Наконец, не помню за что... Помню только, что после очередного тоста Джанги — за экономические реформы в России — я почувствовал себя Герценом.

Как во всех дорогих ресторанах, оркестр играет сдержанно. С темпераментом Балтийского моря зимой.

Джанги подходит к хозяину ресторана, итальянцу. Просит его разрешить Юрке хоть пять минут поиграть на рояле. Хозяин сначала не соглашается. Джанги его уговаривает.

— Не больше пяти минут! — строго предупреждает хозяин.

Я вижу, что Юрка ждал этого момента. Он садится за рояль. Уже по первым аккордам я чувствую, что у него сохранился тот же размашистый музыкальный почерк. Только играть он стал мудрее.

За его аккордами теперь и тревожное ожидание отъезда из России, и долгая неуверенность в будущем, и нищета лагерей для эмигрантов, и шесть лет учебы с не раз пересдаваемыми экзаменами, и неожиданное богатство, и... воспоминания о солнечной дорожке Балтийского моря, Рижское взморье, волейбол, музыка...

Хозяин оркестра подходит к Юрке, о чем-то спрашивает его. Юрка кивает. Подсоединяется бас-гитара, саксофон, ударные... Оркестр ожил. Ресторан встряхнуло, как будто весенняя буря разломала лед.

«Очи черные, очи страстные...»

Американцы растанцевались и, я бы даже сказал, расплясались так, словно и впрямь понимали, что «очи страстные»!

Теперь уже хозяин ресторана подходит к Юрке:

— Вы кто по национальности?

Я уверен, что Юрка сейчас в очередной раз вызовет очередное уважение к китайцам. Но Юрка молчит.

— Вы из какой страны? — повторяет вопрос хозяин. — Я что-то по акценту не могу догадаться.

— Русский, — отвечает Юрка.

— Русский?! А где живете теперь?

— В России.

— Боже мой! У меня в ресторане настоящий русский! — восклицает хозяин, как и подобает итальянцу, больше руками. Все бросаются обнимать нас со словами: «О, русский! Перестройка! Горбачев! Раиса Максимовна!!!»

Ресторан целуется. И пускается под нашу «Калинку» танцевать свою ламбаду.

Мы прощаемся с Юркой в хьюстонском аэропорту.

— Ну что? Лет через пятнадцать еще увидимся?

— Если перестройка к тому времени не закончится!

Юрка до последнего момента провожает меня глазами. Каким бы он ни был богатым, он навсегда останется для меня Юркой.

Акклиматизация

Объявили посадку на Москву. И радостно, и грустно возвращаться. С одной стороны, встреча с друзьями, родственниками... Подарки, приветы, рассказы о невиданных маслинах и неведомых кефирах. С другой стороны, ежедневная борьба за чувство собственного достоинства.

По-настоящему в самолете веселятся только иностранцы. Их можно понять. Для них наш самолет — это машина времени, откидывающая всего за восемь часов на пару столетий назад. Аттракцион. Луна-парк. Диснейлэнд. Страна чудес. Если бы Льюис Кэрролл был жив, он бы наверняка написал продолжение «Алисы»... И назвал его «Алиса в СССР».

Когда-то я хотел предложить построить для советских граждан, возвращающихся из-за границы, специальный акклиматизационный центр. В нем должны за два-три дня плавно подготовить вернувшихся к нашей жизни: потолкать, нагрубить, одеть в серое... Теперь я понимаю, что такой комплекс нам не нужен. Его роль с лихвой взял на себя «Аэрофлот». И не надо двух-трех дней. Вполне достаточно восьми часов перелета. Уже встретившись глазами со стюардессой, понимаешь, что Родина где-то рядом! И никаких сомнений по этому поводу не остается после двух завтраков с небритыми куриными крылышками. Интересно, как в «Аэрофлоте» умудряются всем пассажирам подавать крылышки? Я посмотрел — ни у кого из сидящих рядом не было ни одной ножки. Не говоря уже о других частях. Как будто у нас вывели специальный сорт кур, похожих на вертолет.

Впрочем, я неправ. Акклиматизация начинается не в самолете. Нет. Раньше. Уже в Далласе у стойки «Аэрофлота» чувствуешь, как соскучился по родной, настоящей, почти мавзолейной очереди.

За время гастролей у меня было больше двадцати перелетов. Мы с импрессарио приезжали всегда за пятнадцать-двадцать минут до отправления самолета.

Иногда за это время даже успевали купить билеты. Сначала я нервничал из-за такого «безрассудства» моего импрессарио. Но потом привык, понял, что раньше приезжать просто незачем. В американских аэропортах нет накопителей! Ставите машину на стоянку. Стоянка или на крыше аэропорта, или в подвале. К машине обычно тут же подбегает негр-носильщик. Берет ваши вещи, спрашивает, каким вы летите рейсом, отрывает квиток и... увозит ваши вещи в самолет. Сердце каждый раз екало в тот момент, когда уносили мои чемоданы, и я каждый раз переспрашивал своего импрессарио, уверен ли он, что наши вещи прилетят именно в тот город? И не вытащит ли этот подозрительный на вид носильщик из моей сумки кроссовки? Импрессарио всегда удавалось меня успокоить, мы налегке спускались на лифте прямо в здание аэропорта, и через коридор-присоску заходили в самолет. Несмотря на зиму, многие американцы из города в город летают в пиджаках, потому что нигде не приходится ждать на морозе трапа под включенными двигателями.

Зато какое облегчение и счастье чувствуешь, когда, прилетев, получаешь свои вещи, тут же открываешь их и видишь там неукраденные кроссовки.

Конечно, за каждый чемодан носильщику надо заплатить доллар. Не хочешь платить, неси сам. Но что-то я таких не видел. Обвешанных вещами, как новогодняя елка. Бегущих в накопитель и цепляющих попутно колготки встречным женщинам. В крайнем случае, кто-то тянет за собой на поводке чемодан, и тот на колесиках легко бежит за ним, как афганская борзая. Да, и вот что еще удивительно! Нигде нет спящих на газетке со снятыми туфлями в ожидании ближайшего рейса через семь-восемь дней.

Первых людей со снятыми туфлями я увидел в Далласе у стойки «Аэрофлота». Делегация Министерства культуры из Алма-Аты. Приехали они в аэропорт часа за три до отправления нашего самолета. Впрочем, и все остальные приехали примерно так же. И я в том числе. Боязнь нарваться на двойника — уже в генах нашего человека. Я думаю, американцы специально отвели в своем здании «Аэрофлоту» самый дальний и укромный уголок, чтобы не смущать цивилизованных людей нецивилизованной очередью с криками и запахами.

Да, только у стойки «Аэрофлота» понимаешь, как соскучился по Родине.

— Вы здесь не стояли.

— Все идем по списку.

— Вас в списках нет.

— Куда вы ставите чемодан?

— А вы встаньте взад!!!

Родное, милое: «Встаньте взад!»

Какая-то женщина прямо из очереди берет командование на себя.

— Товарищи, давайте встанем в две очереди!

Ей уже одной мало, ей две подавай. Соскучилась. Видимо, из ВЦСПС. Губы тоненькие, закомплексованные, потому что не для поцелуя, а для зачитывания инструкций. Работа сказалась даже на осанке. Ее фигура похожа на указку.

Сзади меня стоит интеллигентный человек. Он улыбается:

— Как же давно мы всего этого не слышали, — говорит он мне. Указка резко оборачивается:

— Вот и оставались бы здесь! Больно умный нашелся.

Какое замечательное оскорбление: «Больно умный!»

Оно могло родиться только в идеально сером обществе. Среди серых костюмов, серых мыслей. А главное, среди того серого большинства, которое все яркое должно «осерить».

«Больно умный!» — это и тридцать седьмой год, и семнадцатый...

«Больно умный!» — сказала нянечка в больнице Василию Шукшину за день до его смерти...

«Больно умный»... В тот день в Далласе мы еще не знали — скончался академик Андрей Дмитриевич Сахаров.

«Больно умный»... Акклиматизация началась!

Вместо послесловия

Раз было «вместо предисловия», значит, должно быть и «вместо послесловия».

Я помню свое первое возвращение из-за границы. Лет десять назад наша туристская группа прилетела из Польши. Как мы радовались и аплодировали возвращению на Родину в тот момент, когда колеса самолета коснулись земли!

Много воды утекло с тех пор. Страна вступила в очередной этап «великого пути». Благодаря гласности и полунасильственной демократизации, мы много нового узнали из печати о своем темном прошлом и безнадежном будущем. Словом, добились того, что аплодисментов в самолете при возвращении среди пассажиров стало гораздо меньше. Тем не менее они есть.

Все-таки Родина!

А Родина — это друзья, семья, дети... Родители, вырастившие тебя. Может быть, не совсем удачно, но вырастившие.

Родина — это детство, руки отца, поднимающие тебя над радостной первомайской демонстрацией. Крик «ура!», вырвавшийся неожиданно.

Родина — это салют!

Школьный двор с огромным самодельным футбольным полем, которое теперь кажется маленьким. Наши ребята: Саня-боксер и Лева-скрипач. Первые походы в загородный лес всем классом с одним сортом колбасы у всех и вкусно подобранными мамой в пять утра бутербродами.

Родина — это первое уважение к себе за то, что не выдал того, с кем прогулял.

Это семейный альбом, Новый год. Елка, которую украшаешь.

Родина — это свадьба!

Потрепанная фотография любимой девушки в портмоне и выцветшая — молодых родителей на книжной полке.

Родина — это новые города в окнах поездов. Гитара. Стройотряд. Сложенные за лето теплица и птицеферма. Запрещенные магнитофонные записи. Общежитие с его первой конституцией о непредательстве.

Родина — это рыбалка. Любимый изгиб реки. Туман в распадке. Костер под ухой. Солнечная дорожка на закате.

Для меня Родина — это еще и мой студенческий театр. Путешествия с ним по стране. Река Амур. По сравнению с ней даже долгожданная Миссисипи кажется неглавным притоком Яузы. Для меня Родина — это Курильские острова, на которых в юности лето проработал в экспедиции... Караваны судов Северного морского пути... Белый медведь, убегающий по льдинам от нашего атомохода... Розовый айсберг на заре полярного утра.

Родина — это непроданная часть тайги.

Родина — наша литература и наша живопись. Зимний и Пушкинский. Красная площадь, Нева, куранты, могила Неизвестного солдата, Поклонная гора, Бородино, Куликово поле...

Родина — это могилы, на которые приходишь помолчать и подумать.

Старики говорят, что крыша в русской избе запоминает все хорошее, что в ней было, и передает это хорошее потомкам. Родина — это крыша, под которую всегда хочется возвратиться.

Поэтому, несмотря на «сорванные маски» с нашего, как любят говорить депутаты, «непростого времени», все равно мы радуемся возвращению под черепичную крышу. Но при этом с каждым годом у нас все грустнее становятся лица.

Да, чем чаще бываешь за границей, тем страшнее каждый раз возвращаться. С ужасом думаешь, что ждет тебя дома? Цела ли квартира? Украли или нет машину? Соседи залили весь потолок или только часть его? Не прорвало ли водопроводные краны? Не взорвался ли вообще весь микрорайон? Даже опасаешься, не переменилась ли власть в стране? И пустят ли тебя обратно?

Самые абсурдные вопросы приходят в голову, когда летишь домой.

Потому что впереди встреча не только с Родиной, но и с государством. Так уж повелось на Руси, что понятия Родины и государства никогда не совпадали.

Государство — это опасная неожиданность, которая подстерегает тебя на Родине на каждом шагу.

Это ежеминутная борьба за выживаемость, за чувство собственного достоинства. Это то, с чем сразу же сталкиваешься при возвращении.

Это антикварный трап, которого ждешь по сорок минут, потея в салоне самолета с отключенной вентиляцией. Это не менее антикварные, чем трап, таможенные правила.

Это грузчики, успевающие по дороге от самолета до аэровокзала отвинтить колесики от фирменных чемоданов. Это посудные полотенца для рук в общественных туалетах над умывальниками.

Государство — это та поголовная глупость, которая тут же бросается в глаза, когда прилетаешь из-за границы. Глуп милиционер, набранный по лимиту. Глуп таксист, который сломя голову гонит из аэропорта в город. За тридцать минут он три раза обогнал один и тот же спокойно катящийся «Мерседес». Глупа песня, несущаяся из его исковерканного, как и дорога, магнитофона. В глупых газетах пусты, как грузовики на тех же дорогах, речи депутатов.

Дома глупы выключатели с веревочками, за которые восемь раз дернешь — один раз зажжется, а два — оборвется.

Из окна виден уже по-современному глупый плакат, агитирующий за «человеческое лицо» у социализма. Как будто до сих пор у него была звериная харя.

Государство — это плакаты, лозунги, план, соцобязательства. Это футбольное поле школьного двора, заасфальтированное под пионерские линейки. Грязные шприцы в районных поликлиниках, нянечки в заношенных халатах. Бумажки, в которые заворачивают пирожки на вокзалах. Окна поездов, из которых дует. Чай с содой. Печенье с известью. Стюардесса с таким выражением лица, будто летит в Америку без права выхода из самолета. Разведенный цемент. Озверевшие от грязного бензина машины. Пассажирские автобусы с истекшим сроком годности. Развалившаяся птицеферма. Теплица с разбитыми стеклами. Радиоактивные грибы. Склады в церквах. Парки над утрамбованными кладбищами. Чернобыль. Проданная часть тайги.

Государство — это отрепетированное «ура!»

Государство — это то, от чего нет защиты ни у кого. То, чего боятся даже руководители, создавшие это государство.

Государство — это не демократия, а демократизация. Это нелитература, неживопись, несалют. Это названные по-новому, но обшарпанные по-старому улицы. Развалившиеся предприятия, переименованные в ассоциации. Жулики с визитными карточками президентов совместных предприятий. Законы, исключающие друг друга. Прогрессивные налоги, исключающие прогресс. Прибалтийская борьба бессовестности с безграмотностью. Депутаты, прозевавшие урожай за сведением счетов друг с другом. Глава правительства, удивляющийся по телевизору масштабам разрухи в стране. Демократы, отобравшие у консерваторов власть вместе с привилегиями.

Государство — это единственно верный «плакат», в метро, — «Выхода нет».

Государство — это закрома Родины.

Это постоянная попытка разрушить черепичную крышу, веру в школьный двор, в руки отца, в салют, в могилу Неизвестного солдата, в Бородино, в Куликово поле...

Государство — это солнечная дорожка на отравленной индустриализацией воде Рижского залива...

Поэтому, когда колеса самолета касаются земли, даже у тех, кто радуется возвращению на Родину, — грустные глаза от предстоящей встречи с нашим государством.

Конечно, среди читателей найдутся такие, которые скажут: «Больно умный нашелся! Как будто у них нет недостатков. Вот и оставался бы там, коли ему так не нравится наше государство».

Они будут неправы. Мне не «не нравится» наше государство. Я его ненавижу. Потому что люблю свою Родину. Наша Родина всегда была душой нашего народа. Государство — его клеткой.

Безусловно, на Западе есть недостатки. И немало. Но мне неинтересно было писать о них. Потому что все эти недостатки есть и у нас. А хотелось написать о том, чего у нас нет. Чтобы приблизить то время, когда и у нас, может быть, люди будут ходить на демонстрации не за отгулы, кричать «ура!» не по приказу и на кухне втихаря от жены выпивать за Родину. А когда колеса самолета коснутся родной земли, будут аплодировать и радоваться не меньше иностранцев, зная, что дома их ждет солнечная дорожка на неотравленной воде.

«ПОСЛЕ НАС –
ХОТЬ ПОТОП!»

(2005 г.)

В одной из ведических легенд, которой примерно 5000 лет до нашей эры, сказано, что Земля — живое существо. У нее есть душа. Об этой легенде я вспоминаю каждый раз, когда обыватели всех стран удивляются, почему случилось цунами в Азии, почему тряхнуло в Турции? Да потому, что наша Земля — состарилась! Войны, бомбежки, национальные конфликты — это все ее хронические болезни, которые сокращают ей жизнь. А землетрясения, наводнения, тайфуны и сели — методы самолечения! Конечно, с первого взгляда не понятно, почему война, скажем, в Ираке, а цунами обрушилось на Азию? Да потому, у планеты нашей как и у человека: промочил ноги, а воспалилось горло, ударил спину — онемела нога... А мы все удивляемся, за что такое наказание: наводнение за наводнением, тайфун за тайфуном, землетрясения по всей планете... Да потому что живем точно согласно выражению:

«После нас — хоть потоп!»

ВЕЛИКАЯ МИССИЯ

Я недавно понял, почему мы живем так неустроенно: веками, поколениями... Потому что у нас — славянских народов — величайшая миссия. Сохранить жизнь на Земле после того, как наступит конец света!

Например, западные люди, если какой-то катаклизм случится, просто не выживут. Ведь денег после конца света не будет. Как они будут жить без денег? А нам какая разница? Как жили, так и будем жить!

Вообще, что такое конец света?

Это взрывы, землетрясения, грязь, слякоть, бездорожье, повсюду мусор... Отопление, газ, электричество — все отключится. Практически во многих наших городах приход конца света даже не заметят.

Магазинов тоже не будет. В том числе продуктовых. Что в таком случае будут делать люди на Западе? Паниковать! Они ж не знают, что можно, например, пойти в лес и поесть то, что там есть: веточку с ягодами обглодать, грибков насобирать... В конце концов вырастить что-то на собственном огороде. Как сможет западная биопопуляция пережить конец света, если ни у кого из них нет огородов? Большинство из них уверены, что салат растет в полиэтиленовых упаковках, а тыква — ломтиками и со штрих-кодом. Один из западников как-то увидел в России горох в стручках, повертел в руках и ничего лучше не нашел, как похвалить нас — русских: «Молодцы! Такую остроумную упаковку для гороха придумали!»

А что они будут делать без лекарств, без аптек? У нас же большая часть населения давно ни лекарствами, ни врачами не пользуется. Я лично прочитал в книжке полезные советы российских целителей: «Если у вас болит голова, лягте на кровать, возьмите кошку или енота, положите себе на голову и лежите так, пока животное не начнет мести хвостиком по вашей голове».

Я вообще считаю, что у нас особая сообразительность и повышенный градус живучести благодаря всем нашим бесконечно меняющимся правительствам. И хоть они у нас не долго задерживаются, у всех этих составов власти есть общее: им народ мешает самим фактом своего присутствия в стране. Особенно когда требует выплаты зарплат. В эти моменты нашим верхам кажется, что народ эти деньги отнимает у них лично. Уже и взрывали, и войну затеяли, и голодом морили, и травили, и радиоактивными отходами окучивали... Ничего не берет! Даже радиация. Такой повышенной выживаемости нет ни у кого в мире. Разве это не миссианство!

Японцы вроде тоже выносливыми считаются. Но они перед едой все продукты проверяют на радиоактивность. Смешно! А наши из соседних с Чернобылем деревень родственникам письма шлют: «Приезжайте, такие крупненькие яблочки в этом году созрели. Поедим! По грибочки сходим. Грибочки — объедение, с тремя головками!»

Еще одно доказательство того, что я прав — всего тысяча с чем-то человек в мире умерли от вируса атипичной пневмонии! Паника была на весь мир. Хотя от гриппа в то же время погибло в десятки раз больше людей. Одна страна не паниковала. Россия! У нас одиннадцать лет уже во многих районах холерная палочка из водопровода сочится. И ничего. Все живы-здоровы! Иностранцы к нам приезжают, даже в лучших отелях зубы чистят покупной минеральной водой. Боятся отравиться. Мне же лично милейшая девушка в Севастополе сказала: «Я пью воду только из-под крана — не хочу к нежности приучать желудок». Понятно? Интуитивно готовит себя к продолжению рода на земле в неприспособленных для этого условиях.

И никакими новостями о мутирующих вирусах нашего человека не запугаешь. Мы сами кого хочешь можем запугать нашими собственными «Новостями»:

«Тут плотину прорвало, там вертолет за верхушку дерева зацепился — дерево слишком выросло! Комиссия приезжала, во всем разобралась, дерево наказали, срубили, чтобы больше вертолеты за него не цеплялись. В Подмосковье подъезд взорвался. Сам! Местная администрация за неуплату долгов пустила газ по вентиляционным трубам».

Удивительно живучий народ. И, мягко выражаясь, не очень требовательный. Замечали, допустим, по телевидению вечером сообщают, что где-то там на Камчатке разом отключилась вода, газ и отопление. Люди, конечно, разозлились, вышли на улицы с лозунгами, плакатами, требованиями, криками и воплями. Приехала комиссия из Москвы, прижала где-то в углу губернатора, застращала президентом и вертикалью... Наказала виновных: одного сантехника и двух электриков. В общем, через месяц воду дали. И сразу все подобрели, успокоились... Довольны и никаких демонстраций! А о том, что электричество по-прежнему отключено и отопление не работает, все забыли. Достаточно и того, что просто дали воду.

Так что пускай приходит ОН — конец света! Ну, будет торжественное сообщение по телевидению: «На Дальнем Востоке уже наступил конец света! Он победно шагает по стране». Репортажи пойдут о том, как его в каком городе встречают, наливают, тосты в его честь поднимают, анекдоты ему про его же конец рассказывают. И все хохочут!

Ведь только наши умеют о своих неприятностях говорить смеясь! Наводнение в Ростовской области по телевидению показывали. Женщина в платочке жалуется и при этом хихикает:

— Ой, нас затопило по самый чердак. Вон, видите, поросята на крыше, как на плоту, гребут к лесу!

Мы должны благодарить нашу власть за нашу сообразительность, выживаемость, за то, что она держит нас во всегдашней готовности к любому катаклизму, развалу, теракту, а также за то, что научила нас в любой момент из ничего сделать все что надо! На Дальнем Востоке много лет назад захожу в одну староверскую деревню. Очень туго открывается калитка. Спрашиваю у хозяина:

— Куприян Кондратьевич! Почему так трудно открыть калитку?

А он мне хитренько так отвечает:

— Зато Вы зашли,— у меня в доме ведро воды налилось!

Ну? На кого Земля может еще надеяться, ежели всё отключится? В тех же западных странах сообщение о том, что завтра выпадет снег, вызывает панику, движение останавливается, экономика впадает в кому... Отменяются спектакли, концерты — зрители не могут вести машины — не знают, как ими управлять, когда запорошило разделительные пунктирные линии на дорогах. А у нас? Гололед — минус 25 — четверо бегут за автобусом! Правда, добежал только один. Старикан. Опытный! Вскочил в автобус с лязгом рыцаря Тевтонского ордена. Все смотрят ему на ноги. У него к ногам привязаны... тёрки!

Так что Земля-матушка может на нас рассчитывать. Что бы ни случилось, мы сохраним род людской! Нам будет проще это сделать, чем остальным: мы сразу тёрки на ноги, марлевую повязку от радиации на все лицо вместе с глазами, и в лес на ощупь по грибы о трех головах, с енотом на голове, который будет смахивать хвостиком с ушей быстрые нейтроны.

И главное — все это весело, смеясь! Потому что нам к концам света не привыкать. Мы их навидались: и в 17-м, и в 37-м, и в 41-м, и в 93-м. Апокалипсис для нас девальвировался, как российский рубль! У нас уже десять лет каждую пятницу в газете пишут, что в понедельник наступит конец света. И тут же под этой статьей печатают телевизионную программу на следующую неделю!

ДНЕВНИК АМЕРИКАНСКОГО СОЛДАТА
(E-mailы с фронта)

E-mail № 1

Здравствуй, дорогая. Сегодня у нас на военной базе праздник — летим в Ирак! Это очень далеко. Ребята говорят, даже дальше, чем Мексика. Командование предупредило, что война будет очень тяжелой, потому что там очень жарко. Сержант утверждает, что Ирак находится на самом юге Африки. Но полковник, который раньше преподавал географию старшеклассникам в колледже, сказал, что сержант неуч и что Ирак не на юге Африки, а на севере Индии.

Утром к нам с речью по пейджеру обратился президент. Он объяснил, что иракский лидер не хочет делиться нефтью, а это значит, что он против демократии. Теперь главный долг Америки — принести иракцам демократию, поскольку мы — американский народ — главный разносчик демократии в мире. Полковник сказал, что наш президент очень мужественный человек, раз отважился воевать со страной всего в двадцать раз меньше.

Мы все уверены в скорой победе, потому что у нас есть благословение президента и самое современное оружие: противопехотные памперсы, взрывчатка со вкусом лесных ягод. Только одного не можем понять: как все-таки правильно говорить Ирак или Иран?

Еще одна радостная весть. Теперь ты меня будешь довольно часто видеть по телевизору. TV будет показывать бои в прямом эфире, между телесериалом «Смерть от зубочистки» и ток-шоу «Влияние солнечных бурь на целлюлит у самцов калифорнийских черепах». Обещаю тебе махать рукой во время каждого боя.

Не волнуйся за меня, я взял защитный крем от солнца.

E-mail №2

Здравствуй, милая. Мы прилетели в Ирак. Здесь действительно очень жарко. Судя по всему, это все-таки не Индия — жители совсем не похожи на индейцев. Зато полковник уточнил в командовании, что правильно страну называть Ирак. А Иран, оказывается, такое радиоактивное вещество «иран-238».

Сержант предупредил нас, что завтра начнутся боевые действия. Это он узнал по радио. Еще он сказал, что с нами будут воевать англичане, испанцы и поляки. Но не сказал, на чьей стороне.

Конечно, нас напугало командование тем, что на этой войне будут нечеловеческие лишения: в блиндажах нет кондиционеров, окопы без душевых... но мы — американцы — герои! Мы выдержим все! Даже если во время боя не будут разносить кока-колу со льдом.

А вечером в лагерь с песнями и визгом въехали камуфлированные телеги с волами. Это прибыл воевать украинский батальон химзащиты. Они очень красиво смотрятся на фоне пустыни в своем лесном камуфляже. На всех зеленые маскировочные костюмы, на головах ветки от деревьев, у офицеров — пеньки. Чтобы их можно было отличить во время бомбежек.

За ними прибыли какие-то эстонцы, литовцы и латыши. Сержант утверждает, что это такие племена из американских резерваций, которые находятся в задней части Европы. Впрочем, они очень добрые. Привезли с собой гуманитарную помощь иракским детям: эстонцы — две фуры с детским питанием, литовцы — четыре фуры с детской одеждой, а латыши — двести фур с учебниками латышского языка!

Но, самое главное, к нашему взводу прикрепили роту юристов. Так что ты не волнуйся, если меня даже чуть-чуть ранят, иракцы вынуждены будут выплатить приличную страховку.

E-mail № 3

Сегодня мы вышли впервые на позиции. Эти иракцы оказались настоящими дикарями, они не понимают, что мы занимаем их деревни легитимно, с одобрения Сената США. Позавчера они вообще вероломно обстреляли наш самолет, мирно бомбивший их города.

Командование строжайше предупредило нас, чтобы никто в плен не сдавался. Иракские военные страшно наших пытают: не дают попкорна, отбирают DVD-плееры, запрещают класть ноги на стол и пользоваться ниткой для чистки межзубного пространства.

Зато мы чувствуем себя героями. Говорят, весь мир уже откликнулся на войну с Ираком. Бритни Спирс учит иракский язык, а Мадонна отрастила бороду и выпустила новую книгу «В постели с Хусейном».

Но самое страшное — нам раздали украинские противогазы. Они так пропахли салом и чесноком, что мы решили — лучше будем дышать ипритом и зарином.

Скажи сыну, что папа обязательно вернется живым, если ему не наденут украинский противогаз.

E-mail № 4

С каждым днем нам приходится здесь все тяжелее. Уже месяц мы чувствуем по запаху чеснока, что где-то рядом находится украинский батальон химзащиты. Если в ближайшие дни ветер не переменится, нам конец! Однажды, когда ветер подул с их стороны, от этого запаха у нашего сержанта так закружилась каска, что он упал с бронетранспортера. Медсестра хотела сделать ему противостолбнячный укол. Но он подал на нее в суд за сексуальное домогательство.

Иракцы же оказались совсем варварами. Они не знают, что мы сильнейшие в мире, и все время продолжают на нас нападать. Наши новейшие лазерно-позитронные устройства для сбоя вражеских прицелов не работают, поскольку у этих дикарей нет прицелов.

На прошлой неделе нам прислали сверхновые вертолеты, которые летают так низко, что не засекаются никакими системами слежения. Так, позавчера какой-то иракский крестьянин, которому этот вертолет мешал обрабатывать поле, сбил его мотыгой. Пентагон подал на него в суд за использование оружия, несанкционированного ООН. Президент уже выпросил у Сената пять миллиардов на противомотыжную защиту и противолопатную доктрину, поскольку прошлая антисовковая устарела.

E-mail №5

Сегодня самый страшный день: где-то заблудилась походная попкорница и полевой «Макдоналдс». А наступление наших танков приостановилось, так как у самого Багдада на светофоре загорелся красный свет. Оказалось, у этих дикарей испортились светофоры. А мы простояли на перекрестке до самого вечера. Сержант утверждает, что если бы не было иракцев, мы бы их давно победили.

Журналисты просят, когда войдем в Багдад, залить его напалмом, чтобы им хватило света для съемок. Единственно, нам запрещено бомбить север Багдада, так как Голливуд снимает там эротический триллер о взятии Хусейна «Секс с Хусейном в большом городе». Первоначально в роли Хусейна собирались сняться Арнольд Шварценеггер, Том Круз, Джулия Робертс и Маккалей Калкин. Но гонорар был такой, что согласился сняться сам Садам Хусейн!

В отчаянии, что война скоро закончится, а я так и не попаду на телеэкран, я стал махать перед камерой тебе уже двумя руками. Журналисты, наконец, заметили меня и показали по телевизору с титрами «Американцы героически сдаются в плен под Багдадом». Ура, я стал телезвездой!

E-mail №6

Вплотную подошли к Багдаду. По пути встретили много сухих деревьев со скрюченными листьями, множество дохлых птиц, насекомых и кротов с выпученными глазами. Значит, здесь проходил украинский батальон. Он нас и выручил. Не выдержав запаха лука, иракские войска бежали из города. После чего наши войска геройски в него вошли!

E-mail №7

Дорогая, можешь нас поздравить. Благодаря находчивости сержанта, мы захватили тридцать четыре Хусейна. Это на одиннадцать Хусейнов больше, чем захватил соседний с нами взвод. Украинцы же захватили всего восемь Хусейнов, из которых две женщины и один кот. Все Хусейны в настоящее время отправлены на кастинг ДНК усов. Приятно, что первое место занял один из наших Хусейнов. В жюри установили точно, что это — он. Теперь устанавливают, кто он.

Зато президент прислал нам всем на пейджер SMS-ки — поздравил с успешным завершением операции. Он подчеркнул, что мы — миролюбивая держава. Поэтому не оставим мир в покое. И скоро понесем его в Северную Корею. Сержант сказал, что Северная Корея — это озеро в Тихом океане. К войне с нами она не готова, туда еще не завезли фанту.

P.S. (Вечер того же дня.)

В Багдаде началось мародерство. На нас неожиданно напал украинский батальон химзащиты и попытался отобрать все, что мы отобрали у иракцев. Оказалось, украинцам вообще не платят зарплату, сказали: «Что добудете в Ираке, то и ваше». Таких сильных боев не было за всю войну.

Если я не вернусь, скажи сыну, что его отец был настоящим американцем — героическим разносчиком демократии!

РОССИЙСКИЙ ДОПИНГ

Сразу после распада Советского Союза, я помню, у меня мелькнула мысль: «Как же мы теперь будем побеждать в Олимпийских играх?» Во время Олимпиады в Греции я вспомнил об этом.

Да, Россия действительно отстала от Китая и Америки по золотым медалям. Но, во-первых, не намного. Во-вторых, если к российским медалям прибавить медали, завоеванные спортсменами из бывших советских республик, то американцы останутся далеко позади. А если еще приплюсовать награды тех русских спортсменов, которые стали призерами, выступая за другие страны, скажем, за Израиль? Или русскоязычных казахских немцев из сборной Германии? Или детей брайтоновских и сиднеевских эмигрантов с именами Джон и Сэм вместо Ивана и Семы? Шутка ли, даже у американского пловца, завоевавшего пять медалей, дедушка оказался одесситом с Дерибасовской! Это ли не успех нашей спортивной советской генетики!

Лично меня охватывала неподдельная гордость, когда два боксера, их тренеры и судья на ринге разговаривали и ругались друг с другом по-русски!

Наконец, можно приплюсовать к этому списку еще тех олимпийцев-победителей, которых воспитали по всему миру бывшие советские тренеры, уехавшие из России лишь потому, что не пришлись к спортивному двору российской администрации президента, по-

скольку лично не катались с президентом на лыжах? Короче, если это все проанализировать и просуммировать, то получится, что почти все медали наши!

Невольно напрашивается вывод: для талантов и спортсменов Россия — настоящая — плодо**родина**!

Занять столько призовых мест, живя в стране, где с момента развала Советского Союза не было построено ни одного стадиона, где детские площадки во дворах родители собирают из фанерных ящиков, искореженных досок, кусков ржавой проволоки... где бассейны с застоявшейся почти болотной водой и бескондиционерными раздевалками. Где полуразвалившиеся дворцы спорта отданы под шоу-бизнес и автосалоны. Где на стадионах, словно турецко-китайское иго раскинулись шатрами и киосками полувосточные рынки. Где главный символ спортивной гордости России — Лужники — народ прозвал — «Нужники»! Где спортивные школы сдаются в аренду под залы игральных автоматов и дети накачивают мышцы джойстиками. Где родители недоедают, чтобы учить детей, будущих наших чемпионов, в дорогих спортивных секциях. При этом причитают: «За что мне Бог послал такое наказание — ребенка-вундеркинда?»

Далее, еще большая нелепость. Спортивное руководство страны получило лично от президента право выдавать лицензии на открытие залов игральных автоматов и казино по всей России, тем самым одним росчерком президентского пера и то и другое официально причислив к главным видам спорта в стране. Неудивительно, что получив первую прибыль от президентского «ноу-хау», наши спортивные «вожди в законе» тут же перепутали, какой спорт для России важнее, — легкая атлетика или рулетка. Бедный Пушкин! Он стоит в центре Москвы и смотрит сразу на пять казино! Поэтому и потупил взор. Ему как бы неудобно за новое поколение полуспортсменов, которые только допинг принимают, а спортом не занимаются.

Да, наверно, мы бы получили гораздо больше медалей, если б в олимпийские виды спорта включили стрельбу из рогатки, борьбу с однорукими бандитами, взламывание чужих сайтов на время, обворовывание квартир через форточку с препятствиями и конечно же толкание речей!

Я вообще не понимаю, как можно было умудриться занять столько призовых мест, упражняясь в фехтовании в подъездах. Учась нырять с пеньков в лесные речки, когда вода достигает самого высокого уровня в дни паводка — по колено, а спортивной ходьбе обучаются с детства, пехом добираясь до ближайших школ из своих безавтобусных сел и деревень. Наконец, женщины со спортивным шестом успешно упражняются только в стриптиз-барах. А выражение «упражнения на козле» в стране уголовной романтики просто неприлично звучит и ассоциируется с любимым занятием уголовных авторитетов.

Недаром у нас оказалась лучшая в мире российская команда стрелков. Их подготовила сама жизнь. Только им было где тренироваться. И неважно, что в России нехватка тиров. Вся Россия — сегодня один большой тир! Широкоформатное стрельбище! Стрельба для России — это уже не спорт. Это быт. Как для эскимосов снег! Простой таксист стал чемпионом Олимпийских игр по стрельбе, тренируясь ежедневно у себя на даче, вовсе и не мечтая об Олимпийских играх. Он просто тренировался, чтобы суметь защитить себя и свою семью в государстве, которое никого не может защитить, кроме своих казино, рынков, банков, ресторанов и залов игральных автоматов... Я не знаю, где тренировались остальные наши стрелки, но говорят, что после Олимпиады цены на услуги российских киллеров в мире мгновенно подскочили.

Невольно удивляешься, откуда вообще берутся российские спортсмены, способные выступать на мировом уровне. И как выступать!

Наши девушки-бегуньи порой бежали быстрее даже американок. И без всяких мыслей о спорте, как о бизнесе. Просто бежали! От души, по-нашенски... Потому что если наша спортсменка, по примеру американской, задумается о своем спорте, как о бизнесе, то ей придется решить задачу с неизвестным количеством неизвестных: как премиальные деньги за полученную медаль растянуть на всю оставшуюся жизнь, чтобы в старости эту олимпийскую медаль не заложить в ломбард?

Сколько же у нас талантливой молодежи!

Только наш русский паренек мог пять минут идти марафонским шагом с тепловым ударом, практически без сознания. О чем он думал в этот момент: о промоушине нашего государства, о флаге, о гимне, о том, будут выбирать президента на третий срок или нет? Вряд ли. Скорее, он просто хотел порадовать своих родителей. Они и так мало видели радости за свою вечно перестроечную жизнь. И дошел! Порадовал!

А наша женская волейбольная сборная? Во главе со своим незаменимым долгоиграющим тренером! Только он, единственный из всех тренеров мира, уже много лет умеет подобрать в самый ответственный момент такие вдохновенные русские слова, которые взбадривают его подопечных энергичнее, чем любой западный допинг. И при этом не засекается ни одним антидопинговым суперприбором!

Хочется сказать похвальные слова и гимнасткам. Они ведь боролись не только с соперницами, но и с судьями. Но как верно сказал комментатор: «К сожалению, все судьи живые люди!» Зато всего один наш гимнаст, которому болельщики разных стран, встав со своих мест, вопреки оценкам судей, в течение десяти минут аплодировали, сделал в этот день для нашей Родины больше, чем всё Министерство иностранных дел после развала Советского Союза. Это ж как надо было уронить спортивный авторитет страны, чтобы его, стоя на не наших трибунах, защищали три тысячи не наших болельщиков!

Я думаю, количество русских фамилий среди победивших из разных стран произвело такое неожиданное и неизгладимое впечатление на тех же американцев, что после Олимпиады непонятно откуда взявшийся и грозящий им тайфун они весьма символично назвали русским именем «Иван».

И не надо винить сборную России по плаванию, мол, она провалилась. В конце концов, никто из наших пловцов не утонул!

К сожалению, я упомянул не всех наших олимпийцев, кто заслуживает добрых слов — не все репортажи видел.

Низкий вам всем поклон!

Если б не ваши имена, как и имена наших ученых и людей искусства, о русских людях судили бы в мире по нефтепродуктам, сжиженному газу, разлетевшимся по миру проституткам, а также по Чубайсу, Березовскому, Абрамовичу, Басаеву и Жириновскому... И думали, что Россия — это такая беспринципная баба, которая дает кому ни попадя своими нефтяными скважинами.

Хочется похвалить и наш Олимпийский комитет. Его руководители все-таки сумели выделить какие-то средства для нашей олимпийской сборной, полученные от залов игральных автоматов и от казино. Я понимаю, как им это было нелегко сделать. Практически оторвали от себя. Тем не менее даже билеты купили спортсменам в Грецию! И обратно!

Особую благодарность хочется выразить Президенту России! Хороших он нашел для себя избранцев спортивного руководства. Нет-нет, я не оговорился, именно для себя! Поэтому, учитывая их психологию не кормильцев спорта, а кормленцев от него, я бы позволил дать ему один совет. Если он хочет, чтобы наша сборная в будущих Олимпийских играх добилась результата в различных видах спорта, чтобы к нам вернулись наши талантливые спортсмены и тренеры из других стран, чтобы им было где и на что впредь тренироваться, чтобы появились стадионы, бассейны, гимнастические залы, фехтовальные дорожки, ему надо немедленно САМОМУ заняться плаванием, легкой атлетикой, фехтованием, начать играть в футбол... И конечно же принять участие в синхронном плавании вместе со всей своей необычайно способной к синхронному мышлению администрацией.

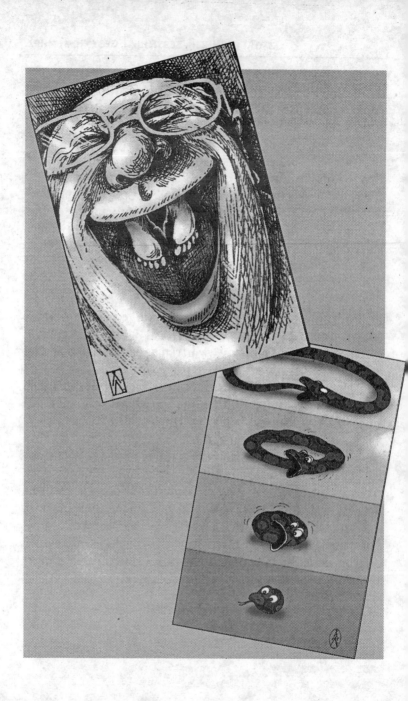

У НАС ВСЕ ПО ФЭН-ШУЮ!

Гена, я тебе чего звоню? Ты это... Ты к нам в гости больше со своей женой не приходи. Почему? Как тебе объяснить... Понимаешь, ты у нас, я знаю, продвинутый. Моя жена тоже. Неадекватная. Правда, она считает, что она просветленная. Как и твоя. Знаешь, когда первый раз ей это просветление в голову вступило? После того, как ты лет шесть назад оставил у нас брошюру «Очистка кармы крапивой». Тебе смешно, Гена, а моя месяц по этой брошюре мне карму чистила. До сих пор вся карма в пупырышек.

Потом твоя жена дала ей почитать кулинарную книгу «1200 блюд из сырого лука от всех болезней». Я целый год плакал, но ел! Я тогда тебе ничего не сказал. Хотя к тому времени у нас уже целая библиотека твоих просветленных даров скопилась. И «Свекла улучшает дыхание», и «Сельдерей для потенции», и «Йога за рулем», и «Ритуальные танцы тай-чи при встрече с ГАИ» и «Морковка от одиночества».

А эту брошюру помнишь «Как улучшить зрение и слух с помощью капустного листа»? Не помнишь? А я тебе напомню. Надо неделю, Гена, понимаешь, неделю — каждый день на 10—12 часов надевать на лицо капустный лист с прорезями для глаз и ушей. Ты представляешь, как на меня смотрели мои коллеги по работе? А в метро? До того, как я стал ездить с капустным листом в общественном транспорте, я себя, Гена, человеком считал. Таких слов в свой адрес, как в ту неделю, я не слышал даже... от мужиков-водителей в адрес женщины за рулем, которая едет в левой полосе, соблюдая все правила дорожного движения!

Ты не смейся, Гена. А будешь смеяться, я твоим детишкам тоже что-нибудь продвинутое подарю! Например, «Как из мебельного гарнитура с помощью топора сделать индейский шалаш для медитации».

Я, Гена, остался тебе другом даже после сборника откровений люберецких махатм под названием «Как открыть третий глаз». Ты и это забыл? Я тебе напомню... Я его на всю жизнь запомнил... Чтобы разблокировать третий глаз, оказывается, надо скопившийся мусор между полнолуниями не выбрасывать. Ты пробовал не выбрасывать мусор между полнолуниями? Попробуй. Такие эзотерические благовония по всей квартире! А потом в нарождающуюся луну надо пойти в час-пик с мусорным ведром на самый людный перекресток и выбросить мусор, накопившийся между полнолуниями под самую быстро проезжающую машину. Я все так и сделал! Весь мусор — а его немало между полнолуниями скопилось — выкинул прямо под джип. Он очень быстро несся. Что дальше было? Из джипа такие махатмы люберецкие повылазили, что у меня не только третий глаз, но и свои два опухли.

Но и тогда я сдержался, Гена. А вот после твоего последнего подарка мое терпение кончилось. Скажи честно, ты зачем в прошлый день рождения моей подарил китайскую энциклопедию под названием «Фэн-шуй»?

Сначала я не обратил на этот подарок внимания, думал — такая инструкция к фену, который произвели в Шуе. Оказывается, это древнее китайское учение, Гена, по которому китайцы становятся счастливыми, всё переставляя в квартире. Но я, Гена, не китаец, понимаешь? У нас в роду только деда за китайца принимали, и то лишь потому, что он долго желтухой болел. Ты не смейся, Ген, а слушай. Ты пробовал когда-нибудь спать по фэн-шую — с правильной ориентацией на четыре части света: почками на север, пятками на восток, кадыком на юг? Это не смешно, Гена, каждую ночь штопором завинчиваться! А чтобы снились счастливые сны, оказывается, спать надо на самом юго-западе квартиры. У нас на юго-западе только балкон. Застекленный полиэтиленом. Летом еще ничего. А с начала февраля, ты знаешь, легкий дискомфорт от сосулек в носу. Чтоб твои дети, Гена, всю жизнь жили по фэн-шую! Причем на твою фэн-шуевую пенсию...

Почему? Потому что моя даже входную дверь и ту по твоему фэн-шую переставила. Она же у нас выходила на закат. А с заката, оказывается, в квартиру может зайти негативная энергия старения. Так что для продления молодости дверь должна выходить строго на восход. У нас на восход — только окно. Было. Теперь это дверь. Хорошо только второй этаж, рядом пожарная лестница... Ты вообще, Гена, представляешь окно с дверным глазком? А коврик для вытирания ног на подоконнике? Что-что? Окно где? Окно, Гена, чтобы энергия «ци» наполняла тебя, должно смотреть непременно на юг. Мы его туда и прорубили. На юге у нас соседская комната оказалась. Причем кладовая. Теперь, когда проветриваем, от энергии «ци» очень тянет соседским нафталином.

Зато все по фэн-шую!

Люстры торчат из пола, поскольку свет должен струиться строго снизу. Они к паркету прикручены, при ходьбе позвякивают, качаются сухостоем и наполняют тебя «музыкой ветра». Посреди люстр моя поставила фэн-шуйский талисман — дракон, защищающий дом от воровства. И точно, в марте нас ограбили через нашу новую входную дверь. Причем украли все! Даже коврик с подоконника. Одного дракона не взяли. То есть от воровства он, конечно, защищает, но только самого себя. Воры даже записку оставили: «Извините, этого урода оставляем вам». Мы ж не звери — таким монстром любоваться.

А в последней главе твоей энциклопедии мудрости, Генуля, написано, что в вентиляционных трубах всегда поселяются бесовские энергосущности. И чтобы их оттуда изгнать, надо читать прямо в вентиляционное отверстие по ночам священные мантры. Представляешь мою, орущую ночью в вентиляционную трубу мантру: «Ом-Ма-Не-Пад-Ме-Хум!» И что ты думаешь? Сущности однажды ей ответили. Тоже начали кричать: «Эй, придурки! Кончай орать в два часа ночи!» Причем этих сущностей оказалось так много! И все такие сквернословы.

Наконец, главное условие для растущего богатства — сложить в одну кучу все деньги в доме и на них посадить китайскую ритуальную жабу — символ богатства. И каждый день этот символ целовать. Ты не подскажешь, Гена, как мою зарплату в кучу сложить? Короче, мы пошли в зоомагазин, купили жабу... Все деньги, что были в доме, по копейке разменяли, сложили пирамидкой, потом, как сказано: посадили жабу на эту кучу, и давай целовать. Месяц целовали. И ты знаешь, Гена, я вскоре почувствовал, что поцелуи стали взаимными. И только потом мы прочитали, что, оказывается, имелась в виду китайская фарфоровая статуэтка. А жаба уже привыкла и без поцелуев не может. Да и мы, честно говоря, тоже!

Короче, Гена, я чё тебе звоню. Самое главное по фэн-шую — это желать друзьям добра. Я тебе по-доброму желаю: не приходи больше со своей к нам в гости! А если придешь и продолжишь мою просветлять, я все-таки подарю твоим детишкам пособие для продвинутых детей просветленных родителей «Занимательная микрохирургия глаза в домашних условиях, пока папа спит».

ТРУДНОЕ ДЕТСТВО

Врач-стоматолог поставил пациенту зубы и просит: А теперь, чтобы нам убедиться, что все в порядке, прополощите, пожалуйста, рот и скажите «Сколько стоит сегодня стог сена?»

Пациент: Что сказать, доктор?

Доктор: Сколько сегодня стоит стог сена.

Пациент: Откуда ж я знаю?

Доктор: Что откуда вы знаете?

Пациент: Откуда я знаю, сколько он стоит? А вам зачем надо знать, доктор, у вас корова?

Доктор: Нет у меня никакой коровы, просто как же вам это объяснить? Мне надо, чтоб вы внятно и разборчиво, так, чтобы я вас понял, произнесли «Сколько сегодня стоит стог сена». Ну?

Пациент: Доктор, с вами все в порядке? Вам помощь не нужна? Нет?

Доктор (начинает заметно волноваться): Со мной-то все в порядке, а с вами — не уверен. Давайте говорите!

Пациент: Что говорить?

Доктор: Сколько стоит стог сена. Сегодня. Ну?

Пациент: Я и вчера не знал, сколько он стоит. Я не понимаю, доктор, вы что, сеном торгуете? Как вам не стыдно? Вам вашего заработка не хватает? Вы бы еще стропы парашютные вязать начали.

Доктор (сдерживаясь из последних сил): Послушайте, я вам в последний раз говорю. Я сеном не торгую, у меня нет коровы. У меня даже в детстве ее не было. У меня было тяжелое детство! Я из детдома, понимаете? Из детдома я!

Пациент: Я не понял, вы мне что, угрожаете, доктор?

Доктор: Нет, я объясняю. Мне, лично мне, совершенно все равно сколько стоит стог сена и сегодня, и сколько он стоил вчера. Но это мне, лично мне надо, чтобы вы немедленно сказали «сколько стоит стог сена». Причем сегодня.

Пациент: Доктор, вы сейчас сами поняли, что вы сказали?

Доктор (почти кричит): Я-то понял. А вот вы давайте говорите немедленно, почем сегодня сено?

Пациент: Почему немедленно? Оно подорожать должно?

Доктор: Господи, ты зачем послал мне этот шедевр кунсткамеры?

Пациент: Ну, хорошо, хорошо, не волнуйтесь так, доктор. А большой или маленький?

Доктор (удивленно): Что большой — маленький?

Пациент: Стог сена.

Доктор: Средний! Немедленно говорите, сколько стоит средний стог сена. Сегодня. Стог. Средний. Почем?

Пациент: Хорошо, я скажу. Только сначала вы мне честно, доктор, скажите, сегодня выгодно сеном торговать? Я-то, дурак, торгую кроссовками, а, наверное, надо сеном, да?

Доктор: Вы сумасшедший, как можно торговать сеном? Это — трава. Понимаете? (Кричит.) Трава! Травка!!! Понимаете?

Пациент: Еще как понимаю! Травкой как раз и можно сегодня торговать. Тем более если такими объемами.

Доктор: Какими?!

Пациент: Стогами! Клянусь, доктор, первый раз слышу, чтоб травкой торговали стогами.

Доктор: Причем тут травка? Я вам про сено говорю, понимаете, сено!

Пациент: Ну вы извращенец, доктор! Сено курите?!

Доктор: Это вы — извращенец! Вы единственный пациент, который отказывается сказать, почем сегодня трава. В смысле травка. То есть сено!

Пациент: А что, все вам говорят, почем оно?

Доктор: Да!

Пациент: Во времена пошли, народ стогами траву курить начал... А у меня к вам встречный вопрос, доктор, вы пару кроссовок у меня не купите?

Доктор: О Боже! Скажите честно, вы придуриваетесь.

Пациент: Да, придуриваюсь. Вы думаете, я сразу не понял, что вы хотите? Вы взятки берете! Это нормально. Но меня возмутили размеры этой взятки — стогами!!!

Доктор: Боже, нет сил. Идите отсюда. Или я заберу свою работу обратно!

Пациент: Нет уж. Теперь я не уйду, пока вы у меня кроссовки не купите. Хотя бы одну штуку. У нас, доктор, сейчас скидки — кто купит одну кроссовку за 250 долларов, вторая — в подарок!

Доктор: Вон, вон и еще раз вон!!!

Пациент выходит. Рядом с кабинетом сидит другой пациент.

Первый пациент: Извините, а вы можете сказать, сколько сегодня стоит стог сена?

Второй пациент (сильно шепелявя): Жаплосто! Школько шегодня штоит штог шена.

Первый пациент: О-о! Еще один придурок! Может, сегодня магнитные бури? Ну, этому экземпляру доктор долго будет объяснять, что у него было трудное детство.

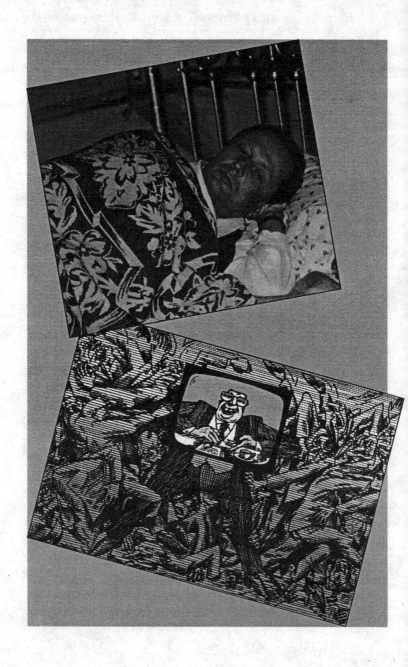

СУМАСШЕДШИЙ ДОМ ВСЕЛЕННОЙ

Всё смешалось в нашем земном доме. Всё перепуталось...

Война называется миротворческой операцией. Военные — миротворцами. Мирно стреляют. Мирно убивают. У них мирные танки. Мирные мины. Мирные атомные бомбы! В борьбе за мир американские миротворцы уже несколько стран разнесли в лохмотья.

Земля превратилась в сумасшедший дом Вселенной!

На самой популярной долларовой банкноте написано: «Мы доверяем тебе, Господи!» Доллар стал Всевышним!

На Нобелевскую премию выдвигают за изобретение «Виагры».

В Китае капитализм под руководством коммунистической партии и надзором Конфуция.

Голливудские актеры становятся буддистами. Мадонна увлеклась каббалой. Это все равно, что Бен Ладен начнет танцевать в «Лебедином озере».

Лучшие гонщики в «Формуле-1» — финны. Видимо, они просто не успевают вовремя тормозить.

Но больше всего всё перемешалось и спуталось в России, где нефть дорожает, а народ беднеет. Где диетологи толстые, косметологи в прыщах, а главный демократ — КГБист! Где политикой занялись бывшие завлабы, экономикой — юристы. Ощущение, что они страной не руководят, а ее приговаривают. Только они могли продать бывшие государственные заводы иностранным инвесторам так, что остались этим инвесторам должны.

Юмористы пошли в политику, потому что политики заняли место юмористов.

Армия стала опасна только во время маневров. Причем для тех, кто живет внутри страны. Напасть эта армия ни на кого не может. Ведь чтобы напасть, надо бежать. Скорее увидишь хряка в балетной пачке, чем бегущего генерала. Офицеры толще борцов сумо. Президент ордена им не прикрепляет, а кладет поверх живота, как на стол.

Все перевернулось!

Кофе — без кофеина. Пиво — безалкогольное. Депутаты — без образования. Интеллигенция превратилась в тусовку. Нищие богаче тех, кто им дает милостыню. Гаишники помогают легализовать ворованные автомобили. Новогодние елки продают кавказцы. Свежие цветы привозят через Голландию из Колумбии.

Бизнесмены открывают бутики своим женам, которые называют себя бизнес-леди, при этом путают доход с прибылью.

Артисты ринулись в бизнес. Эстрадная поп-дива купила яйцеферму у балетного танцора, потому что эта яйцеферма мешала ему танцевать.

Дети в школах учатся прятаться от ядерного взрыва между партами. В детских садах на ночь остается воспитательница. Чтобы на случай, если появятся террористы, она их прогнала шваброй.

Теленовости притупили чувство страха. Если где-то что-то горит или стреляют, народ уже не разбегается, а, наоборот, стягивается посмотреть. Сообщение о заложенной бомбе в ресторане не пугает даже посетителей. На просьбу немедленно покинуть ресторан, они спокойно отвечают: «Сейчас доедим и уйдем».

Природа и та взбесилась! Гольфстрим уже не понимает, куда ему течь. Дикие утки не улетают на юг, вразвалочку топчутся по помойкам. Коты орут круглый год. Отопление чинят зимой. Снегоуборочные комбайны готовы к работе только летом. Интернет в провинции заменил театр, кино и горячую воду... На сигаретах пишут: «Курить — вредно для здоровья». Моль питается средством от моли. Воду с приятным запахом называют туалетной. Спонсор спортивных соревнований — пиво!

Любимый народный праздник — старый Новый год!

Врачи учатся лечить на мертвых, а лечат живых. Главными целителями стали экстрасенсы, у которых от переработок уже появились синяки под третьим глазом.

Женщины потянулись в футбол, хоккей и в бокс. Они быстрей мужчин укладывают шпалы, кладут кирпичи... Инь и Ян поменялись местами. В автобусе карманный вор залез к женщине в сумочку, она его схватила за руку, скрутила, отобрала паспорт, деньги... взяла за шиворот и отнесла в милицию!

Власть успешно борется только с пенсионерами! Церковь заключает договоры со страховыми компаниями, чтобы те не страховали неосвященные автомобили без подписи батюшки. Епископы целуются с чиновниками, как секретари обкомов. Патриарх, в благодарность за таможенные льготы, на презентации каких-то очередных останков чуть не поцеловал президенту руку.

Турки реставрируют православные храмы.

Всё перевернулось с ног на голову!

Бандиты стали настолько верующими, что стараются замочить своих врагов до Прощеного воскресенья!

Олигархи начали строить собственные храмы у себя на участках, решили обустроить свою загробную жизнь. Молитвы элитные. Освящение векселей на VIP-алтаре. Маршрут крестного хода заказывает сам клиент. По участку! Цитаты из Библии на рекламах! В поликлинике «Возлюби врача своего!». В обувном «Каждой твари по паре!».

На Крещение в очереди за святой водой с утра давка из желающих опохмелиться.

— Куда ты лезешь, козёл?

— Сам козёл, я за святой водой...

— Ты свою рожу видел когда-нибудь? Какая святая вода. Тебе рассол нужен! Освященный.

Все научились каяться! После того, как изменил жене, обворовал соседа и заказал начальника: «Прости меня, Господи, что я в пост съел два перепелиных яичка!»

Единственное, что осталось логичным, это наша символика. Особенно символ главной российской политической партии «Единая Россия» — медведь! Удивительно точный символ. Летом разоряет улья, птичьи гнезда, в цирке катается на мотоцикле и танцует барыню, а главное, полгода спит и сосет собственную лапу!

А У НАС ВО ДВОРЕ!

Не то сценарий, не то пьеса,
а точнее, ни то ни сё
(март 1994 года)

ЧАСТЬ ПЕРВАЯ

Утро новостройки. Спальный район все равно какого города. Лежащие небоскребы. Солнце первыми лучами уже задело верхние этажи домов. Оно отражается в окнах множеством маленьких розовых солнц. Постепенно наполняются светом этажи пониже. В их окнах тоже зажигаются утренние солнышки.

Один из обычных дворов. Редкие деревья с запыленной к концу лета зеленью. На ветру поскрипывают инвалидные качели. Самодеятельная хоккейная площадка — пародия на хоккейное поле. Калеки-ворота — пародия на хоккейные ворота. На бортиках разноцветные надписи: Мальборо, Спартак-чемпион, Витька — Лох, Юлька—Лошица.

Первым во двор выходит дворник с метлой и с кошкой. Зевнул. Потянулся. Точно вторя ему, зевнула и потянулась кошка.

ДВОРНИК (кошке): Ну, что скажешь, Лиза?

Кошка мяукает.

ДВОРНИК: Вот и я тоже так считаю...

Из подъезда в белых кимоно выпорхнула стайка юнцов — каратистов, похожих на голубей. Потрусила со двора на разминку. Впереди главный «голубь» — учитель.

Молодая мама с сыном лет шести выходит играть на хоккейную дворовую площадку с мячом. Мама с фанерной рассохшейся бывшей снежной лопатой становится на ворота вратарем. Сынишка пробует ей забить гол детским мячом. Смех, радость, пыль...

По верхушкам деревьев скользит тревожный ветерок.

На балконе примерно десятого этажа появляется бабушка мальчика. В руках у нее детская кофточка.

БАБУШКА (кричит вниз): Марина, еще прохладно. Одень Андрюшу.

МАРИНА (кричит наверх бабушке): Уже тепло. Не волнуйся.

БАБУШКА (кричит вниз Марине): Где ж тепло? Вон ветер... Немедленно поднимись за кофточкой. Он вчера кашлял.

МАРИНА (кричит наверх бабушке): Лифт не работает!

Ещё более тревожный ветерок сносит слова Марины.

БАБУШКА (кричит вниз что есть силы): Не слышу! Что? Кричи громче!

МАРИНА (кричит громче): Лифт не работает!

ЗАСПАННЫЙ ГОЛОС (из недр дома): Как не стыдно так орать утром в воскресенье?

БАБУШКА (кричит из последних сил): Поняла. Бросаю кофточку. Лови!

Примеряется и бросает вниз детскую кофточку. Кофточка планирует на ветру и попадает почти на верхушку березы под домом.

БАБУШКА: Ай-яй-яй-яй! (пытается сдуть кофточку с дерева. Понимает, что это бесполезно, начинает причитать): Это же кофточка из Венгрии! Ай-яй-яй!

Мама пробует мячом сбить кофточку. По ее движениям видно, что последний раз она занималась спортом в начальной школе на уроке физкультуры.

МАЛЬЧИК (хнычет): Моя кофточка... Папа привез из Венгрии.

БАБУШКА (кричит): Я сейчас разбужу папу. (Уходит с балкона.)

МАЛЬЧИК (хнычет): Я в ней в детский сад хожу. Я не смогу теперь ходить в детский сад.

Мама не может попасть мячом по кофточке, да и мяч слишком легкий. Неожиданно рядом с ней появляется мальчик, чуть старше ее сына. Он в костюме индейца. На голове перья. За спиной лук. В руке что-то типа самодельного копья. Индеец издает клич и бросает свое копье в гущу ветвей. Копье не долетает до кофточки.

МАРИНА: Мальчик, дай мне копье. Я попробую.

Берет у него копье. Мальчик издает клич. Марина бросает копье. Копье застревает в ветвях и беспомощно повисает.

ИНДЕЕЦ (хнычет, стоя под деревом): Ой, мое копье... Меня ж батя пришибет. Это он выстругал.

МАРИНА: Не плачь, мальчик. Сейчас копье к тебе вернется.

Трясет дерево. Копье падает прямо на голову индейца.

ИНДЕЕЦ (хватается за голову и начинает реветь, что есть силы): Убили! Бледнолицые... Мама! Мама!

За решеткой балкона первого этажа появляется мама индейца. Утреннее отсутствие прически.

МАМА ИНДЕЙЦА: Что такое? Что случилось? Кто?

МАРИНА (осматривая голову индейца): Ну не надо. Не надо так плакать, мальчик. Ничего страшного. Небольшая шишка. До свадьбы заживет.

ИНДЕЕЦ (вырывается из ее рук): Не... Не заживет. Мама, мама!

МАМА ИНДЕЙЦА (кричит в дверь своей квартиры с балкона): Федор! Проснись! Нашего сына какая-то халда бьет.

ГОЛОС (из недр дома): Они когда-нибудь угомонятся, козлы?!

На балконе десятого этажа, прыгая на одной ноге, натягивая пижамные брюки на вторую и одновременно поправляя спрыгивающие с интеллигентного носа очки, появляется взволнованный муж Марины.

МУЖ МАРИНЫ: Что случилось?

Пока бабушка сбивчиво пытается ему объяснить, как кофточка попала на дерево, во двор выбегают мать и отец индейца. Отец в спортивных штанах, в старой советской футболке. Живот, выпученные глаза — все выражает обычную агрессию обычного бывшего советского обывателя.

МАТЬ ИНДЕЙЦА (Марине): Как вам не стыдно! А на вид приличная женщина...

Индеец плачет навзрыд, одним глазом подглядывая за происходящим.

МАРИНА (оправдываясь): Я не хотела. Это случайность. Дерево потрясла. Копье упало.

ОТЕЦ ИНДЕЙЦА (осматривая голову сына): Вы потрясли, а нам сына лечить. А если у него сотрясение мозга?

ИНДЕЕЦ: Ой, точно у меня сотрясение мозга.

ОТЕЦ: Где?

ИНДЕЕЦ: Вот тут. Нет, вот тут... И еще тут.

ОТЕЦ: Какая огромная шишка! Вы только посмотрите! (Как психиатр щелкает пальцами справа и слева от индейца.) Посмотри направо, посмотри налево, сынок. Ты почему не смотришь? Да, не нравится мне это. Не реагирует. А лечение нынче, сами знаете, сколько стоит. Так что с вас 25 долларов.

МАТЬ ИНДЕЙЦА: Ты что, Федор? Какие 25 долларов? А если сотрясение? На одни лекарства уйдет 30.

ОТЕЦ: Мать права. С вас еще 30 долларов на лекарства. И того — 55, и мы не вызываем милицию.

Подходит дворник с метлой и кошкой на плече. Наблюдают.

МАРИНА: Хорошо, хорошо. Только успокойтесь. (кричит наверх мужу): Гена, принеси 55 долларов.

ОТЕЦ ИНДЕЙЦА (своей жене): Что-то они быстро согласились. Может, мы мало потребовали?

МАТЬ ИНДЕЙЦА (Марине): Смотрите, у него еще царапина на руке.

ИНДЕЕЦ (удивленно): Где? (разглядывает руку)

МАТЬ ИНДЕЙЦА: Спрячь руку! Сейчас же! (Марине) Придется 60 долларов с вас взять.

МАРИНА (кричит наверх): Мама! Пусть Гена возьмет 60 долларов.

ИНДЕЕЦ: Мама, мама! А вон у меня еще царапина! И еще. Смотри: у меня еще царапин долларов на 15.

ДВОРНИК (Марине): Вы с ума сошли. Кого вы слушаете? Да вы знаете, кто это такие? Вот этого (показывает на отца индейца) за жлобство даже из ментов выгнали. Если с ними так вести себя, они через пять минут с вас тысячу долларов потребуют.

МАРИНА: Вы что? Какая тысяча долларов? У нас нет таких денег.

ОТЕЦ ИНДЕЙЦА (дворнику): За мента года два назад дал бы по голове, и уши отвалились!

ДВОРНИК: Ты особенно не хорохорься. Я не вшивый интеллигент. С такими, как ты, быстро расправляюсь. Воду горячую как дам на лето в оба крана, — на коленях приползешь!

На балконах домов появляются люди. Майки, пижамы, спортивные костюмы, сигареты, растрепанные волосы, татуировки...

ПЕРВЫЙ: Из-за чего шум?

293

ВТОРОЙ: Похоже, кто-то кому-то задолжал тысячу долларов.

Во двор выбегает переодевшийся муж Марины.

МАРИНА: Ты взял деньги?

ГЕННАДИЙ: Какие деньги? Я сам врач. Давайте осмотрю ребенка.

ОТЕЦ ИНДЕЙЦА (заслоняет своего сына грудью): Не трожь ребенка, фельдшер!

ГЕННАДИЙ: Я не фельдшер. Я педиатр.

ОТЕЦ ИНДЕЙЦА: Кто-о-о?

ГЕННАДИЙ: Педиатр!

ОТЕЦ ИНДЕЙЦА: Тем более, не трожь. Еще я доверю своего ребенка «голубому».

ГЕННАДИЙ: Я — «голубой»? Простите, господин, но я не знаю вашего имени-отчества.

ДВОРНИК (не выдерживает): Какой он господин? Он — бывший мент. Тьфу!

На балкон второго этажа выходит заспанный гигант. Трусы, во всю грудь татуировка: картина Брюллова: «Последний день Помпеи». В руках — баночка пива.

ГИГАНТ (потягиваясь): Ну, кто там базланит с утра? А, это же в натуре наши «козлы» снизу... Мышка моя, ты только погляди!

К нему на балкон выходит его жена Мышка. Она почти такая же огромная, как и он. Тоже с бутылкой пива, и тоже с татуировкой на плече: Венеры Милосской.

ГИГАНТ: Мышонок! Этот наш мент снизу мне надоел. Очень он все-таки шумный. Дай-ка мне мой новый спортивный костюм. Пойду его обновлю.

Во дворе спор все громче.

МАРИНА: Геннадий, дай им деньги и пойдем. Нехорошо, люди уже смотрят.

ГЕННАДИЙ (нервно): Пусть смотрят. (Заводит сам себя. Так обычно делают, как правило, люди слабые и робкие. Им, чтобы постоять за себя и дать отпор, необходимо обязательно себя взбудоражить): В конце концов, я не настолько интеллигент, чтобы всегда уступать! На работе — уступать! В метро уступать! У ребенка даже нет шишки!

ИНДЕЕЦ (причитает): Больно, ой, как больно!

В это время к индейцу сзади подкрадывается сынишка Геннадия и Марины с бывшей снежной лопатой и бьет его по голове. Отсыревшая лопата тут же разлетается. Удара не получается. Но индеец от испуга падает на землю. Мальчишка убегает. Отец индейца с криком бежит за ним. Геннадий подбирает черенок лопаты и бежит с криком за отцом индейца. Отец индейца хватает мальчишку. Геннадий бьет отца индейца черенком по спине. Отец индейца разворачивается и наступает на Геннадия. Геннадий выставляет вперед черенок, как копье.

ОТЕЦ ИНДЕЙЦА: Ты меня первый ударил. С тебя теперь минимум 200 долларов или я тебя засужу.

Между Геннадием и отцом индейца неожиданно вырастает Гигант в новеньком спортивном костюме.

ГИГАНТ (отцу индейца): Иди, иди сюда, мент поганый... Сейчас я тебя лечить буду. А то, видите, он у себя решетки от воров на балконе сделал. Воры по этим решеткам к нам на второй этаж забрались и нас ограбили. (Наступает на отца индейца.) Знаешь, что я сейчас с тобой сделаю? Сейчас я тебя натяну по самые помидоры...

Отец индейца судорожно роется в карманах штанов. Достает старый милицейский свисток. Свистит.

МАТЬ ИНДЕЙЦА: На помощь, люди добрые! Он же его убьет! (бежит к телефону-автомату у подъезда):

Алло, милиция? Убивают! Срочно приезжайте! Улица Радостная, дом 14. Что? Что значит сколько заплатите? Убивают же! Что-что? Это будет стоить еще дороже! Сколько-сколько? 100 тысяч на человека? За убитого? Негодяи! Жлобы! 100 тысяч требуют... Менты поганые!

Дворник пытается разнять дерущихся. Останавливаются прохожие. Кто-то помогает разнимать, кто-то просто наблюдает.

В ТОЛПЕ ЗЕВАК: Из-за чего кутерьма?

... Кто-то с кого-то требует 100 тысяч.

... Чего?

... Долларов, естественно...

... Зажрался народ...

... Негодяй Ельцин — такую страну распустил...

...Не смейте трогать Ельцина! Он — святой!

...Если Ельцин — святой, то вон тот, с татуировкой — архангел Гавриил.

... Тише! Не мешайте смотреть!

... В самом деле, заткнитесь! Не слышно, что там происходит.

Среди зевак — бабулька с внуком. Внук — с «Барби».

БАБУЛЬКА (внучку): Ой, накопилось в людях... Ой, накопилось! Не к добру это.

Внучок не слушает бабушку. Разглядывает, что у «Барби» под юбкой.

Отец индейца вырывается из рук Гиганта. Гигант никак не может его ухватить. Геннадий черенком от лопаты пытается ударить отца индейца сзади.

МАРИНА: Геннадий! Как тебе не стыдно? Ты же интеллигентный человек! У тебя язва. Ты вчера на ночь читал сыну «Слово о полку Игореве». Позавчера вы вместе смотрели фильм «Андрей Рублев». Пойдем домой! Мама уже приготовила овсяную кашу на воде.

ГЕННАДИЙ: Все! Хватит! Надоело быть интеллигентом. Тоже хочу жить по-человечески. Никакой больше овсяной каши на воде! (лупит отца индейца) Вот тебе! Вот тебе! Сейчас мы оба натянем тебя по самые помидоры!

МАТЬ ИНДЕЙЦА (подбегает к какому-то окну, стучит в окно): Василий! Василий! На помощь! Федора бьют. Если до смерти забьют, он тебе долг не вернет.

ГОЛОС (из окна): Да ты чего? Я сейчас, мигом!

ЖЕНА ФЕДОРА: И сына захвати с собой! Федор ему тоже должен.

В углу двора ларек. Над ларьком надпись: «ГРАНД-МИНИМАРКЕТ».

Из ларька выходит полубритый хозяин-кавказец. Посмеиваясь, смотрит на тех, кто дерется.

Две старушки, обычные, околодверные — на лавке.

ПЕРВАЯ: Ну, ты посмотри, Никитична... Наши дураки дерутся, а эта рожа кавказская только ухмыляется.

ВТОРАЯ: А что ему? Ты цены-то видела у него? Минеральная вода — больше, чем наша с тобой пенсия.

ПЕРВАЯ: Это все ЦРУ, Никитична. Это все они подстроили.

Из дома выбежали друзья Федора. Встали на его защиту. Повисли на Гиганте, как игрушки на елке. Шум, крик, ругань.

СТАРЫЙ ЕВРЕЙ (на одном из балконов): Соня! Разбуди Изю с Анечкой. Они двадцать лет не были в России. Пусть посмотрят. Им это понравится.

В окошке — белесый прибалт. Говорит с сильным акцентом, но громко, чтобы его слышали по соседству.

ПРИБАЛТ: Как хорошо, что мы от вас отделились! Вы все-таки, русские, такие некультурные.

В окне над прибалтом — золотозубая тетка со сковородой слышит слова прибалта, свешивается из окна и тоже говорит громко, чтобы слышали остальные.

ТЕТКА: Вы посмотрите, какой культурный нашелся! У нас, у русских, между прочим, Менделеев был, Лермонтов... Кто там еще? Еще много кто был. А у вас? Один Паулс... И тот — пустое место с тех пор, как отделился от нашей Пугачевой. (Смеется. Хихикают и другие лица в окнах рядом). ...Мы — некультурные. А ты на себя посмотри! У русской бабы живешь. Прилипала! И страна ваша — прилипала. По телевизору вчера показывали, как вы там над людьми нашими издеваетесь. Изверги! Понял?

ПРИБАЛТ: Ваши слова есть вмешательство во внутренние дела нашей независимой страны. Я — работник посольства. Я вам навсегда закрою визу в нашу страну. Как ваша фамилия?

ТЕТКА: Плевать я хотела на тебя и на твою страну. Понял?

ПРИБАЛТ: Плевать на мою независимую страну вы не имеете права. Нас недавно приняли в Совет Европы!

Еще на одном балконе — явно бизнесмен. Живот, золотая цепь, пижама, расписанная под палехскую живопись, золотые часы, телефон в руках...

БИЗНЕСМЕН (говорит по телефону): Охрана? Вы где? О'кей! Подъезжаете? О'кей! Машину поставьте у самого входа в подъезд, о'кей? Внизу, о'кей, драка, о'кей. И пока я буду спускаться, о'кей, никого не пускайте, о'кей? Что молчите? Я вас русским языком спрашиваю: о'кей или не о'кей?

К бизнесмену подходит его жена-бизнесменша. Живот — в поясе для похудания. Пол-лица в гриме — очень красивая, пол без грима — страшно смотреть. В руках — тени, кисточка. Красится.

БИЗНЕСМЕНША: Надо скорее заканчивать наш дом, мюмзик, о'кей? Не к лицу нам жить среди этих плебеев. О'кей.

БИЗНЕСМЕН: Ноу проблем, о'кей, по факту.

На балкон дома напротив выходит молодой крупный священник. Борода — снежной лопатой. На богатырской груди богатырский золотой крест. Свысока взирает на происходящее во дворе. Потягивается.

СВЯЩЕННИК: Прости, Господи, этих грешных людей. Они сами не ведают, что творят. Дочери мои, Анастасия и Варвара, приготовьте мне праздничную рясу. Пойду образумлю беса.

Из двух окон с обеих сторон от балкона выглядывают две прехорошенькие женские головки, явно фотомодели.

ПЕРВАЯ: Какие джинсы, батюшка, под рясу одевать будете?

СВЯЩЕННИК: «Ливайс», дочь моя. Люблю эту фирму. Жалко? она рясы не шьет.

ВТОРАЯ: А крест который?

СВЯЩЕННИК: Крест подай, сестра, от «Версаче». Он поувесистей. Мало ли чего... Все-таки народец наш оголтелый. Пригодится.

На соседнем с бизнесменом балконе поливает цветы пожилой человек. Коротко стрижен. В спортивном отечественном костюме шестидесятых годов. Так в коммунистическом прошлом одевались милиционеры, военнослужащие и кагэбисты. Однако не уголовные манеры и грамотная его речь указывают, что он в прошлом — не милиционер и не военнослужащий. Поливая цветы, одним глазом, как учили, зорко наблюдает за происходящим и напевает: «Наша служба и опасна, и трудна...»

На балкон к нему выбегает жена.

ЖЕНА: Ты что поешь? Услышат же. Запомни: ты — простой лифтер. Никто не знает твоего прошлого. Пой что-нибудь из современного. Например, «Зайка моя...»

КАГЭБИСТ: Ты, Марина Николаевна, зайка моя, погляди, до чего новые русские страну довели... Стыдно смотреть! Эх, если б раньше... Ты же знаешь... Я бы их всех...

ЖЕНА: Тихо! Замолчи! Ты сошел с ума. Что ты такое говоришь? На, лучше кактус пересади. (Дает ему горшок с землей.)

КАГЭБИСТ (ворчит): Скоро, скоро вернется наше время. А пока... (напевает): А пока... «Наша служба и опасна и трудна, и на первый взгляд как будто не видна...» (Одним глазом продолжает поглядывать за тем, что творится во дворе.)

А во дворе уже несколько человек из наблюдающих и проходящих мимо не выдержали, решили разнять дерущихся. Выбегают во двор из подъездов еще какие-то люди. Все смешалось. Не поймешь, кто за кого. Появилась золотозубая тетка со сковородой.

Два милиционера стоят в сторонке. Курят. Спокойно наблюдают за разрастающимся конфликтом.

ПЕРВЫЙ МИЛИЦИОНЕР: Пойдем отсюда, Колюня. Что-то здесь неспокойно становится.

ВТОРОЙ МИЛИЦИОНЕР: Вообще, Андреич, пора уходить из милиции. Не платят ни черта. Пошли в бизнес, а?

ПЕРВЫЙ МИЛИЦИОНЕР (невесело вздыхает): Пошли! (Уходят.)

Бойкий мужичонка, из тех, которые никогда не проходят мимо, потому что больше всего на свете любят борьбу за справедливость и демонстрации, искренне возмущенный происходящим, выломал доску из забора вокруг хоккейного поля и, размахивая ею, бросился на деру-

щихся с криком: «А ну-ка прекратите хулиганить, а то всех перебью!»

Чуть поодаль от зевак — он и она. Он с завистью смотрит на тех, кто дерется.

ОН: Ух, как бы я сейчас кому-нибудь врезал! (делает воображаемый удар правой по воздуху)

ОНА (ему): Ты опять за свое? А ну, стой спокойно.

ОН: Люсь, ну разреши? Один ударчик сделаю и вернусь. Сразу вернусь, клянусь. Люсь, а? Я уже месяц не дрался.

ОНА: Я сказала — нет. Мы столько денег на гипнотизера истратили, чтобы он тебя от твоей драчливости закодировал. Я трюмо себе не купила. А ты опять за свое. Сделаешь шаг в сторону, будешь спать в прихожей.

Он тяжело вздыхает. Она уводит его за руку. Он оглядывается, как ребенок на детскую площадку с играющими сверстниками.

Квартира хозяйки, у которой живет прибалт. Она — очень русская, очень румяная женщина, спокойная, как «баба с чайника», возле которой всегда тепло.

ОНА: Я тебе русских вареников приготовила. Я знаю, с тех пор как вы отделились, ты по ним скучаешь.

ОН (не обращает на нее внимания, говорит по телефону): Хэлло! Это телевидение? Приезжайте скорей! Улица Радостная, дом 14. Хороший материал для новостей будет. Что? Кто говорит? (гордо) Представитель Совета Европы!

Вплотную к подъезду, под которым живет бизнесмен, подъезжает «Мерседес». Из него выходят два телохранителя. Один огромный, по кличке «Сокол», второй — маленький крепыш «Зяблик».

Кагэбист на балконе пересаживает кактус. Увидел «Мерседес» у входа.

КАГЭБИСТ (про себя, ворчливо): Совсем обнаглели! Скоро в квартиру въезжать будут. Ух, если б раньше... Я бы... Ух бы!

Оглядывает соседские окна. Убеждается, что никто не видит его, и носком ботинка подталкивает горшок с землей с балкона. Горшок падает прямо на капот «Мерседеса». Кэгебист тут же исчезает с балкона в квартиру.

КАГЭБИСТ (довольный, напевает из-за занавески): Наша служба и опасна и трудна, и на первый взгляд как будто не видна...

ЗЯБЛИК (задирает голову): Кто? Кто это сделал?

СОКОЛ: Стой здесь. Я найду его.

Бежит вверх по лестнице, звонит в первую дверь на втором этаже.

МУЖСКОЙ ГОЛОС (осторожно, из-за двери): Кто там?

СОКОЛ: Я!

ГОЛОС: Этого мало. Кто вы? И зачем звоните?

СОКОЛ: Это вы бросили горшок на «Мерседес»?

ГОЛОС: Нет. Мы горшками не пользуемся.

СОКОЛ (недоуменно): А кто ж тогда это сделал?

ГОЛОС: Это сверху, из 18-й. Она нас всегда заливает, а ремонт делать не хочет. Вы уж ей задайте как следует.

Телохранитель бежит наверх, звонит в 18-ю квартиру.

ЖЕНСКИЙ ГОЛОС: Кто там?

СОКОЛ: Это вы запустили горшком в машину?

ЖЕНСКИЙ ГОЛОС: В какую машину?

СОКОЛ: В «Мерседес».

ЖЕНСКИЙ ГОЛОС: А марка?

СОКОЛ: 600-й.

ЖЕНСКИЙ ГОЛОС: Новый?

СОКОЛ: Совершенно новый.

ЖЕНСКИЙ ГОЛОС: Отделка — люкс?

СОКОЛ: Отделка — люкс. Обогрев сидений, две подушки безопасности, биотуалет под каждым сидением с электроподогревом!

ЖЕНСКИЙ ГОЛОС: Интересно, кто же владелец этого совершенства? (В глазок смотрит женский глаз): О, какая шея! (Дверь приоткрывается. Женская рука хватает за рукав телохранителя). Заходи, бычок. Это я сбросила. Виновата. Каюсь. Как ты хочешь, чтобы я перед тобой покаялась? Говори скорей, не тяни. (Затягивает в квартиру, дверь закрывается.)

Тем временем конфликт во дворе не успокаивается, а даже наоборот. Возвращаются во двор с разминки каратисты.

ТРЕНЕР (увидев драку — своим ученикам): То была разминка, а теперь будет тренировка.

«Голуби» с криком: «И я!» ныряют в клубок дерущихся.

Какой-то человек, видимо журналист, с магнитофоном залег под кустом. Надиктовывает.

ЖУРНАЛИСТ: Мы находимся с вами в одной из горячих точек планеты и ведем наш репортаж из-под куста двора номер 14 по улице Радостная...

ДВОРНИК: Пошел отсюда, журналюга! (Поливает его из шланга.)

Моисей сидит на балконе в кресле. Рядом — его жена, Изя, Анечка, внучок Гарик. Они, словно из ложи Колизея, наблюдают за гладиаторами.

МОИСЕЙ: Ну, как вам это нравится? У вас в Израиле поскучнее будет.

ИЗЯ: Надо позвонить Мойше. Пускай подъедет сюда со своим квасом. Видишь, Моисей, какая жара и пыль? Многие скоро захотят пить. Он сделает неплохой гешефт. (Уходит звонить.)

АНЕЧКА (ему вдогонку): Только предупреди его сразу: 10 процентов — наши, за идею!

МОИСЕЙ (внучку): Запомни, Гарик, когда дураки дерутся, умные должны делать деньги. Твой дядя Изя навсегда усвоил эту первую заповедь твоего дедушки Моисея.

На одном из балконов — йог в позе лотоса. Его ничего не касается. Он разводит руками, ловит прану из Космоса.

Бабушка пытается удочкой выудить с березы кофточку.

КТО-ТО (из окна): На какого червячка ловишь, бабуля?

Поодаль от драки стоит Марина. Она чуть не плачет. Не знает, как ей увести мужа, который разошелся вовсю и даже получает удовольствие оттого, что, оказывается, может быть таким же, как все.

МАРИНА: Боже мой, Геночка, что с тобой случилось?

Сзади к Марине подходит странноватый человек. У него мутные глаза, поскольку он парапсихолог и общается с потусторонними мирами. Мефистофельская бородка скрывает отсутствие подбородка.

ПАРАПСИХОЛОГ (Марине): Вашего мужа сглазили. Зайдите к моей жене. Она с него все снимет.

МАРИНА (не сразу понимая, о чем с ней говорят): Что все?

ПАРАПСИХОЛОГ: Порчу... Из него надо удалить фантом.

МАРИНА: Ой, перестаньте... Что за чушь!

ПАРАПСИХОЛОГ: Это не чушь. Моя жена — ясновидящая. Вот она. (Сзади за парапсихологом стоит его жена с глазами без зрачков — одни белки.) Она сейчас на связи с космосом. Но перед тем как отлететь, она успела мне сообщить, что на вашего мужа навели порчу на его работе. У него есть работа?

МАРИНА: Есть.

ПАРАПСИХОЛОГ: Видите, угадала, ясновидящая!

МАРИНА: Извините, но я во все это не верю. Мой муж образованный человек...

ПАРАПСИХОЛОГ: Не страшно. Мы всем помогаем. (Дает ей визитную карточку.) Если он не придет, сами придите. Моя жена даст вам конский хвост, заряженный в космосе. Ваш муж должен будет две недели носить его на лбу у себя на работе.

МАРИНА (раздраженно): Оставьте меня в покое.

ПАРАПСИХОЛОГ: Подумайте... Мы с вас лишних денег не возьмем... Только за хвост по его себестоимости!

Толпа во дворе уже разделилась на тех, кто за Гиганта, и тех, кто за Федора — отца индейца. Стали друг против друга. Стенка на стенку. Много новых лиц. Некоторые с досками, трубами. От забора напротив хоккейной площадки почти ничего не осталось. Рядом с Гигантом золотозубая тетка со сковородой, та, которая смеялась над прибалтом.

Неожиданно между стенками вырастает статный батюшка. Он поднимает правую руку с увесистым крестом.

БАТЮШКА (зычным голосом): Образумьтесь, люди добрые! Господь с вами!

ТОТ, КОТОРЫЙ С ДОСКОЙ: Вы слышали, что Батюшка сказал: «Господь с нами! Вперед!»

Слова батюшки срабатывают как команда к действию. Обе стенки сходятся. Взметнулась пыль, как от настоящей битвы.

ДВОРНИК (на газоне машет метлой): Кыш! Кыш отсюда! Анютины глазки потопчете. Идите на детскую площадку. Она специально для забав устроена... (У него на плече раздраженно мяукает кошка.)

Кто-то, распаленный дракой и припекающим солнцем, подбегает к спокойно стоящему человеку в стороне от всех. Тот неторопливо курит, пытаясь сигаретой разбудить себя после вчерашнего. Он вообще плохо соображает, что вокруг происходит.

РАСПАЛЕННЫЙ (курящему): А ты что тут стоишь?

КУРЯЩИЙ: Как что? Курю... Не видишь, что ли?

РАСПАЛЕННЫЙ: Ах, ты грубить, мать твою... (Врезает ему по уху. У курящего выпадает сигарета — его последняя надежда на возвращение к жизни).

КУРЯЩИЙ (мигом просыпается): Мой последний чинарик! Сука, кретин, удавлю! (Пытается догнать обидчика. Оба исчезают в куче-мале.)

ДРАЧУН (дрожит, как давно не пивший алкоголик): Люсь, а Люсь! Ну, пожалуйста... Только разок кого-нибудь ударю и сразу вернусь. Клянусь самым дорогим, что у меня есть.

ЖЕНА: Это чем же? Ковриком в прихожей, на котором спать будешь?

Во двор приезжает телевидение.

РЕЖИССЕР (оператору и ведущему): Скорее, скорее! Пока они не успокоились... Какая милая краска для «Новостей» будет. (Ставит ведущего на фоне побоища, смотрит в камеру.) ...Вот отлично! Второй план работает, как у Феллини. Давай текст!

ВЕДУЩИЙ: Уже второй час по улице Радостная, дом 14 не прекращается драка. Приятно, что до сих пор живы в народе воскресные традиции. Попробуем спросить у кого-нибудь из участников, с чего все началось?

Ведущий подходит к борцу за справедливость, тому, что с доской.

ВЕДУЩИЙ: Простите, что мы вас отвлекаем. Телевидение. Первый канал. Как вас зовут?

МУЖИК: Алексей... Но многие зовут Никитой.

ВЕДУЩИЙ: Очень приятно. Скажите, Илья, за что вы только что так отчаянно сражались?

МУЖИК: Ну, как... За это... за справедливость. Вы чего?

ВЕДУЩИЙ: В каком смысле, не поясните?

МУЖИК: Да вы чего? Зарплату шестой месяц не платят. Дурные, что ли? Сколько терпеть можно? А вы ... телевидение?

ВЕДУЩИЙ: Да. Первый канал.

МУЖИК: Ой, вы это... меня снимите, а? Пускай моя порадуется. Она всех мужиков любит, которых по телевизору показывают. (Чувствуя себя киноактером, с еще большим энтузиазмом начинает махать доской.)

РЕЖИССЕР (оператору): Замечательно! Замечательно. Снимай, снимай! Скорее! А теперь — батюшку сними. Сейчас во всех передачах должна быть церковь.

Тем временем батюшка, отмахиваясь от всех увесистым крестом «Версаче», добрался до главных зачинщиков — Гиганта и Федора.

БАТЮШКА (обоим): Люди добрые! Образумьтесь! Помните, чему учил нас Иисус в знаменитой Нагорной проповеди: если тебя ударили по одной щеке, не отвечай, а подставь другую.

ГИГАНТ (Федору): Слышал, чему Иисус учил? (бьет его по одной стороне.) Вот так! А теперь не сопротивляйся, подставь другую. (Бьет по второй.) Молодец! Ты поступил по-божески.

РЕЖИССЕР: Восхитительно! Какой удар! Он почти без сознания. Снимай, снимай скорее, как он его теряет... Какая милая красочка для «Новостей» будет!

Во двор въезжает грузовичок. На прицепе бочка с квасом. В грузовичке — Мойша и его жена. Во дворе их уже ждут Изя и Анечка.

ИЗЯ (Мойше): Что же ты так долго? Хорошо, что они еще дерутся... Давай встанем у ларька. Это хорошее место: там все ходят.

МОЙША: Ты что, Изя? Ты давно не был в России — ничего не знаешь. Там территория Мамеда. Уж лучше пойдем на детскую площадку... Она — ничья... На ней все что хочешь делать можно.

Кто-то в экстазе залез на мусорник и пытается перекричать шум.

ОРАТОР: Только путем демократических преобразований мы можем вернуть себе ту адекватность и конвергентность, которые позволят инвариантно абсолютизировать консистентность имперических обструкций.

ТЕТКА СО СКОВОРОДОЙ (слушает оратора и честно, изо всех сил пытается хоть что-то понять из его речи): Слишком ты умен, паря... (Забирается рядом с ним на ящик и бьет сковородой по лбу, улыбаясь всеми сорока восьмью золотыми зубами. Победно поднимает сковороду, на обратной стороне которой написано: «Слава СССР!»)

Какая-то женщина отводит от дерущихся мужчину. Вытирает ему лицо платком. Платок в крови.

РЕЖИССЕР (оператору): Смотри, кровь! Ура! Возьми ее крупным планом... Чудненькая красочка!

Анечка с Изей поднимают над бочкой рекламный плакат: «Шварценеггер пьет русский квас».

МОЙША (выкрикивает, сильно грассируя): Квас! Холодный квас! П-ррр-идает силы! Ррр-усские богатыр-р-ри во вр-р-ремя срр-ражений всегда пили квас!

Дворник понял, что порядка во дворе ему все равно не добиться, махнул на все рукой и пошел пить квас. На плече у него кошка.

ДВОРНИК (кошке): Ну что скажешь, Лиза?

КОШКА: Мяу...

ДВОРНИК: Вот и я так думаю... Лишь бы войны не было... (Мойше) Дай-ка нам с Лизой кваску, а?

Парапсихолог походит к бочке с квасом.

ПАРАПСИХОЛОГ (Изе): Я понимаю, вы здесь главные... Мы с женой парапсихологи.

ИЗЯ (с одесской интонацией): Короче... Ви что хотите? Зарядить наш квас? Я правильно вас понял?

ПАРАПСИХОЛОГ: Да. Откуда вы знаете?

ИЗЯ: И ви хотите за это 10 процентов?

ПАРАПСИХОЛОГ: Да... Вы что, тоже парапсихолог?

ИЗЯ: Нет... Я пятнадцать лет жил в Израиле... Меня зовут Изя. А фамилия — Нахимзон. Ты думаешь, тебе удастся одурачить человека с такой фамилией? Ты лучше о своей жене позаботься... У нее же глаза устали. Ты меня понимаешь?

ЯСНОВИДЯЩАЯ (дергает мужа за рукав): Пойдем, Андрон! У меня и вправду глаза устали. (Возвращает зрачки в глаза.) Фу, надо отдохнуть. А то навсегда окосеть можно.

ИЗЯ: Да, ребята, давайте... Вы своим бизнесом занимайтесь, мы — своим. Дураков на всех хватит.

Парапсихолог и жена отходят.

ИЗЯ (своей жене): Хотя идея неплохая... (Выкрикивает.) Квас! Зар-ряженный лучшими пар-рапсихологами р-русский квас! Пр-ридает силы, лечит все болезни!

К бочке подходят первые, клюнувшие на рекламу клиенты.

Режиссер ставит перед камерой интеллигентного вида человека, на лице которого черты всех национальностей сразу, как обычно бывает у политических обозревателей.

ВЕДУЩИЙ: Анхирст Засильич! Не могли бы вы спрогнозировать, как будут, по-вашему, развиваться события в этом дворе далее?

ЭКСПЕРТ: Я считаю, есть два пути, по которым пойдет развитие. Первый и второй.

ВЕДУЩИЙ: Это очень интересно. И очень точно.

ЭКСПЕРТ: Первый: конфликт утихнет к вечеру. Второй: он к вечеру не утихнет. Конечно, все будет зависеть от того, как поведет себя в этой ситуации наш президент. Какой он указ издаст завтра и каковы будут его предложения на саммите в следующем месяце.

На втором плане, у бочки с квасом — уже очередь.

ВТОРОЙ ТЕЛОХРАНИТЕЛЬ (стоит у подъезда и разговаривает по переговорному устройству): «Сокол», «Сокол»! Это я, «Зяблик»! Почему не отвечаешь? (Ответа нет. Вместо ответа слышатся стоны, вздохи, возня.) «Сокол», «Сокол»? Ты где?

СОКОЛ: Я тут. (Кряхтит.)

ЗЯБЛИК: Где тут? Ты кого-то нашел?

СОКОЛ: Кого-то нашел...

ЗЯБЛИК: А чего кряхтишь? Сопротивляется?

СОКОЛ: Нет. Не сопротивляется.

ЗЯБЛИК: А что это за звуки?

СОКОЛ: Это я сопротивляюсь.

ЗЯБЛИК: Тебе что, нужна помощь?

ЖЕНСКИЙ ГОЛОС: Нужна! Ему очень нужна помощь. Он один не справляется. Квартира 18. Быстрее!

ЗЯБЛИК: Держись, «Сокол»! Это я — «Зяблик»! Иду на подмогу. (Ставит машину на сигнализацию и бежит вверх по лестнице.)

Кагэбист осторожно, как из окопа, выглядывает с балкона. Убеждается, что у «Мерседеса» никого нет. Присаживается под цветами. Берет два горшка с землей, и, как гранаты, бросает вниз с балкона.

КАГЭБИСТ: Это вам за Ленина... Это — за Дзержинского!

Один горшок попадает на крышу, другой — на капот. Срабатывает сигнализация. Машина ревет, как раненый зверь. Кагэбист исчезает в двери, напевает довольно и тихонько: «Наша служба и опасна и трудна, и на первый взгляд как будто не видна...»

Из окошка выглядывает расхристанный Зяблик, за ним — Сокол.

СОКОЛ: Кто? Кто это сделал?

КАГЭБИСТ (выглядывает уже из окна, говорит Зяблику): Я заметил на крыше лицо кавказской национальности.

СОКОЛ: Я найду его!

ЗЯБЛИК: Беги скорее, а я буду тебя страховать здесь.

На балконе у Моисея.

ГАРИК: Дедушка! Зачем вот тот дядя вон в том окошке сказал, что на крыше он видел лицо кавказской национальности? Это же он горшок сбросил. Я видел.

ДЕДУШКА: Т-сс! Молчи! Ты этого не видел, Гарик, и не слышал.

ГАРИК: Нет, дедушка, я видел.

ДЕДУШКА: Внучок! Дедушка Моисей старше тебя и он лучше знает, что ты видел, а что не видел. Запомни: твой дедушка потому и живет на свете так долго, что он многого в жизни и не видел и не слышал. Ты хочешь жить долго?

ГАРИК: Хочу, дедушка Моисей. Очень хочу.

ДЕДУШКА: Тогда скажи, что ты не видел.

ГАРИК: Я не видел.

ДЕДУШКА МОИСЕЙ: Вот и хорошо! А что ты не видел?

ГАРИК: Я не видел, как вон тот дядя сбросил вон с того балкона горшок вон в ту машину. Ну что? Я теперь буду долго жить, дедушка Моисей?

ДЕДУШКА: Теперь будешь.

ГАРИК (радостно): Бабушка! Бабушка! Дедушка научил меня, как жить долго!!

«Сокол» на крыше присел за вентиляционным выступом, как в американском фильме. В одной руке — пистолет, в другой — переговорное устройство.

СОКОЛ: Шеф, шеф! Это я!

ГОЛОС ШЕФА (слышится): Кто я? Ты, что ли, «Зяблик»?

СОКОЛ (обиженно): Обижаете, шеф. Я — не «Зяблик». Я — «Сокол».

ШЕФ: О'кей! Что случилось, «Сокол»?

СОКОЛ: Шеф! Произведено нападение на шестисотый объект. На крыше нами было замечено несколько лиц кавказской национальности.

Нога «Сокола» скользит. «Сокол» вскрикивает.

ШЕФ: «Сокол», «Сокол»? Что с тобой?

СОКОЛ: Ничего страшного. Это у меня крыша поехала.

Квартира бизнесмена. Все пышет коврами, люстрами, хрусталем и очень лаковой мебелью. Жена бизнесмена уже заканчивает дорисовывать лицо.

ЖЕНА: Что случилось, Мюмзик?

БИЗНЕСМЕН: Мамед начал войну. О шит!..

Бизнесмен бледный. Он запирает на все засовы супербронированные двери, нажимает на кнопки. Из стен выползают решетки на окна. Все перекрывается, как в подводной лодке во время тревоги.

Бизнесмен приглушенным голосом говорит по телефону. Такой голос обычно у тех, кто считает, что их прослушивают. Им кажется, что если они будут говорить по телефону тише, то те, кто их прослушивает, не услышат.

БИЗНЕСМЕН: Алло! Олег Дмитриевич? Это вас беспокоит президент ассоциации евроазиатских банков развития. О'кей? Помните? О'кей! Олег Дмитриевич! Помните, вы насчет одного дела интересовались? Заказного. Я вам намекну, о'кей? Это Мамед! Вы поняли мой намек? О'кей? Кстати, я слышал, вы фонд создали. Помогаете ветеранам. Это я вам скажу — большой о'кей. Мы вам на этот фонд кое-что подбросим. О'кей? А с Мамедом надо кончать. Вы меня понимаете? Как только... Так сразу... Как говорят у нас, россиян: ноу проблем, о'кей... По факту! (Довольный вешает трубку.)

Над дерущимися поднялось облако пыли. Ничего не видно. И только звуки ломающихся досок, крики выдают, что внутри облака есть какая-то своя жизнь.

Подъезжают на иномарках иностранные корреспонденты с фотоаппаратами. Со всех сторон пытаются сфотографировать драку. Один, самый активный, все время пытается заснять тетку со сковородой. Наконец он улучил момент, щелкнул ее. И тут же получил от нее сковородой по лбу. К нему подбегают другие корреспонденты. Поднимают раненого. Тетка машет сковородой, кому-то достается по спине, кто-то отмахивается от нее фотоаппаратом. К золотозубой тетке присоединяются другие женщины во дворе.

ПЕРВАЯ ЖЕНЩИНА: Так их, Фроловна! Это они все спровоцировали!

ВТОРАЯ ЖЕНЩИНА: Они по плану ЦРУ действуют! Им давно наш двор покоя не дает. Этому ЦРУ...

Перепуганные иностранцы забирают раненого и удирают со двора.

Золотозубая тетка победно пишет мелом на задней стороне сковороды: «Дадим лордам по мордам!»

Из подъезда с грозным видом выбегают «Зяблик» в губной помаде и расхристанный «Сокол». Направляются к ларьку с надписью: «ГРАНДМИНИМАРКЕТ».

СОКОЛ (хозяину киоска): Где Мамед?

ХОЗЯИН: Не знаю никакого Мамеда. Давай отсюда, да?

ЗЯБЛИК: Ты, зверюга! Отвечай! Хуже будет. Где Мамед?

ХОЗЯИН-КАВКАЗЕЦ: Какой Мамед? Не знаю Мамеда. Слышал, да?

ЗЯБЛИК: «Сокол», ты не прав. Я жил на Востоке. Пытался с ними по-хорошему. Еле жив остался. Восток — это дело тонкое. Смотри, как с ними надо. (*Разбегается и каратистским движением бьет ногой кавказца по челюсти. Кавказец падает*).

КАВКАЗЕЦ: Ты, козел! Мамед из тебя петуха сделает.

ЗЯБЛИК: Понял? Сразу Мамеда вспомнил. Восток — дело тонкое.

СОКОЛ: А... Так ты все-таки знаешь Мамеда? Значит, ты нас обманул? Значит, и горшки ты сбросил? (*Поднимает его за грудки.*)

КАВКАЗЕЦ: Какие горшки? Ты чего, сдурел? Да?

СТАРУШКА: Молодец, сынок! Защити нас, стариков. Он мне давече минеральную воду продать не хотел.

КАВКАЗЕЦ: Отпусти... Да? Ты знаешь, кто я?

ЗЯБЛИК: Ты? Ты — лицо кавказской национальности. Извинись перед старушкой! Слышишь, что я сказал? Она — ветеран войны. Извинись, говорю! Молчишь? Не хочешь извиниться перед ветераном? Ну что ж... Восток — дело тонкое... А где тонко, там и рвется... «Сокол», держи его чуть правее.

Снова разбегается и наносит кавказцу второй удар. Кавказец летит в груду ящиков. «Зяблик» и «Сокол» переворачивают киоск. На землю высыпается все содержимое: пиво, сигареты, зажигалки, солнечные очки, туфли, батарейки, банки с пивом, духи, платки, часы...

ПЕРВАЯ СТАРУШКА: Никитична, смотри! Вот тебе и минеральная вода сама подкатилась.

ВТОРАЯ СТАРУШКА (телохранителю): Спасибо, сынок. (Подбирает воду.) Спасибо, благодетель ты наш.

ПЕРВАЯ СТАРУШКА: Никитична! Возьми печенье. Скоро День учителя.

Кавказец выбирается из-под ящиков и убегает со двора, выкрикивая угрозы.

КАВКАЗЕЦ: У Мамеда в ауле брат Сумамед прошлый раз за такой киоск две деревни ваших зарезал.

Зеваки, которым надоело ждать взрыва, подбегают к киоску и начинают все подбирать. Примерять платки, часы, нюхать духи.

Кто-то из дерущихся замечает у себя под ногами подкатившуюся баночку пива. Оглядывается. Видит перевернутый киоск. Разметавшиеся вокруг него банки пива.

ОДИН ИЗ ДЕРУЩИХСЯ (кричит, что есть силы): Братцы! Остановись! Братцы! (Никто не обращает на него внимания.) Козлы! Пиво бесплатное!

Мгновенно наступает тишина.

ГОЛОС ИЗ ТОЛПЫ: Где?

ДРУГОЙ ГОЛОС: Вон!

Толпа, забыв про все, бежит к перевернутому киоску и начинает вместе с зеваками подбирать с земли все, что попадется под руку. Возня. Толкотня. Кто-то подбирает пиво, кто-то жевательную резинку. Кто-то смотрит на водку.

ЖЕНЩИНА (кричит с балкона своему мужу): Гриша! Посмотри, нет ли там хорошего ликера? У нас вечером гости будут. Да поворачивайся же ты! Тюфяк постельный...

Кто-то выудил одну туфлю. Примерил. Ищет вторую.

Тем временем двое уже не на шутку сцепились из-за бутылки ликера.

ПЕРВЫЙ: Я первый на нее глаз положил.

ВТОРОЙ: Нет, я.

ЖЕНЩИНА (с балкона): Не уступай ему, Гриша. У нас вечером гости.

Телевизионщики разворачивают камеры.

РЕЖИССЕР (оператору): Снимай, снимай скорее. Это же мародерство! Как же нам сегодня повезло! И драка, и мародерство! Какой восхитительный фрагмент для «Новостей»! Только смотри, чтобы я в кадр не попал. А я пока пива всем наберу.

Гигант примеряет куртку, которая ему безумно мала.

ФЕДОР (случайно оказался рядом с Гигантом): Она тебе мала.

ГИГАНТ: На халяву мала быть не может.

Батюшка подходит к дворнику и присаживается рядом с ним на бревне под деревом.

ДВОРНИК: Ну что, батюшка?

БАТЮШКА: Устал я, сын мой, с бесом бороться.

ДВОРНИК: Посиди, батюшка, отдохни. Попей квасу, наберись сил... Они тебе скоро заново понадобятся.

К батюшке подбегает борец за справедливость. Он с двумя бутылками водки.

БОРЕЦ ЗА СПРАВЕДЛИВОСТЬ: Батюшка! Там какой-то человек со всех иноземных товаров порчу снимает. А я не верю всем этим гадам. Освяти бутылочку, а? По-нашему, по православному...

БАТЮШКА (собирается его отчитать): Как только, сын мой, у тебя язык...

ДВОРНИК: Батюшка, не отказывай ему. Он иначе в церкви разуверится...

БОРЕЦ ЗА СПРАВЕДЛИВОСТЬ: Освяти, батюшка, а?

БАТЮШКА: Прости меня Господи! (освящает)

БОРЕЦ ЗА СПРАВЕДЛИВОСТЬ: Спасибо, батюшка... А это тебе! (Дает ему вторую бутылку.)

БАТЮШКА: Убери, бесстыдник!

БОРЕЦ ЗА СПРАВЕДЛИВОСТЬ: Ты чего, бать? Это ж я на нужды церкви.

БАТЮШКА: На нужды церкви?

БОРЕЦ ЗА СПРАВЕДЛИВОСТЬ: Ну да...

БАТЮШКА: На нужды ладно, оставь...

БОРЕЦ ЗА СПРАВЕДЛИВОСТЬ (священнику): Спасибо, батюшка! (Возвращается в толпу и, показывая на водку, говорит кому-то): Смотри, что мне батюшка освятил... Видишь? Это теперь святая вода...

Парапсихолог всем раздает визитные карточки и шепчет: «Товары — иноземные, порченые. Требуют энергетической очистки. Наш офис за углом».

У Геннадия уже полны руки и карманы часов, платков, консервов. Марина ходит за ним следом. Пытается его вразумить. Геннадий ничего не понимает из того, что она говорит. Его глаза уже безумны.

МАРИНА: Геннадий! Уймись. Как тебе не стыдно? Это же мародерство. Ты же интеллигентный человек. Ты вчера читал сыну «Слово о полку Игореве». Когда мы поженились, ты в первую брачную ночь рассказывал мне о философии непротивления злу насилием...

ГЕННАДИЙ: И что я имел? А тут, смотри: галстуки, крабы, противозачаточные.

МАРИНА: Зачем тебе противозачаточные? Мы с тобой уже два года не целуемся.

ГЕННАДИЙ (с горящими глазами): С сегодняшнего дня все будет по-другому. С сегодняшнего дня, Мариночка, я почувствовал в себе такую силу, что противозачаточные понадобятся мне и дома и на работе! (Целует ее крепко в губы.)

МАРИНА (бледнея): Ты с ума сошел, Геночка!

Парапсихолог опять подходит сзади к Марине.

ПАРАПСИХОЛОГ: Если вы сегодня не придете, вам завтра придется уже два конских хвоста у нас покупать. Один — для себя. Имейте в виду: порча передается через поцелуй. Вот наша визитка.

Марина автоматически берет визитку и задумывается.

КАГЭБИСТ (подходит к Геннадию): Вы интеллигентный человек. Я обращаюсь к вашему разуму. Если их не остановить, снова начнется побоище. Отрезвите их! Они вас послушают. Здесь все равно на всех не хватит. А за углом еще шесть таких киосков. И все эти киоски держат те же лица не нашей национальности... Вы меня понимаете?

ГЕННАДИЙ: Еще как понимаю! (забирается на перевернутый киоск): Господа! Товарищи! Друзья! Судари! Братцы! Вспомните, как жили наши предки под иноземным игом. Вспомните хотя бы известный фильм «Андрей Рублев».

Гигант и Федор стоят рядом.

ГИГАНТ (спрашивает у Федора): Слышь, соседушка... А Рублев это кто? Напомни.

ФЕДОР: Это тот, что рубль у славян изобрел, по-моему... Первопечатник рубля, вот!

ГИГАНТ: Сукин козел! Не мог баксы изобрести.

ГЕННАДИЙ (продолжает ораторствовать): Но наши предки объединились и скинули с себя иноземное иго. Сегодня нас снова хотят поработить. Объединимся же в борьбе против иноверцев! Не посрамим землю российскую! Не будем позорить себя и ссориться из-за всякой мелочи, из-за того, что кому-то что-то не досталось. Там за углом еще шесть таких же киосков. Их держат те же иноверцы, которые обирают нас, народ российский.

МАРИНА (Геннадию): Что ты говоришь? Ты же образованный человек!

ГЕННАДИЙ (Марине): Только мы, образованные люди, Мариночка, должны вести за собой народ. Иначе он никогда не очнется от спячки. Братцы! Пора очнуться от спячки. Пора пробудиться. (Кричит батюшке.) Батюшка! Ответь нам честно: какая вера нашенская?

БАТЮШКА: Православная, сын мой...

ГЕННАДИЙ: А скажи, батюшка, мы должны у себя на Руси отстаивать нашу веру православную перед другими верами?

БАТЮШКА: Должны, сын мой... Конечно, должны.

ГЕННАДИЙ (в экстазе от собственного ораторства): Вы слышали, друзья мои? Батюшка благословил нас «натянуть иноверцев по самые помидоры»!

БОРЕЦ ЗА СПРАВЕДЛИВОСТЬ (как и Геннадий, в экстазе борьбы за справедливость): Интеллигент прав! Постоим, братцы, за нашу православную Русь! Ура!

Сплотившаяся толпа устремляется с криком со двора. Впереди Геннадий, Гигант, Федор. Все вместе. Как будто и не было побоища.

СЛЫШАТСЯ ВОЗГЛАСЫ: За веру!

За Россию-матушку!

За Сталина!

Да здравствует демократия!

Драчун вырывается от жены.

ДРАЧУН: Эх, лучше уж я буду спать один. (Присоединяется к толпе.)

ЖЕНА ДРАЧУНА: Плакало мое трюмо...

За толпой движется бочка с квасом. Бегут зеваки. Телевизионщики с аппаратурой. Стараются не отстать.

РЕЖИССЕР: Потрясающе! Русский погром! Ты понимаешь, что это такое? Передачу о русском погроме купят в Израиле, США, Японии... Скорей! Какой удачный день!

ВНУЧОК (Моисею): Дедушка! Пойдем на другой балкон, посмотрим.

МОИСЕЙ: Не надо, внучок, тебе на это безобразие смотреть. Рано.

ВНУЧОК: Не волнуйся, дедушка. Я же все равно ничего не вижу.

МОИСЕЙ: Ну, если не видишь, то пойдем посмотрим.

Йог на балконе поменял позу. Он так же невозмутим. Он ничего не заметил.

На дереве похожая на рваный флаг развевается кофточка.

В пивной два милиционера пьют пиво. Наблюдают из окошка, как толпа громит киоски, а небритые кавказцы разбегаются тараканами во все стороны.

ПЕРВЫЙ МИЛИЦИОНЕР: На работу, Колюня, нам возвращаться нельзя. Мамед нам этого не простит.

Несколько джипов подъезжают к офису, над входом в который написано: «Джойнт-сток Мамед энд компа-

ни». Омоновцы в масках выбегают из джипов, врываются в здание. Крик. Стрельба. Разбитые окна. Выводят арестованных.

Лейтенант просматривает бумаги в сейфе. Солдат докладывает полковнику в джипе.

СОЛДАТ: Мамеда нет. В сейфе все документы. Наркота. Оружие.

ПОЛКОВНИК: Теперь он от нас не уйдет.

Из «БМВ» с темными окнами за сценой разграбления своих киосков внимательно следит Мамед.

Хозяин ларька бойко объясняет ему что-то на своем языке. Мамед набирает на мобильном телефоне номер.

МАМЕД: Это я, Мамед. Это ты, Сумамед?

В ауле, в доме — необычайно похожий на Мамеда человек. Он — старше. Слушает, что ему говорит Мамед. Лицо ожесточается. Глаза багровеют.

Почти стемнело.

На улице рядом с домом на тротуарах валяются перевернутые остовы киосков. С них сняты даже стекла. Над киосками кружатся встревоженные каркающие вороны.

Расходятся последние люди. Все, как муравьишки, тащат по тропинкам награбленное. На одном надето несколько рубашек. У другого на шее висит лифчик. Третий — в женском пеньюаре. Особенно доволен тот, кто искал вторую туфлю.

ТОТ, КТО ИСКАЛ ВТОРУЮ ТУФЛЮ (хвастается попутчику): Все перерыл, а вторую туфлю нашел. Правда, не на ту ногу. Но согласись, если не приглядываться, то нормально. (Ковыляет.)

Гигант и Федор дружно тащат ящик, набитый алкоголем.

ГИГАНТ: Тебя звать-то как?

ФЕДОР: Федор.

ГИГАНТ: А меня Петр. Ты уж не серчай на меня, Федор, за это... Че утром.

ФЕДОР: Какое серчать? Донести бы!

Два милиционера уже напились в пивной.

ПЕРВЫЙ МИЛИЦИОНЕР: Я предлагаю, Колюня, вот какой бизнес... Давай отвозить в ГАИ машины, которые стоят под знаками.

ВТОРОЙ МИЛИЦИОНЕР: Отличная идея! У меня кореша в ГАИ есть. Мы им будем отстегивать. А они за это будут нам вешать знаки над уже стоящими машинами.

Батюшка несет домой в руках всякую всячину, которую ему надарили за освящение.

Во дворе остался один дворник. Он налаживает шланг. Кошка жалобно мяукает, глядя на то, что осталось от убранного с утра двора.

ДВОРНИК: Потерпи, Лиза, маленько... Скоро покормлю... А сейчас главное — успеть до заката к завтрашнему дню наш двор заново подготовить.

На дереве одинокая кофточка. Закатное солнце. Ветер. Скрипят качели. Колышется забор вокруг спортивной площадки. Ощущение, что вот-вот все вокруг начнет рушиться.

КОНЕЦ ПЕРВОЙ ЧАСТИ

ЧАСТЬ ВТОРАЯ

Аул. По дороге через аул едет грузовик с вооруженными боевиками. В грузовике Сумамед что-то обсуждает с ними над картой. Грузовик останавливается в темноте возле железнодорожного полотна, на котором стоит состав с цистернами. Бойцы выпрыгивают из грузовика. Разбегаются с факелами. Где-то раздается взрыв. Крики. Пожар.

Вечер. В квартире Геннадия работает телевизор. Передают новости. Геннадий отошел от дневного безумия. Ему стыдно. Он ни на кого не смотрит. Марина неуверенно вынимает из сумки конский хвост. Пытается примерить его, приставляет к своему лбу. Смотрит в зеркало.

МАРИНА (про себя): А вдруг и вправду поможет... (Геннадию) Я настаиваю, чтобы на работу завтра ты надел вот это... Он будет защищать тебя от сглаза. Я понимаю, это неудобно. Но ради нас, твоей семьи... (Пытается надеть ему на голову хвост.) Иначе приступ может повториться.

СЫН (смотрит телевизор): Папа! Папа! Смотри, тебя по телевизору показывают.

Геннадий отворачивается со стыда от телевизора.

МАРИНА: Немедленно одень хвост. (Надевает ему его на лоб.) Вот так, видишь... Так тебя точно никто не сглазит.

СЫН: Папа! Папа! Да смотри же, как ты всех за собой повел. Как князь Игорь!

Геннадий смотрит на экран, где он с лопатой, как с флагом, забирается на киоск.

ГЕННАДИЙ: Если шеф это увидит — все! На работу мне лучше не появляться! Ни с хвостом, ни без хвоста. (Срывает хвост.)

По телевизору слышится голос Геннадия: «Мы их «натянем по самые помидоры». Геннадий в ужасе хватается за голову.

Раздается телефонный звонок. Марина подходит к телефону.

МАРИНА: Алло! Да, Виктор Евгеньевич. Он дома. Конечно, видел... Позвать? (мужу) Шеф все видел.

ГЕННАДИЙ: Ты могла бы сказать, что меня нет.

МАРИНА: А что толку? Он мог бы подумать, что ты до сих пор буянишь. Ну, иди, иди! Ты чего струсил, князь Угорь? Только хвост надень... (Надевает ему на лоб хвост.)

ГЕННАДИЙ (боязливо подходит к телефону): Алло! Да, я. Видели? Вы знаете, что-то со мной случилось... но.:. обещаю... не повторится. Что? Простите, не понял? Назначить меня? Кем? В каком смысле? Как, сразу на такую должность?! Вы шутите. Нет, вам правда понравилась передача? Потрясла?! Ну что ж, это приятно. Знаете, это еще по телевидению не все показали... Ух, мы им врезали! Я вам потом расскажу. Да, именно... Вы правильно запомнили: «по самые помидоры». (Смеется.) Это среди наших так говорят. Так что я согласен, назначайте! У меня все сотрудники по струночке ходить будут. А если что не так... Вы ж понимаете. Дадим по голове, и уши отвалятся. (Смеется, вешает трубку.)

МАРИНА: Я что-то ничего не поняла. Что произошло?

ГЕННАДИЙ (гордо, срывает хвост): Меня назначили первым замом! Шеф в восторге от «Новостей».

Сказал, что ему давно были нужны такие решительные замы, люди новых биоритмов будущего! Не слюнтяи из прошлого. Извинялся даже, что раньше меня не замечал. Вот так, Мариночка! Пойдем, сынок, посмотрим какой-нибудь американский боевичок.

МАРИНА: Неужели это хвост сработал? Может, и мне свой на ночь надеть? (Достает из сумочки второй хвост.)

Квартира Федора. За столом — Федор, его жена, сын и гости. Гигант с Мышкой. Стол накрыт с душой, по-русски. Много добытой днем выпивки. Все веселые. Работает телевизор. Все смотрели «Новости» и довольны.

ГИГАНТ: Ну что ж, есть повод опрокинуть еще по одной. Меня лично по телевизору первый раз показывали. И тебя, Мышка.

МЫШКА: Где? Я не видела.

ГИГАНТ: А я заметил в толпе твое ушко, Мышонок. (Все хохочут.)

ФЕДОР: Ну, за знакомство!

ГИГАНТ: Они нас еще надолго запомнят, Мамеды-шмамеды...

ФЕДОР: Это точно. Нашего русского человека от спячки лучше не будить. Мы когда просыпаемся, то сразу, как говорят менты, всем — кранты!

ГИГАНТ: Вот за это и предлагаю выпить! Водочка хорошая, батюшка освятил... Батюшка у нас хороший...

Все смеются. Выпивают. В тишине по телевизору слышится взволнованный голос диктора.

ДИКТОР: Только что мы получили экстренное сообщение. В районе села Кизык неизвестными был взорван железнодорожный состав с нефтью особого назначения. Проанализировав случившееся, эксперты пришли к выводу, что эта акция уже давно планировалась западными разведками с целью столкнуть Россию с восточным миром.

ГИГАНТ: Не понимаю... Что людям неймется? Сели бы, как мы... Выпили, закусили...

ФЕДОР: Да пошли они все... Пускай себе тешатся. Слава Богу, нас это не касается. Послушай лучше, что мы с женой решили: мы вам за наш счет на балкон решетки поставим. В следующий раз воры прямо по ним на третий этаж заберутся. (Все хохочут и вкусно выпивают.)

Батюшка у себя в квартире раскладывает на столе всякую всячину.

Анастасия и Варвара смотрят на него, как на фокусника.

ВАРВАРА: Откуда столько добра, батюшка?

БАТЮШКА: Работал, дочери мои. Весь день бесов изгонял. Народ благодарный нынче пошел. Церковь почитает.

ВАРВАРА: А для кого это все?

БАТЮШКА: Кое-что — на нужды церкви, кое-что — нищим нашего прихода.

АНАСТАСИЯ (прикидывает на себя блузку, смотрится в зеркало): Батюшка! Но я ведь тоже нищая вашего прихода. Господь должен быть справедлив к нам.

ВАРВАРА (примеряет часы): С каждым днем укрепляется моя вера в сегодняшнюю церковь.

БАТЮШКА: Только давайте помолимся Господу за все, что он для нас делает.

Анастасия и Варвара тут же послушно встают перед иконами на колени. Батюшка смотрит на них сзади, потом все-таки, хоть и с трудом, переводит взгляд на иконы.

БАТЮШКА: Прости, Господи, меня грешного...

Квартира Моисея. Как и у всех, работает телевизор. Но на него никто не обращает внимания.

За столом Мойша, его жена, Моисей и рядом — внучек Гарик. Все считают собранные за квас деньги. Внучек внимательно наблюдает за этой сценой.

МОЙША: Моисей! Благодаря тебе хороший гешефт получился.

В это время по телевизору тот же взволнованный голос диктора.

ДИКТОР: Эксперты также считают, что в условиях обострившихся национальных отношений это лишь — начало. Что следующей провокацией после взрыва нефтяного состава будет диверсия на атомной электростанции, которая находится в том же районе. После чего российскому правительству будут выдвинуты чисто политические требования.

ЖЕНА МОИСЕЯ: Ты слышишь, Моисей, что случилось?

МОИСЕЙ: Ты же знаешь, Соня, про нефть я никогда ничего не слышу и не знаю. Только про квас.

МОЙША: Вот Моисей, твои десять процентов за квас. Пересчитай.

Одна купюра падает на пол. Внучек наступает на нее ногой.

МОИСЕЙ (Мойше): Не хватает одной купюры.

МОЙША: Не может быть. Может быть, упала?

МОИСЕЙ: Внучек! Ты не видел, денежка не упала?

ВНУЧЕК: Нет, дедушка. Я ничего не видел.

Квартира кагэбиста. Кагэбист сажает цветы.

ЖЕНА КЭГЕБИСТА: Все-таки что ты умеешь, так это сажать!

КАГЭБИСТ: Это верно. Сажать я люблю. (Про себя.) Скоро всех пересажаем. Только наши вернутся!

Утро. Во двор выходит дворник. Потянулся. Потянулась на его плече Лиза. Во дворе — никого. Дворник с удивлением смотрит на то, что осталось за ночь от «Мерседеса». Он уже без колес, без капота, без бамперов. Даже Лиза удивленно мяукает, глядя на этакий скелет машины.

Бабули обсуждают политические события на скамеечке.

Бизнесмен у себя в офисе. Вокруг стоят телохранители. У окон охрана внимательно наблюдает в подзорную трубу за улицей и окнами домов напротив: не блеснет ли где оружие киллера?

БИЗНЕСМЕН: (тем же секретным шепотом говорит по телефону): Олег Дмитриевич! Здравствуйте! Это опять Национальная ассоциация народных банков развития. Простите, что потревожил. О'кей? Я вчера смотрел телевизор. Нонсенс! Поставки теперь прекратятся на полгода. Да, конечно, догадываюсь, и чья нефть была и куда шла. Гарантии контракту мы же давали. (Совсем шепотом) Сам-то уже знает? И что думает предпринять? Правильно! Наказывать этих зверей надо. Шит! Вот это верно. Не бойтесь... Никто не возмутится. Скажите Самому... Вы мой намек понимаете?.. Народ мы возьмем на себя. Телевидение — наше. Газетчики недорогие. Объясним... Главное — целостность России! Особенно на целостность упирайте. Скажите самому, что Петр бы не простил. Он ведь у нас все-таки уверен, что он наш второй Петр I. (Смеется.) О'кей! Жду сообщений. И как только... Так сразу... На фонд ветеранов. Я помню, как не помнить... Ветераны — это святое! (Смеется.)

Кабинет на Западе. На стене — карта России с какими-то значками, флажками, отметками. Флаг США.

За столом — двое: шеф и корреспондент ООН с перевязанной головой, он же агент.

ШЕФ: Я возмущен. Это — провал. Мы чуть не лишились нашего основного агента. Вы прошли Вьетнам и Никарагуа, а сломались на русской бабе со сковородой.

АГЕНТ: Россия — это вам не Никарагуа, шеф.

ШЕФ: Не оправдывайтесь. Лучше скажите, как вы умудрились прозевать взрыв нефтяного состава, да еще с нефтью особого назначения? Для подготовки такой операции любой стране требуется минимум полгода.

АГЕНТ: Любой. Кроме России.

ШЕФ: Еще один такой провал, и я вас снова сошлю в Никарагуа. Уже горят два нефтехранилища в том же районе. И во всем этом обвиняют нас, в то время как мы сами не можем понять, с чего все началось? Российское правительство собирается блокировать весь район. Оно выделило на это немалые средства. Восток бурлит от негодования. А мы?

АГЕНТ: Россию надо уничтожить. Немедленно! Это пороховая бочка всего человечества. Надо натравить на нее весь мусульманский мир. Организовать специальные террористический группы.

ШЕФ: Перестаньте! Это в вас говорит ушибленный. Никому еще не удавалось победить Россию. А знаете почему? Подойдите вот сюда и взгляните на карту. (Подходит к карте.) Вы видите? Россия находится между Европой и Азией. Русские обладают смесью евроазиатского мышления: они говорят одно, думают другое, делают третье. А что они при этом чувствуют, не знают даже они сами. Потому что душа русского человека так же беспредельна, как и карта России. Россия ушиблена своими размерами. И люди в ней ушиблены... И те, кто долго там работает, тоже ушиблены. (Опять показывает на голову агента. Хохочет.)

АГЕНТ (недоуменно): Что же делать, шеф?

ШЕФ: Пройдемте со мной. (Открывает дверь за картой России. Оба входят в тайную залу, по всем стенам которой одни современнейшие компьютеры мигают своими глазками.) Это наша последняя разработка. Самый мощный в мире компьютер, созданный специально для разработки последнего плана борьбы с Россией. Мы назвали его «Рус-3». Первые два «Руса» перегорели, пытаясь обработать загруженную в них информацию о России за последние пятьсот лет. «Рус-3» справился со своей задачей.

АГЕНТ: И что же?

ШЕФ: С Россией можно справиться! Но справиться с ней могут только сами русские! Да, да! Обработав загруженные в него данные за тысячелетнюю историю России, «Рус-3» пришел к выводу, что никто еще не наносил России большего вреда, чем сами русские.

АГЕНТ: Потрясающе!

ШЕФ: Отныне мы будем не бороться с Россией, а поддерживать ее во всех ее реформах, и Россия развалится сама. Понятно?

АГЕНТ: Понятно. Конечно... Только я ничего не понял.

ШЕФ: Ну что же тут не понять? О нашем плане мы доложим нашему Президенту, и он будет дружить с русскими: ездить к ним в гости, улыбаться, одобрять все их начинания, вплоть до военных действий. На это у него способностей как раз хватит. Мы даже денег русским дадим, чтобы эти военные действия у них побыстрей начались.

АГЕНТ: А мы? Что же нам делать, когда война начнется?

ШЕФ: Да... Здорово все-таки Рашн-баба вас уделала... Ваш мозг скоро будет величиной с карту Люксембурга. Мы с вами, как всегда, будем зарабатывать! Понятно? У меня еще два эшелона с оружием от войны с Никарагуа осталось. Продайте их тем, кто будет воевать с русскими. Ну что вы на меня так смотрите? 20 процентов — ваши. Так понятнее?

АГЕНТ (после паузы): Шеф! Разрешите вам сказать всю правду в глаза?

ШЕФ (снимает очки и смотрит в глаза агенту): Говорите...

АГЕНТ: Вы — гений, шеф, после этого!

ШЕФ: Вы меня оскорбляете. Я — гений и до этого. А теперь не будем терять времени. За работу! Оба эшелона с оружием ждут вас в моей прихожей. И остерегайтесь русских женщин. Ха-ха-ха!

Редакция телевидения. На многочисленных мониторах кадры: пылают нефтехранилища, идут на юг поезда с солдатами. По дороге ползет колонна танков.

ВЕДУЩИЙ: Только что стало известно из достоверных источников, близких к достоверным, что началось странное передвижение российских войск в южном направлении. У нас в студии наш постоянный обозреватель Анхирст Засильич.

— Анхирст Засильич, не могли бы вы спрогнозировать, как будут развиваться события дальше?

ЭКСПЕРТ: Все зависит от того, какие указы выпустит завтра наш президент. Конечно, все мы с нетерпением ожидаем указа о том, что преступники должны немедленно прекратить совершать преступления. Если такой указ будет подписан, события могут развиваться двумя путями. Первый: если преступники послушаются указа и сдадут оружие и займутся сельским хозяйством. Второй: если они его не послушаются, не сдадут оружия и не займутся сельским хозяйством.

ВЕДУЩИЙ: Спасибо. Вы наконец-то нам все конкретно объяснили. А теперь — слово известному предпринимателю. Недавно на его машину неизвестными террористами было сброшено два цветочных горшка с особой взрывной смесью. (На экране «Мерседес», с которого все снято.) К счастью, никто не пострадал.

БИЗНЕСМЕН: Мы — ассоциация евроазиатских банков развития — решительно поддерживаем уверенные действия нашего правительства. Россия должна быть целостной! И наши многочисленные вкладчики, я уверен, поддержат нас. А мы со своей стороны обещаем: все, кто нас поддержит, первыми получат свои деньги обратно.

РЕЖИССЕР (оператору): Знаешь, а это не так плохо, если война начнется. Рейтинг наших новостей здорово подскочит. За рекламу такие бабки наколбасим!

ВЕДУЩИЙ: А теперь слово ведущему парапсихологу. Недавно его ясновидящая жена вернулась из космоса с новыми сведениями о нашем будущем.

В студии — парапсихолог и его жена. Ее глаза — опять без зрачков.

ЖЕНА (вещает): Земля вступила в эпоху Водолея. Идет очищение. Скоро, очень скоро на Земле наступит конец света. Это значит, что зло будет уничтожено. На планете останутся только самые чистые и святые. Только они войдут в будущее. Я взяла с собой в космос небольшой кусочек фольги. Боги закодировали мне его на звезде Трон, которая ведет нашу планету. Маленький кусочек этой фольги поможет очиститься любому из нас и войти в будущее... Остаться на нашей планете после конца света.

Бегущая строка — на экране телевизора:

Офис, в котором вы можете приобрести кусочек фольги, по улице Радостная, дом 14.

ЖЕНА (продолжает вещать): Земляне! Наши ведущие нам хотят помочь! Нас с моим выбрали проводниками этой помощи. Кто приобретет у нас кусочек фольги, тот автоматически будет взят в будущее.

ВЕДУЩИЙ: Спасибо. А теперь новости из-за рубежа. Возможность начала военных действий в России не вызвала, как ожидали эксперты, возмущения не только в самой России, но и в мире. Президент США даже пообещал в связи с бедственным положением России увеличить предоставленный ей кредит в два раза.

БИЗНЕСМЕН (весь в кольце охраны смотрит сообщение телеведущего по монитору. Говорит своему референту): Наш взнос на фонд ветеранов сделали? Вы понимаете, на что я намекаю?

РЕФЕРЕНТ: Еще три дня назад.

БИЗНЕСМЕН: Увеличьте его в три раза.

РЕФЕРЕНТ: Из каких денег?

БИЗНЕСМЕН: Из любых. Главное теперь, чтобы и эти средства... (показывает на экран монитора) пустили через нашу ассоциацию! И тогда всем о'кеям наступит о'кей!

Демонстрация вкладчиков на улице. Плакаты: «Россия неделима». «Действия правительства поддерживаем». «Позор бандитам!»

Навстречу — другая демонстрация с плакатами: «Позор правительству!» «Нет — войне!» «Долой хунту!» «Россия за демократию!»

Моисей с внуком смотрят на демонстрацию с балкона.

333

ГАРИК: Дедушка, я не понимаю, кто здесь за кого? Кто туда идет, кто сюда?

МОИСЕЙ: Все очень просто, Гарик. Они все идут не туда. Те, которые идут сюда, еще надеются вернуть свои деньги. А те, кто — отсюда, их вернуть уже не надеются. Соня! Позвони Мойше. Пусть опять приедет с квасом. Сегодня гешефт будет побольше, чем в прошлый раз.

ГАРИК: Дедушка! А война долго будет? Это сложно предсказать?

МОИСЕЙ: Да нет, внучек... Это очень просто. Война будет идти, пока деньги не кончатся!

Зеваки на улице.

ГОЛОСА: — Из-за чего все это?

— Это все ЦРУ спровоцировало...

— А я слышала, это не ЦРУ, а китайцы...

— Не китайцы, а евреи...

— Нет, китайцы! Они хотят себе присвоить нашу Сибирь.

— Да, да... Я тоже читал... Они нашу Россию считают своей территорией, потому что Чингисхан был китайцем.

— Чингисхан был евреем. Я видел в журнале его фотографию.

— Нет, китайцем. Поэтому китайцы сейчас хотят столицей своих восточных земель сделать Киев.

— Перестаньте! Представляю себе китайцев, которые едят сало палочками...

— Свят, свят, свят!

— Глупости! Просто наш народ кто-то сглазил.

— Да, да... Я читал... У нас на Центральном телевидении один диктор работает с черным глазом. Он агент влияния от жидо-масонов. На кого посмотрит, того и сглазит. Его специально сделали диктором передачи «Время», чтобы он на всех смотрел.

— Ой, не придумывайте, а? Просто люди деньги поделить не могут.

— Какие деньги? У нас демократия!

— Демократия — это и есть деньги. Только очень большие.

БАБУШКА (с внучком): И зачем людям столько денег? Все равно уже истратить не успеют.

За углом дома — вход в офис. Над входом объявление:

Снимаем сглаз

Восстанавливаем ауру

Укорачиваем карму

Убираем порчу

Перешиваем брюки

Заряжаем воду

Сервируем столы

Изготовляем карнизы

Снимаем стрессы

Рассасываем бляшки

Проектируем коттеджи

У входа в тот же офис — длиннющая очередь. Из двери офиса выходят довольные с кусочками фольги.

ПЕРВАЯ ЖЕНЩИНА: Вам досталось?

ВТОРАЯ ЖЕНЩИНА: Вот видите, какой... Закодирован в космосе. Маленький, а чувствуете, какая энергия от него идет?

ПЕРВАЯ ЖЕНЩИНА (руками, издали): Чувствую... Прямо настоящее тепло... Или мороз... Не пойму. Но мурашки аж по рукам бегут...

ТРЕТЬЯ ЖЕНЩИНА: Только бы на нас хватило. Так хочется в будущее попасть!

ПЕРВАЯ ЖЕНЩИНА: Муж просил ему тоже кусочек этой фольги купить... А я скажу, что не хватило... Так от него устала! Хоть в будущем от него отдохну, ей-богу...

335

Внутри офиса — парапсихолог и его жена.

ЖЕНА: Давай, давай, пошевеливайся... Неси скорее шестой рулон!

ПАРАПСИХОЛОГ: Кончается уже шестой.

ЖЕНА: Пошли кого-нибудь в магазин, в супермаркет. Пусть спросят фольгу для духовки.

Лес. Канавы. Аул. Где-то очень далеко слышится стрельба.

Журналист с магнитофоном сидит под старым грузовиком. Мимо проходит солдат с автоматом. Журналист подзывает солдата.

ЖУРНАЛИСТ: Эй, солдатик! На — доллар. Стрельни в воздух!

СОЛДАТ: А че не стрельнуть... За доллар можно и стрельнуть. (Стреляет.)

ЖУРНАЛИСТ (записывает звук стрельбы и надиктовывает): Мы находимся на передовой. И ведем наш репортаж из-под гусениц только что подбитого танка.

Квартира женщины, у которой живет прибалт.

ПРИБАЛТ: Весь мир возмущен действиями российского правительства. Мы отзываем наше посольство. Я уезжаю. Не могла бы ты мне одолжить двести долларов на дорогу?

ЖЕНЩИНА (ласково): Конечно, могу, дорогой. Только с одним условием: если ты попросишь ласково, по-русски, без акцента.

ПРИБАЛТ (акцент пропадает у него начисто): Валечка, дорогая, я тебя так люблю! Дай двести долларов.

ВАЛЯ (еще ласковее): Пожалуйста... Конечно, дам. А спой еще что-нибудь про нашу Россию... Я тебе и 300 дам.

ПРИБАЛТ: Это я с удовольствием... (поет): Россия... Россия... Россия — родина моя...

Валя дает ему 300 долларов.

ПРИБАЛТ (пересчитывает): А хочешь, я тебе гимн Советского Союза сыграю на нашей национальной губной гармошке? Я в детстве с преподавателем разучивал... (Играет: «Союз нерушимый...») Какие мелодии писали хорошие...

На экране телевизоров — призыв в российскую армию. Молоденькие лица солдат. Бритые головы.

Демонстрации в Восточных странах. На площадях молятся мусульмане. Мир бурлит.

В знакомом дворе под истрепанной ветром в лоскуты кофточкой дети играют в расстрел. Трое — сын Геннадия и те, которые ждали взрыва с отцом — у бортика хоккейного поля. Четвертый, индеец, делает вид, что стреляет. Трое падают.

ИНДЕЕЦ (сыну Геннадия): Нет, ты неправильно падаешь. Не так надо. Я видел вчера по телевизору, как надо падать. Давай покажу!

Гарик выходит на балкон со скрипочкой и с завистью смотрит на тех, кто играет в «расстрел».

Вдруг во дворе зазвучала траурная музыка. Из подъезда вынесли гроб. В нем — совсем молоденький мальчишка. Один из тех, кто был среди каратистов. За гробом — мать. Та, что была со сковородой. Рядом с ней — молодая вдова солдата. Мать поддерживает священник. Жена Федора выходит из подъезда и кладет цветы. На балконах люди.

Процессия движется по двору. За гробом идут Марина, Геннадий, Федор с женой, обе старушки, борец за справедливость, друзья Федора, женщины. Идут, как будто никогда не было между ними никакой ссоры. Дружные, какими могут быть только русские или во время погрома или во время похорон. Тут же Петр, Мышка. Дворник бросает веточки перед процессией. У него на плече жалобно мяукает Лиза. Мойша помогает всем усаживаться в автобус. Его жена наливает людям в автобусе сок. Даже кэгебист участвует в процессии.

КАГЭБИСТ: Придем к власти, всю теперешнюю верхушку перевешаем.

ПЕТР: Да, козлы — наши генералы! На войну мальчишек посылать... Мышка! Там у нас водочка осталась, освященная батюшкой. Снеси им сегодня вечером на поминки.

ГЕННАДИЙ (Марине): Что ж они мне раньше не сказали? У меня теперь такие связи! Я бы его освободил от службы. Ведь только что поженились.

МОИСЕЙ (на балконе): Софа! Они у нас соль занимали. Ты уж им прости это, что ли?

БОРЕЦ: Надо народ поднимать! Иначе еще не одна беда на него свалится.

БАТЮШКА (обнимает золотозубую тетку): Держись, дочь моя. Весь год буду за твоего сына молиться. Большое горе на Россию выпало. Испытание великое. Искупил сын твой нашу вину общую. Гордись им, матушка. Будет ему земля пухом. Я за упокой души его, матушка, всю оставшуюся жизнь служить буду.

ТЕТКА: Спасибо, батюшка. Если б не ты... (плачет) Сколько мы тебе за все должны будем, Батюшка?

БАТЮШКА: Забудь об этом, дочь моя. Никаких денег я с тебя не возьму. Только молись за сына своего и за других таких же.

БИЗНЕСМЕН (выглядывает из окна): Слава Богу, наш дом завтра будет готов, и мы навсегда уедем от этих жлобов. О'шит!

К дворнику сзади подходит парапсихолог и, как всегда, шепчет на ухо.

ПАРАПСИХОЛОГ (показывая на плачущую мать убитого): Это все потому, что она меня сразу не послушалась и не пожелала, чтобы моя жена...

ДВОРНИК (увидев парапсихолога, прерывает его и зовет батюшку): Батюшка! Вот тот, которого вы искали...

БАТЮШКА (подходит к парапсихологу и говорит очень спокойно, как будто в церкви, почти шепотом): Слушай, сын мой! Я до церковно-приходской школы институт физкультуры закончил по специальности классической борьбы. Когда был студентом, в колхозе быстрее всех грядки с морковкой полол. Еще раз где-нибудь тебя с твоей австралопитечкой увижу... Вот этими руками твою бороду козлиную выщиплю, а сверху крестом пришибу... От «Версаче»... Понял, ты — выкидыш покемона?

ПАРАПСИХОЛОГ (с ужасом смотрит на батюшку): Что с тобой, батюшка? Я тебя не узнаю.

БАТЮШКА: Я тебе не батюшка. Я им — батюшка. (Показывает на процессию.) Прости меня, Господи! (Смотрит на небо.)

ДВОРНИК (батюшке вдогонку): А я... Если он не поймет, ему в квартиру всех мокриц из подвала направлю. Посмотрим, как его супружница их загипнотизирует.

Снова комната в разведуправлении США. За столом те же: шеф и агент.

ШЕФ: Я возмущен. Я вас снова пошлю в Никарагуа. Уже два месяца в России идет настоящая война. Все делают на ней хорошие деньги. А вы еще не продали ни одного моего эшелона с оружием тем, кто воюет с русскими. Они так у меня в прихожей и стоят. Почему?

АГЕНТ: Потому что им продают такое же оружие сами русские.

ШЕФ: Не понял... Русские продают тем, с кем они воюют?

АГЕНТ: Да, шеф. И гораздо дешевле, чем мы.

ШЕФ: Почему?

АГЕНТ: Нам везти издалека. А русским — только поле перейти.

ШЕФ: Ничего не понимаю. И те, кто воюет с русскими, не хотят у нас ничего купить?

АГЕНТ: Нет, шеф. Они говорят, что наш президент поддержал русских, поэтому они принципиально не будут иметь с нами дело.

ШЕФ: А вы пробовали им платить?

АГЕНТ: Да.

ШЕФ: И что?

АГЕНТ: Говорят, что русские им платят лучше.

ШЕФ: За что?

АГЕНТ: За то, что они покупают у них оружие.

ШЕФ: А откуда у русских деньги?

АГЕНТ: Мы сами им дали.

ШЕФ: И что они с ними делают?

АГЕНТ: Они выделяют их на восстановление тех районов, которые потом бомбят.

ШЕФ: И восстанавливают?

АГЕНТ: Нет.

ШЕФ: Почему?

АГЕНТ: Потому что все равно разбомбят.

ШЕФ: А зачем же бомбят?

АГЕНТ: Чтобы выделять деньги.

ШЕФ: Так, подождите... Вы хотите сказать, что те, кто воюет с русскими, не хотят больше нас слушать?

АГЕНТ: К сожалению, да, шеф. Более того, я не знаю, как вам сказать... Наша разведка донесла, что они хотят прекратить нам поставки своей нефти.

ШЕФ: Почему?

АГЕНТ: Потому что наш президент оказал поддержку деньгами русским, а не им. Теперь весь мусульманский мир — против нас, поскольку мы не дали им денег.

ШЕФ: Я не понимаю... Нефть — это и есть деньги. Кому же они ее будут поставлять, если не нам?

АГЕНТ: Они решили ее поставлять русским.

ШЕФ: За что?

АГЕНТ: За то, что они продают им оружие дешевле, чем мы.

ШЕФ: Не смешите меня. Мне недавно аппендицит вырезали. Я не поверю, что они посягнули на святая-святых — нашу нефть. САМ им этого не простит. У него все родственники в этом бизнесе. Мы же их сотрем в порошок. У них нет ни одной ядерной ракеты.

АГЕНТ: Уже есть.

ШЕФ: Откуда?

АГЕНТ: Я же вам говорю, им русские продали.

ШЕФ: Как? Русские продали ядерные ракеты своим врагам?

АГЕНТ: Да.

ШЕФ: Почему мы опять об этом раньше ничего не знали? Как вы это прозевали? Когда это случилось?

АГЕНТ: Вчера.

ШЕФ: Хорошо, продали вчера. А начали планировать эту продажу когда?

АГЕНТ: Позавчера.

ШЕФ: Этого не может быть. Я вас снова пошлю в Никарагуа. Так не бывает. У русских военная охрана вокруг ракетных частей. Кто же им их продал?

АГЕНТ: Охрана и продала.

ШЕФ: Как они умудрились это сделать?

АГЕНТ: Ракеты ближнего действия они продали как водопроводные трубы, а дальнего действия — как трубы канализационные!

ШЕФ: Но ведь это оружие может быть обращено против самих русских?

АГЕНТ: Шеф! Русские не успевают думать о смерти, когда они думают о деньгах.

ШЕФ (беспомощно): Я понимаю, понимаю... Мы не можем понять русских. Но разве мы не можем предугадать действия простых азиатов?

АГЕНТ: Нет, шеф.

ШЕФ: Почему?

АГЕНТ: Потому что они все учились в русских институтах.

ШЕФ: Так... Стоп. Вы загружали все эти данные в «Рус-3»?

АГЕНТ: Конечно.

ШЕФ: И что?

АГЕНТ: «Рус-3» сошел с ума. Его коротнуло. Он все время просит прислать ему психиатра.

ШЕФ: Вы что хотите сказать? Что ситуация нами больше не контролируется?

АГЕНТ: Точно так, шеф.

ШЕФ: Что же делать?

АГЕНТ: Быть готовым к военным действиям.

ШЕФ: Ну что же... (Нажимает на кнопку и диктует в микрофон): Немедленно подготовьте бумагу нашему Президенту о необходимости ввести во всех флотах, воздушных и ракетных частях боевую готовность.

АГЕНТ: А мы?

ШЕФ: А мы с вами давайте выпьем по чашечке кофе и отправимся вместе в Никарагуа. Там нам будет спокойнее.

Мальчишки-газетчики на разных языках выкрикивают газетные заголовки: «Три восточные страны прекратили поставки нефти в США. США готовятся к крупным военным действиям. Весь мир в волнении. Эфир гудит. Молится мусульманский мир. Повсюду теракты, взрывы... Плачущие лица, демонстрации. Заседания, саммиты, голосования... Всплывают подводные лодки. Взлетают самолеты с авианосцев. Стартуют ракеты.

Ядерный взрыв».

Тишина. Утро. Солнце выползает из-за горизонта.

Пустой двор. Скрипят одиноко качели. Все безжизненно. Разбитые стекла окон.

На земле валяется множество кусочков обгоревшей фольги. На одном из балконов — тень от йога.

На верхушке березы — почерневшая кофточка.

В тишине слышится приближающийся шум от крыльев птицы. Аист прилетает во двор и садится на кофточку. Вытягивается и издает слабый звук. К нему прилетает второй аист, она.

Они стоят на кофточке, готовые предсказать появление на свет новой жизни. Дождь переходит в ливень. Земля пытается очиститься.

Солнце поднимается над горизонтом, наполняя розовым светом осколки стекол в окнах.

КОНЕЦ!

ЗАПИСНАЯ КНИЖКА
УСТАВШЕГО
РОМАНТИКА

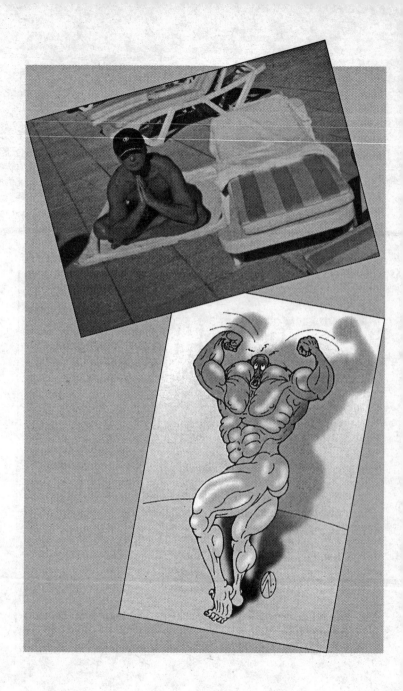

О ЖИЗНИ ВСЕЛЕННОЙ И ТВОРЦЕ

Бог создал материю, чтобы ему было чем любоваться во Вселенной. Материя — мебель Вселенной. Нимбы — короны праведников. Северное сияние — аура Земли, а чайки — плавки ангелов.

***

Бог дождем освящает землю!

***

Надо любить жизнь, а не ее смысл.

***

Если хочешь хорошо относиться к людям, не требуй, чтобы они хорошо относились к тебе.

***

Есть ученые люди, а есть — мудрые. Ученые — это те, которые много знают. А мудрые — которые понимают то, что они знают.

***

У советского герба был тайный смысл. Помимо двух классов рабочих и крестьян, он еще объединял две могущественные конфессии: серп символизировал мусульманский месяц, а молот — христианский крест. Две мощнейшие энергии двух классов и двух конфессий должны были дать силу новому государству. Кто был автором этого символа, опередившего время, я не знаю. Может быть, идея объединения двух конфессий была подсказана советским руководителям восточными мудрецами, с которыми у молодой советской власти были тайные связи? Более того, такие рассуждения можно считать мистикой. Но стоило отказаться от этого герба, и в тот же год в Советском Союзе вспыхнул первый межрелигиозный конфликт в Карабахе.

* * *

Когда я читал «Подвиги Геракла» в юности, мне не понятно было, зачем богатырю разгребать авгиевы конюшни? Не богатырское это дело копаться в навозе. И только много лет спустя, во время вынужденной лечебной голодовки, до меня дошло: Геракл не конюшни выгреб, а самого себя очистил. Я даже рассмеялся, когда представил его на своем месте. Авгиевы конюшни — точь-в-точь символ того, что творится в животах, суставах и сосудах обожравшегося человечества. В легенде точно сказано: никто годами конюшни не чистил. Разве это не наше человечество, где сердцем правит мозг, а мозгом желудок?

Когда же Геракл очистился физически, ему, естественно, захотелось такого же очищения духовного. Головы гидры — это пороки. Их нельзя отсечь по одному. Пороки дружны. Они цепляются друг за друга, точь-в-точь как головы гидры. Отсечешь один, — другие его подтянут и оживят. Нельзя, к примеру, сегодня перестать воровать, но продолжать при этом убивать и мечтать о том, что надо будет бросить убивать непременно со следующего понедельника. Геракл показал, как надо избавляться от всех пороков разом. И этот подвиг совершить было посложнее, чем поставить себе полутораведерную клизму.

Однако самый сложный подвиг Геракла — победа над львом. Поскольку этого льва он победил в себе! Для современного человека догадаться о том, что ненасытный, рычащий, пугающий всех зверь находится в нем самом, уже есть подвиг.

Мне запомнился такой почти притчевый анекдот: известный своей агрессивностью боксер подбегает к тренеру после тренировки, тяжело дышит и требует: «Дай мне немедленно Тайсона, я сейчас в такой форме — разорву его!» Тренер ему отвечает очень спокойно: «Как же я тебе дам Тайсона, если ты и есть Тайсон». Многие смеются над тем, что Тайсон совсем соскочил с мозга, забыл, что он Тайсон. Нет! Анекдот не в том, что Тайсон дурак, а в том, что его тренер — мудрец. Тайсон в каждом из нас!

Уничтожив льва, Геракл уничтожил агрессию в себе! Это метафора. И вот когда, совершив 12 подвигов, он поборол, наконец, те свои несовершенства, которые свойственны большинству смертных, боги взяли его на Олимп. Точнее — в нирвану. По-современному — в вечный кайф! Даровали **бессмертие** его душе. Так что Геракл — это просветленная душа, а не «ушуист накачанный»!

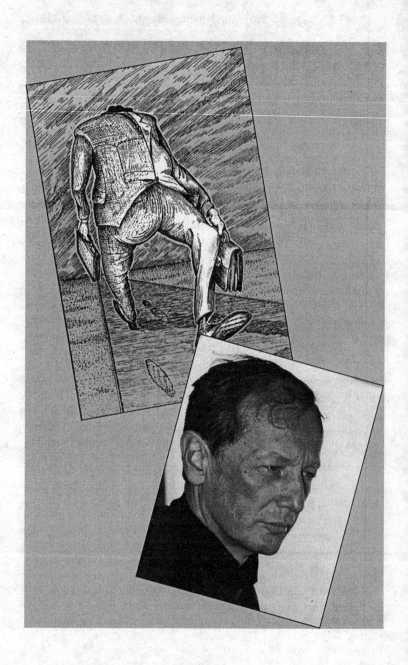

* * *

Есть две профессии позорить Родину: чиновник и футболист.

* * *

Если арестовать Абрамовича и приговорить к какому-нибудь сроку с конфискацией имущества, то футбольная команда «Челси» станет российской. Причем чукотской!

* * *

Половину наших чиновников я бы вызвал на дуэль, но на оформление вызова уйдут годы, и я буду недуэлеспособен.

* * *

Чиновники очень любят смотреть на морской прибой с берега: откат за откатом!

* * *

У известного восточного поэта и философа Омара Хайяма сформулирована такая мудрость:
«Если стадо баранов разворачивается
и идет в обратную сторону,
возглавляют шествие хромые бараны».

Такое впечатление, что как ясновидящий Омар Хайям расшифровал сегодняшние беды России, которая так часто разворачивается и идет в обратную сторону, что вперед никогда не успевают выйти здоровые бараны. В результате мы так и бредем вечно за больными, слабыми и хромыми, причем на всю голову!

О ВЫБОРАХ, ВЛАСТИ И ТЕХ, КТО ЭТУ ВЛАСТЬ ВЫБИРАЛ

Современная примета. Если через полгода после выборов вам еще не стыдно за того, кого выбирали, значит, вы на выборы не ходили!

* * *

Во время выборов ставка делается на подавляющее большинство, которое и подавляется.

* * *

Для нашей власти народ не роскошь, а средство к существованию.

* * *

Знаете ли вы, что:
...По инициативе партии «Единая Россия» подготовлена к изданию книга-подарок «Россия — родина Путина», а также диск DVD «Сборник речей Путина для караоке».

* * *

Символ партии «Единая Россия» медведь был подобран очень точно. Особенно если вспомнить сказку «Теремок». Кто только не поселился в теремке: и мышка-норушка, и лягушка-квакушка, и зайчик-попрыгайчик. А потом пришел медведь, сказал: «Это я, мишка, вам всем крышка!» Сел на теремок, и тот развалился.

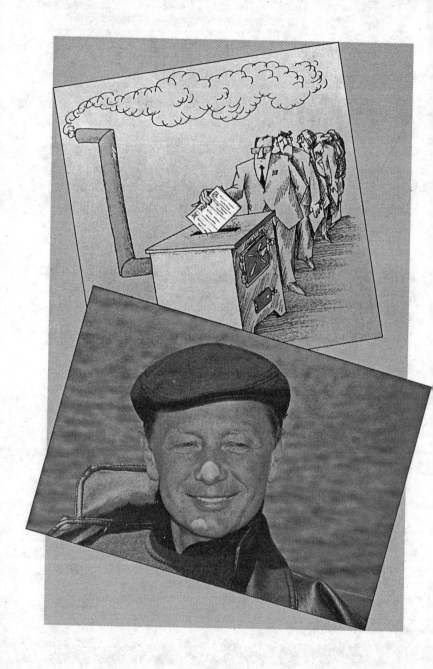

* * *

Если наш президент — гарант Конституции, то его администрация — гарантийная мастерская.

* * *

Солженицын должен быть благодарен коммунистам. Они его так боялись, что сделали знаменитым на весь мир. Демократы оказались умнее. Они обезопасили себя от Солженицына тем, что превратили его в памятник. А памятник неподвижен.

* * *

Свобода слова — это, когда народ имеет право говорить, а власть — такое же право его не слушать.

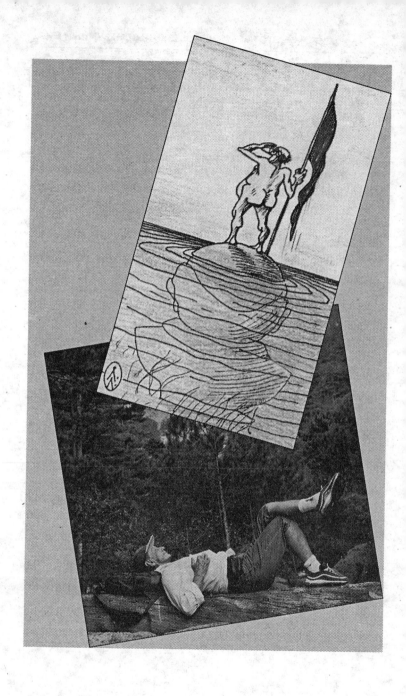

О РОССИИ, РОССИЯНАХ И РОССИЯНИИ

Чем русские люди отличаются от других народов мира? Чтобы добиться удачи, все в мире притворяются умными, а русские — дураками!

* * *

И в России, и в Украине бизнесмены и бандиты стали настолько похожи друг на друга, что их порой трудно различить. Только в России и те и другие похожи на бизнесменов, а на Украине — на бандитов.

* * *

В России все-таки появилась служба в армии на контрактной основе. Заключаешь контракт с военкоматом — и не идешь в армию.

* * *

9 МАЯ стал в России не менее любимым праздником, чем Новый год. Потому что — это единственный праздник, когда русские люди чувствуют гордость за Россию. У нас больше нечем гордиться: нет балета, нет футбола, нет такого, как раньше, хоккея, нет космоса, нет достойной армии, нет спортсменов, которым бы подражали в мире... У нас остались только наши ветераны! Только их не смогли победить российские реформаторы. Ветераны — это наша последняя гордость!

Когда нет настоящего — гордятся прошлым!

Только грустно, что самому молодому из ветеранов войны уже 80 лет... Живите, дорогие ветераны, подольше. Чтобы нам подольше было чем гордиться!

* * *

Совсем плохо стало нынче в России с мужиками. Одна половина пьет, вторая — сидит за компьютерами. И то, и другое ведет к импотенции.

* * *

Мы шестая часть земного шара. Восьмая часть всей мировой суши. Цветы закупаем в Голландии. На курортах Черного моря хвастаются: «У нас рыба свежая, из Норвегии». Страна богатырского кваса залита фантой. Пролейте фанту на пол — пол придется циклевать. Страна, где бабушки готовят самое вкусное варенье, покупает во Франции джемы. Джемы, на которые не садятся даже мухи. Чеснок закупаем в Германии. Чеснок без запаха. Хрен, не вызывающий слез?!. На такой хрен даже стыдно послать.

* * *

Если мы хотим избавиться от преступности, надо на все главные посты в МВД назначить наших самых отъявленных авторитетов. Тех, кого называют «ворами в законе». Они гораздо честнее, чем «законные воры». У них есть хоть какие-то понятия чести. Кроме того, они быстрее соображают, у них лучше машины, современнее оружие, они спортивнее, точнее стреляют... Наконец, в народе им больше доверяют. И что самое интересное, даже вывеску не придется менять на отделе в МВД: «Отдел организованной преступности».

* * *

Из всего Великого поста большинство из нас соблюдает лишь Пасху и масленицу.

* * *

Народ, который, несмотря ни на что, все эти годы хранит деньги в сбербанке России, поистине бесстрашен!

* * *

Частные банки в России отбирают у людей деньги, а частные вузы — будущее.

* * *

Неужели есть какой-то сакральный смысл в том, что гимн России написал баснописец?

* * *

В России удалось сказку сделать былью. Только очень страшную сказку.

О ЛЮБВИ, О ЖЕНЩИНАХ И МОДЕЛЯХ ЖЕНЩИН

В результате выросшего в мире модельного бизнеса женщины разделились на тех, кого можно любить, и на тех, с кем можно красоваться, пиариться... Сегодняшняя формула женской красоты с фигурами шнурков-мутантов пропиарена модельерами и дизайнерами, потому что большинство из них геи. Только им могут нравиться женщины, у которых не за что подержаться. А мы, мужики, на это поймались. В результате уже двое моих знакомых бизнесменов живут с моделями, а изменяют им с маленькими и полненькими. И конечно же стесняются даже друзьям признаться не в том, что изменяют женам, а что изменяют с таким несовершенством.

* * *

Если женщина говорит «нет», это значит «да», но позже.

* * *

Даже на красивую женщину мужчина закрывает глаза, если он сидит в метро, а она стоит рядом.

* * *

Разница между мужчиной и женщиной: женщина ради любви готова даже заниматься любовью, а мужчина ради того, чтобы заниматься любовью, готов даже любить.

* * *

Любовь убивает не ложь, а правда!

* * *

Мужчина долго остается под впечатлением, которое он производит на женщину.

* * *

Слово «замужество» очень точно делится на два слова: «за» и «мужество»! Можно давать такую медаль за выслугу лет в браке «За мужество!».

О ШОУ-БИЗНЕСЕ, ТЕЛЕВИДЕНИИ И ДРУГИХ УЖАСАХ

Cегодня среди нашей интеллигенции считается хорошим тоном ругать эстраду. Мол, это все невозможно смотреть! А потом друг другу подробно рассказывать, что именно невозможно смотреть.

* * *

Представляете, пройдет много лет, наша дискотечная молодежь состарится, теперешние девушки — фанки попсы — будут сидеть на завалинках или на лавочках у дома, к ним будут подсаживаться оставшиеся в живых старички, которые были в юности диск-жокеями. А что обсуждают, как правило, в пожилом возрасте? Песни, которые пели в юности, танцы, на которые ходили... Ну? И что старушка будет напевать своему старичку? «Муси-пуси, миленький мой»? Или: «Мои губы колышутся на ветру»?

И после каждой исполненной песни добавлять: «Вот в наше время какие были все-таки лирические и содержательные песни. Не то, что теперь!» Остается лишь с ужасом фантазировать о том, какие песни будут у молодежи в то время, если на их фоне сегодняшние будут казаться лирическими и романтичными.

* * *

Благодаря попсовым клипам у большинства молодых людей мышление из непрерывного превратилось в пунктирно-клиповое. Большинство фанов попсы не могут непрерывно думать об одном и том же. У них тогда происходит перезагрузка матрицы. А когда целый зал людей качается в такт поп-звезде со свечками в руках, у меня ощущение, что в зал пустили музыкальный газ.

* * *

Я стараюсь как можно реже смотреть телевизор, потому что не люблю, когда у меня плохое настроение. А у нас — хочешь выпить «за упокой» — включи телевизор.

* * *

Теленовости в странах Европы можно смотреть под пиво с орешками. В России — только под водку и не чокаясь.

* * *

Есть ложь, есть ложь неприкрытая, а есть — теленовости.

* * *

Кто-то догадался поставить исключительно забавный эксперимент. В одной оранжерее с цветами играли классическую музыку, и все цветы в ней становились очень пышными, благоухали... А в другой оранжерее по громкой связи передавали современные рекламы. Все растения через пару дней засохли. А те, которые не засохли, сморщились, как будто сильно обиделись на жизнь.

Такой же опыт провели в коровнике. Ну, о том, что коровы дают больше молока, если им играют Моцарта или Бетховена, известно давно. А запускать в коровниках рекламы додумались недавно. В результате коровы стали давать сразу скисшее молоко. Причем со скисшими мордами. У некоторых уменьшилось вымя и скукожилось до размера теннисного мячика. Причем от настольного тенниса.

ОБ ОБРАЗОВАНИИ, МАГИСТРАХ И ПОКЕМОНАХ

Реформа образования в России по западному шаблону — это перетянутый проволокой шланг с живой водой.

* * *

В нескольких столичных средних школах начали проводить реформаторский эксперимент. Как на Западе знания учеников проверяют на компьютерах) Им задают тестовые вопросы. Причем не только по точным наукам, но и... по литературе!

Например: «Чем Отелло душил Дездемону?», возможные ответы: платком, полотенцем и др... Или на знание творчества Толстого. «Конечная станция следования поезда, под который бросилась Анна Каренина?» Еще бы спросили, под какой вагон она бросилась!

Неужели наши реформаторы не понимает, что литература — это ощущения, а не информация. И что ее нельзя отформатировать.

Но больше всего мне понравились вопросы в тестах о творчестве Гоголя. *«На какой руке болел большой палец у Добчинского?»* Причем самое интересное — возможных ответов на этот вопрос дано, как положено, три: *на правой, на левой и др.*

* * *

Объяснять губительность западной реформы для российской молодежи нашим чиновникам так же бессмысленно, как пытаться объяснить глухому разницу между Моцартом и «Фабрикой звезд».

* * *

Во Владивостоке во время гастролей я у десятерых молодых людей спросил, кто такой Лазо? Восемь из них ответили, что это остановка автобуса. Но зато почти все знали большинство «выкидышей» всех «Фабрик звезд».

* * *

Мне так понравилось прикалываться во Владивостоке, что, вернувшись в Москву, мы с другом пошли на дискотеку. Поскольку и он, и я — лица телевизионные, рейтинговые, нас вскоре заприметили и к нам стали подходить молодые люди и девушки с просьбами «сфоткаться». Одна из девушек была необычайно веселой и разговорчивой. Мой друг попытался с ней заигрывать, а так как он совершенно из другого поколения, не нашел ничего лучшего, чем спросить для завязки разговора: «Что ты читала за последнее время?» «Я? — с необычайным удивлением переспросила девушка и, подумав, весело ответила: За последнее время я читала только татуировки на спинах у мужиков».

* * *

Народилось поколение, воспитанное не учителями, родителями, стройотрядами, а Голливудом, попсой, клипами... У большинства в этом поколении клиповое мышление. Пунктирное и рваное, как текст телеграммы. Поэтому им тяжело читать. Они не могут, бедняги, сосредоточиться.

Многие уже считают, что попса — это поэзия, комиксы — живопись, Цветаева и Ахматова — лучшие текстовички «Фабрик звезд» начала XX века, а Бернард Шоу — английский шоумен по имени Бернард. Они с трудом отличают Снегурочку от Белоснежки, зато знают разницу между Телепузиком и Покемоном.

В Питере во время концерта я получил записку от девушки, которая учится в институте имени Бонч-Бруевича. Она писала, что первые два года учебы была уверена, что Бонч — это аббревиатура, как ГУМ, ЦУМ... А фамилия — Бруевич.

У молодой девушки-косметолога, которая приходит к моей жене, я спросил, знает ли она Евтушенко. Она уверенно ответила: «Конечно. Это прекрасный парикмахер-модельер». Когда я ее застыдил тем, что она не знает русского поэта, она ответила: «А что же это за поэт, если его именем не названа ни одна станция метро?» Но перл перлов мне довелось услышать от начинающей столичной модели на одной из тусовок. Высокомерно, с высоты своего роста, глядя на нас, недомерков, она заявила: «Я не люблю Паваротти, потому что он поет песни Баскова».

А сколько молодых людей сегодня путают олигархов с олигофренами, считают, что Сара Бернар — это редкая порода французских собачек, не знают разницы между генеалогией и гинекологией. Мне лично дочка богатого сегодняшнего крутого финансиста за столом хвасталась тем, что у них в роду потрясающее гинекологическое дерево!

В кафе за соседним столиком сидели трое молодых людей. Разгадывали кроссворд. Кроссворд был с картинками. Один из разгадывающих посмотрел на портрет Моцарта и сказал: «Пиши — это Укупник». Тот, который должен был записать, тут же возразил: «Ты чего! Того? Количество букв не совпадает». «Тогда — Агутин», — уточнил третий. «Подходит», — ответил записывающий.

* * *

Сегодняшнее молодое поколение из мира российских и советских добрейших мультяшек резко шагнуло в мир западных ужастиков и реклам. Петербургские дети уварены, что в Петергофе не Самсон разрывает пасть льву, а Самсунг. У моей бывшей одноклассницы внучке исполнилось четыре годика. Бабушка решила подарить ей значок, который она получала, когда вступала в октябрята. Значок, естественно, с портретом Ленина. Внучка повертела его в руках и переспросила: «Баба, а что это за покемон изображен на значке?»

* * *

Моя дальняя родственница работает в библиотеке еще с советских времен. Ее жизнь прошла в книгах. Книги для нее — самое святое. Представляете степень ее возмущения, когда сегодня приходят к ней молодые люди и спрашивают стихи Чехова? Одна девушка попросила бестселлер Островского «Беспредельница». Кто-то поинтересовался, нет ли известного романа Экзюпери «Маленький шприц»? Десятиклассница настаивала, чтоб ей выдали роман Гюго под названием «Нотр дам де Парис». Когда моя родственница переспросила: «Это что за роман такой?», та ответила: «Ну, в котором главный герой — Петкун». Молодой человек пожаловался, что они в школе проходят роман Чернышевского, который он никак не может достать: «Называется что-то вроде... «Как дела?». Хорошо, хоть не сказал, что название романа Чернышевского «How are your?».

Если так пойдет и дальше, то недалеко то время, когда будут спрашивать эротический блокбастер Толстого «Анна Каренина», кулинарный бестселлер корейской кухни «Собачье сердце», детектив-триллер об убийстве кота-маньяка, ограбившего обувной магазин «Кот в сапогах», историческо-эротический бестселлер о групповой распущенности в сексе среди дворян XIX века «Дворянское гнездо».

* * *

А что пишут в сочинениях?!

«Половцы вероломно напали на Советский Союз...»

«37-й год был настолько голодным, что майонез намазывали прямо на хлеб».

«Гоголь родился на Украине под Ленинградом».

«Чацкий сел в карету и приказал: «Гони в аэропорт!»

Самая жалостливая цитата из школьных сочинений, которую когда-либо мне доводилось слышать, это:

«Герасим утопил Каштанку».

Всяческие реалити-шоу и конкурсы красавиц настолько вошли в нашу жизнь, что во время изучения «Евгения Онегина» один из учеников ответил на уроке литературы: «Онегин и Ленский поехали в деревню проводить кастинг среди сестер Лариных».

«На балу Наташа Ростова была в мини-юбке, из под которой чуть выглядывали бальные башмачки».

Однако все рекорды побил девятиклассник одной из московских школ в контрольной работе по физике: «Молекулы притягиваются и оттягиваются».

* * *

Я слышал выступление по радио одного из отечественных продюсеров. Я не люблю слово «продюсер».

Называть русского человека продюсером так же нелепо, как называть овощной ларек — бутиком. Тем не менее он сам себя всерьез называл продюсером и рассказывал о том, как будет сниматься фильм по роману Фадеева «Молодая гвардия». «Это будет настоящий блокбастер!» — несколько раз повторил он не без гордости.

На вопрос ведущей передачи кто будет режиссером, тот ответил, что ведет переговоры с одним известным американским режиссером из Голливуда. Но его фамилию пока держит в секрете. Ведущая тут же не без иронии поинтересовалась, неужели в России нет режиссеров, которые могли бы снять «Молодую гвардию»? Продюсер без тени улыбки объяснил, что только в Америке есть режиссеры, которые могут быстро и достойно снять экшн. Я тут же представил себе, какой экшн снимет голливудский режиссер по роману «Молодая гвардия». Олег Кошевой будет каратистом. Его друзья — ушуисты. Все стажировались в японской секте «Аум сенрикё». Во время пыток в фашистском гестапо с экрана в зал будет хлестать кетчуп имени Тарантино. Но, самое главное, раз это продукция голливудская, экшн будет заканчиваться хеппи-эндом!

В конце фильма к избитому, без зубов, со сломанными костями, без глаза, в пяти местах простреленному, но находчиво выплюнувшему вместе с зубами все пули, Кошевому, который только что перебил... битой для бейсбола 48 эсесовцев и покончил, наконец, с последним гадом, сбросив его с крыши Краснодонского небоскреба, подходят бойцы неожиданно взявшей город Красной армии. Да и как им было его не взять, если молодогвардейцы всех немцев в нем уложили, повязали... И погнали пинками за десять минут до этого.

— А ю о'кей? — спрашивает благородный генерал Красной Армии у окровавленного туловища Кошевого.

— О'ес! Ай эм о'кей! — радостно отвечают остатки его туловища...

К нему подползают останки остальных молодогвардейцев... Все, кому есть чем, улыбаются, поют, танцуют... Звучит музыка... Титры!

* * *

Однажды мне посчастливилось быть ведущим вечера русского поэта Евгения Евтушенко. Когда, открывая этот вечер, я поделился со зрителями тем, за что люблю и уважаю Евгения Александровича, и пригласил его на сцену, весь шеститысячный зал Кремлевского дворца встал и аплодировал так, как на Западе аплодируют только президенту страны. Я думаю, что только у нас в России еще есть люди, которые могут встать перед поэтом! Причем немало — целый Кремлевский дворец!

Совестью России всегда были поэты и писатели, а не юристы и не политики.

Это был очень теплый вечер. Несмотря на огромный объем помещения Кремлевского дворца, в начале вечера Евтушенко с микрофоном вышел в зал и затеял со зрителями игру: он начинал читать свои стихи, а зрители их продолжали. В какой еще стране возможно такое знание поэзии? Я понимаю, что сегодня, безусловно, интерес к поэзии снизился, возрос интерес к юмору и сатире.

Когда у общества есть надежды на будущее, его кумирами становятся поэты, а когда надежд нет — сатирики.

Потому что сатира учит тому, что не надо любить, а поэзия — тому, что любить надо.

* * *

Этот вечер имел неожиданное и забавное продолжение. Через полгода на кинофестивале в Сочи мы обедали с Евтушенко и Леонидом Ярмольником на набережной. Сидящая за соседним столом девушка узнала меня, подошла к нам и, не узнав Евтушенко, сказала: «Дядя Миша, я была год назад на вашем концерте с этим, ну, с поэтом... Слушайте, я не помню его фамилии... Я пришла на концерт из-за Вас... А тот дед оказался такой прикольный!»

У Ярмольника от таких слов вилка с курицей застыла в стоп-кадре и косичка дергаться начала. А девушка продолжила: «Я вообще не знала, что бывают такие классные стихи. После того вечера даже пошла в магазин, купила «Мастера и Маргариту»... Дед же про них рассказывал... Сначала мне не очень понравилось... Но потом просто не могла оторваться. Супер-роман! Сейчас пытаюсь еще прочитать «Войну и мир». Пока трудно идет».

Когда она осеклась и сделала паузу в своем пылком монологе, Ярмольник тут же меня спросил: «Скажи честно, это ты ей текст написал?»

Девушка смутилась:

— Простите, я что-нибудь не то сказала?

К этому времени обрел дар речи Евгений Евтушенко:

— Да вы присаживайтесь к нам. Я как раз и есть тот самый прикольный дед.

* * *

Как падает градус образования, когда общество идет по западному пути развития, видно на примерах стран Балтии. Где, как и на Западе, уже почти вся молодежь уверена, что Микеланджело и Рафаэль — это черепашки-ниндзя, а Бетховен — собака. При мне в Риге в книжный магазин пришел интеллигентного вида латыш, который, очевидно, получил образование еще во времена Советского Союза, и спросил у современного запирсингованного во всех местах продавца, нет ли повести Джерома Джерома Клапки «Трое в лодке (не считая собаки)»? На что продавец вполне серьезно ответил: «У нас по собаководству ничего нет».

* * *

У моих друзей в Риге две внучки: одной — три годика, другой — пять. Обе насмотрелись голливудской бесовщины. Бабушка целует трехлетнюю перед сном, а та ей говорит: «Бабушка, не занимайся со мной на ночь любовью».

Однажды трехлетняя, после добрейшей российской мультяшки, подошла к пятилетней и обратилась к ней, как в сказке: «Ваше высочество!» Но пятилетняя-то уже подсела на американский мультяшечный экшн и отвечает ей: «Не называй меня высочеством. Я сегодня просто шлюха».

В Риге у латышского тинейджера ведущий новостной программы спросил, знает ли он, кто воевал во Второй мировой войне? «Точно не знаю, — ответил тот, — но знаю, что победили латыши!»

* * *

Подражание ЗАПАДу для нас — ЗАПАДня!

* * *

В моем возрасте принято во всем винить молодежь. Она никудышная, недообразованная, ее ничто не интересует, кроме попсы и наркотиков. Это не просто консервативная точка зрения — это мнение людей с законсервированным мышлением, у которых в жизни ничего хорошего, кроме молодости, не было.

Я много шатался по России, побывал во многих ее закоулках и видел множество талантливых и светло-ауровых молодых людей. Но их лишили маячков, на которые им можно было бы ориентироваться. Они тоже хотели бы много знать, понимать классическую музыку, путешествовать... Но, во-первых, образование стало сегодня достаточно дорогим, не говоря уже о путешествиях. А на дозу денег всегда хватает. Принял немного «дури» — и ты в Париже! Вернувшись со своим спонсором из Парижа, одна из моделей поделилась впечатлениями с подружками, что особенно ей запомнилась во Франции: «Ой, там есть такая прикольная штучка!..» Она имела в виду Эйфелеву башню.

* * *

Сказать сегодня в компании западников, реформаторов и демократов, что в советское время у нас было лучшее в мире образование, так же неприлично, как снять в обществе штаны. Тем не менее тогда наша молодежь не баловалась наркотиками. Даже толком не знала что это такое. Потому что образование было настолько широкоформатным, что у молодежи проявлялись разные интересы и они в детстве проявляли любознательность! Только интересы могут защитить молодого человека от «дури». Образование, интересы и любознательность — это иммунитет! Тому, кто увлечен музыкой, путешествиями, спортом, кто кайфует от чтения, тащится от живописи, наркоманить просто скучно. Для него это не есть удовольствие!

* * *

К сожалению, молодежь сегодня даже не знает, насколько пьянство лучше наркотиков. Ведь оно, в отличие от наркоты, развивает чувство юмора. Нельзя же на утро без юмора относиться к тому, что делал по пьянке вечером. В Советском Союзе было необычайно развито чувство юмора, потому что это была пьющая страна. Я бы сегодня даже провел такую акцию «Пьянство — против наркотиков!». Во всяком случае, она была бы честной. А сегодняшние мероприятия-аттракционы под названием «Попса против наркотиков» такая же фальшивка, как «Карлсон против варенья» или «Украинцы против сала».

Тем более глупость арестовывать наркоманов. Наркомания — болезнь, а не преступление! Тогда давайте сажать людей за гастриты, тонзиллиты... Болезни не опасные — одного года тюрьмы за гастрит вполне достаточно. А вот за подагру, цирроз печени, язву желудка можно дать срок и поболее!

* * *

Я считаю, чтобы наши дети перестали смотреть американские блокбастеры, им ни в коем случае нельзя запрещать их смотреть. Надо учитывать тинейджеровскую упертость и русское желание с детских лет противоречить всему, что предлагают школа, родители и государство. Я же помню себя в 12 лет. Перечитал всего Мопассана лишь потому, что родители мне запрещали его читать. Ничего не понял, но прочитал от корки до корки.

Так что, если мы хотим, чтобы американские фильмы нашим детям опротивели, надо их, наоборот, приговаривать к ним. А еще лучше, в школах заставлять писать сочинения на темы:

«Человек-паук — герой нашего времени».
«Бэтмен — луч света в темном царстве».
«Годзилла — ум, честь и совесть нашей эпохи».

* * *

Если б я был президентом, я бы все возможные средства выделил сегодня не на армию, а на восстановление советской системы образования в наших средних школах. Может быть, даже сделал его, как и раньше, бесплатным. И даже, более того, платным. Но платил бы тем, кто учится. Потому что в образованных людях неравнодушное государство нуждается.

Такая страна, как Россия, сегодня должна быть сильна не армией, а культурой и духовностью! В истории известно, что страну, которая все время вооружается, в конце концов начинает так распирать изнутри от собственной значимости, что она лопается. Кроме того, зачем нам нужна сильная, но необразованная армия? Она опасна только для нас самих.

Сейчас, пока американцы корчат из себя на Земле главных, и пока они не лопнули, как передутый первомайский шарик, у нас есть время заняться своим образованием и культурой. Тем более что на нас никто не собирается нападать. А если и нападет, то нам даже не надо сопротивляться, надо просто сказать: «Ребята, заходите!» и дождаться первой зимы! Любой сбежит. А мы продолжим заниматься своим образованием, и его у нас уже никто не отвоюет никаким супероружием.

И ДР... И ПР...

Китайцы могут не бояться, что их когда-нибудь завоюют американцы. Даже если это случится, то все американцы, которые завоюют Китай, уже через пятьдесят лет станут китайцами.

* * *

В казино выигрывает только тот, кто владеет этим казино.

* * *

Говорят, женщины любят ушами. Можно себе представить, как бы повезло крокодилу Гене, если б Чебурашка был женщиной.

* * *

Когда Питер был столицей, Россия всегда была державой интеллектуальной: писательской, научной, театральной... Как только столицей становилась Москва, Россия тут же превращалась в финансовую, купеческую и продажную. Эта разница в градусе интеллекта питерцев и москвичей чувствуется даже сейчас. Нырнешь в московский переулок, какие там магазины? «Одежда», «Антикварный», «Ювелирный»... «Ювелирный», «Антикварный», «Одежда»... А в Питере завернешь за угол с Невского: «Книги», «Очки»... В Питере сохранилась настоящая интеллигентная русская речь. Там еще можно услышать: «булошная», «четверьг», «конешно», «после дожжя»...

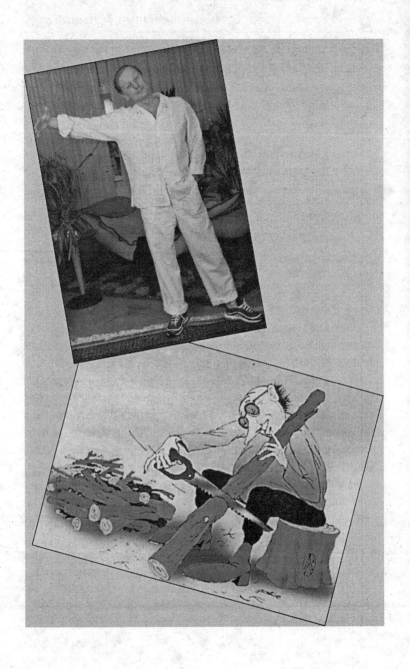

Когда у питерцев возникают проблемы, они говорят: «головная боль», а москвичи говорят: «это геморрой».

* * *

Москва сегодня напоминает бомжа, который сделал себе маникюр, педикюр, надел на грязное белье смокинг и пошел играть в казино.

* * *

Японские рестораны в России стали очень популярными. Пойти в такой ресторан означает нынче показать свою крутизну и приобщенность ко вкусам мировой цивилизации. При этом многие русские мужики просто не могут есть японскую еду: непривычно и очень трудно наесться сушами или морской капустой до отвала.

Чтобы не терять клиентов, во многих российско-японских ресторанах стали готовить японские блюда под русский вкус: плов из морепродуктов, пельмени с креветками... Осталось рекомендовать нашим кулинарам научиться делать блины с устрицами, пироги с морской капустой, драники из мидий и сашими из шпрот!

* * *

Не люблю в праздничные дни ходить в гости к людям, которые требуют снимать туфли и надевать тапочки. Сразу портится настроение. Вроде как настраивался, надевал костюм, рубашку, галстук... Несмотря на демократичность нашего времени, многие до сих пор любят ходить в гости в галстуках. Женщины — на каблучках, чтобы ягодицы не катились колесиками по земле. Вдруг, после такой тщательной подготовки хорошего настроения на весь вечер, по приказу хозяев все надевают убитые этими же хозяевами тапочки с подмятыми задниками. Причем такая роскошь — хозяйские тапочки — достается только тем, кто пришел вовремя. А тем, кто припоздал, выдают уже пляжные вьетнамки. Мужчины в костюмах, при галстуках с силой запихивают в эти вьетнамки ноги в носках, в которые врезается перемычка между большим и безымянным пальцами стопы, после чего они напоминают гусей лапчатых. Не говоря уже о том запахе, который распространяется по всей квартире и смешивается с запахом салата «Оливье» и подгоревшей «Шарлотки». Наконец, тем, кто приходит последними, и этого добра не остается. Тогда из закромов прихожих появляются белые тапочки, украденные из турецких и таиландских курортных гостиниц с надписями «Хилтон», «Карлтон»...

Вот видуха! Мужчины в вечерних черных костюмах и в белых тапочках. Хоть в гроб клади! Пока все сидят за столом и едят, еще ничего... Но вдруг кто-то говорит: «А теперь потанцуем?» И тогда начинается самое интересное: танго во вьетнамках и рок в белых, постоянно шлепающих тапочках.

* * *

Футболисты сборной России играют заразительно плохо. С ними плохо играют все команды. Даже мирового класса. Они никак не могут понять, как надо с нашими играть. Их формулы работают против тех, кто бегает по полю. А наши изобрели новый вид спорта — спортивная ходьба с мячом. Между футболистами и чиновниками в России есть общее. Обе эти профессии созданы для того, чтобы позорить Отчизну.

* * *

У моих знакомых на Рублевском шоссе за забором в особняке с арками, башенками и голубятнями живет один из крупных боссов современной таможни. У него бультерьер, который с утра лает на соседей, если они ему не дадут хотя бы кусочек еды. Зато, если его с утра покормить, он весь день спокойный, тихий и даже смотрит на соседей ласково и благодарно. Казалось бы, все в порядке, отношения налажены. Ан нет! С утра опять лает, пока не покормят. Как удивительно все-таки собаки перенимают черты хозяев.

* * *

Страны Балтии из кожи вон лезут, лишь бы делать все наперекор России. Вот была бы потеха, если б Россия вступила в НАТО первой! Страны Балтии вынуждены были бы принять мусульманство!

Но, к сожалению, в НАТО Россию не примут никогда. Потому что если Россия войдет в НАТО, то по самые Нидерланды!

Зато со странами Балтии натовцы еще хлебнут «непоняток». Они же географию учили не в Советском Союзе. Для них латыши, эстонцы, литовцы, русские — все на одно лицо, как для нас — киргизы с таджиками и туркменами. Они не знают, что больше половины призывников в их войсках окажутся русскими. Не дай Бог какая-то заваруха с Россией начнется, эти солдаты будут стрелять совсем в другую сторону. Не говоря уже о том, что при таком количестве русских солдат половина натовских войск вскоре будет говорить по-русски. Во всяком случае, ругаться — точно.

Наглядный пример. Наши люди посылают·в Англию своих детей обучаться английскому. И в предвариловке-райдере пишут: «Только не селите их с русскими». Потому что если двое русских детей в школе подружатся то вся школа будет говорить по-русски. У русских детей особая энергия. Мне эстонцы жаловались: присылают на лето русских детей на эстонский хутор обучаться эстонскому. В результате к осени даже собаки лают по-русски. Англичане же — бюрократы, они исполняют точно все требования райдера: «С русскими не селить!» И селят их с казахами, украинцами, белорусами... В результате через год английская школа по речи ничем не отличается от эстонского хутора!

* * *

Западу рано хвастаться, что они нас во всем обыграли. Еще не вечер. Наша непредсказуемость для них невычисляема. Например, только у нас человек, который едет по встречной полосе, может получить удар сзади. Да, мы сейчас сзади. Но они-то явно выехали на встречную полосу!

ТОЛЬКО
У НАС!

Известному человеку нелегко бывает ходить по улицам или заходить в магазины. Обязательно кто-нибудь узнает, подойдет и потребует рассказать что-то смешное. В этом отношении женщины менее опасны. Они более искренни. Увидев популярного человека, они только взмахивают руками, как курица крыльями, и, кудахча, радостно выкрикивают: «Ой, первый раз вас видим живым!» Как будто обычно они нас, популярных, видят только дохлыми. Однажды я не выдержал и спросил:

— И как я вам, — живой?

— Гораздо лучше!

Мужчины более меркантильны. Они, как правило, берут за пуговицу, чтобы ты не убежал, и требуют рассказать им немедленно что-то очень смешное. Правда, бывает еще хуже: возьмет за две пуговицы и скажет:

— Сейчас я тебе сам смешное расскажу!

Конечно, в таких случаях можно, как говорят, попасть надолго. Так, что впредь будешь ходить в кепке и в очках со стеклами размером с теннисную ракетку. А бывает и наоборот! Когда рассказанным хочется поделиться именно с нашими читателями или со зрителями, потому что обычно рассказывают такое, что может случиться **только у нас!**

На ошибках учатся!

Произошло это в обычной банальной российской глубинке. Парень познакомился с девушкой. Распалились пивом. Он ей предложил пойти к нему. Она согласилась. После того как она согласилась, он ей признался, что вообще-то у него квартиры нет. Но зато есть гараж.

Она была нашей девахой. Не боязливой. Коня на скаку остановит, в гараж, если надо, пойдет.

Пришли в гараж. Для того чтобы он показался уютным, пива они выпили недостаточно. Он предложил сгонять за водкой.

— Только, если недолго — предупредила она.

Парень оказался недоверчивый. А вдруг сбежит? На всякий случай запер ее в гараже. Сам же так торопился, что, когда перебегал через улицу, его зацепило капотом проезжающей машины. Слава Богу, остался жив! Однако в реанимацию все-таки его отвезли. Продержали там три дня. Когда очнулся, вспомнил, что у него в гараже девушка. От таких воспоминаний отключился еще на пару деньков. Через пять дней пришел в себя окончательно. Причем первой включилась у него совесть. Позвонил другу:

— Выручай. У меня баба в гараже уже неделю сидит. Очень тебя прошу, заезжай ко мне, возьми ключи и выпусти ее.

Зря друг согласился быть спасателем! Деваха была не просто русской женщиной, а еще энергичной и по-нашенски упитанной. А там, в гараже, была лопата. Она уже трое суток ждала с этой лопатой в позе «девушка с веслом». Лишь бы кто-нибудь открыл ей дверь. И ей было все равно кто! Требовалось только одно: на чем-то или на ком-то сфокусировать накопившуюся за неделю не совсем положительную энергию.

В общем, друг тоже попал в ту же реанимацию. Положили их рядышком. Лежат и ухохатываются над случившимся.

Однако первый, тот, который все затеял, ухохатывался лишь до того момента, пока его не выпустили из больницы и он не вошел в свой гараж. Там помимо лопаты еще была отличная западная дрель. Все эти дни деваха от нечего делать развлекалась тем, что сверлила этой дрелью корпус машины. И, судя по всему, это доставляло ей чрезвычайное удовольствие. Во всяком случае, время она явно скоротала. Машина превратилась в гигантский дуршлаг!

Поскольку эту историю мне рассказывал сам «герой», то я его спросил:

— Ну и что, в конце концов, ты сделал какие-нибудь нравственные выводы из этой истории?

— Конечно, — ответил тот, не задумываясь. — Никогда больше не буду держать в гараже дрель!

Независимая валюта

Бизнесмен приехал в Москву из Латвии. Валюта в Латвии в то время как раз изменилась. Только что ввели латы. Он же, уверенный, что в России все только и живут новостями из Латвии, пришел в ресторан и с гордостью за независимую валюту спросил у гардеробщика:

— Куда латы сдать можно?

Гардеробщик ему ответил вполне логично:

— Латы сдай мне, а коня привяжи у входа!

Скелет в мониторе

В девяностые годы в Москве на различных предприятиях работало довольно много вьетнамцев. Это была самая дешевая в России рабочая сила. Так как во Вьетнаме жизнь еще беднее, чем в России, то, улетая к себе домой, они готовы были захватить для дома для семьи даже украденные с завода или выкрученные в общежитии винтики, гайки, гвозди, инструменты... А поскольку их чемоданы на таможне тщательно проверяли, то старались распихать это все по карманам пальто. Таможня, естественно, хорошо знала их мелковоровские привычки, и если вьетнамец улетал домой в пальто, это означало, что он весь увешан под подкладкой украденными шпунтиками.

В то время в Шереметьево множество молодых вьетнамцев в своих сереньких пальтишках напоминали шныряющих из угла в угол мышек с испуганными заранее глазами. Наши таможенники вообще любят с иностранцами корчить из себя «Иванов Грозных». С вьетнамцами у них это получалось особенно хорошо. Проверять их было особым удовольствием, как для кошек проведение кастинга мышек.

Во время осмотра очередной такой «мышки» таможенник, похожий на располневшего от зажиточной жизни кота, посмотрел на свою жертву и грозно приказал:

— Буду проверять все. Давай загружай, что у тебя есть, на ленту.

Сам же стал смотреть в монитор. И вдруг — он с ужасом видит, как на экране появляется проплывающий скелет, скрюченный в форме зародыша. Причем, скелет целый, вместе с черепом. У «кота» чуть усы не отпали от удивления.

Оказывается, не очень хорошо знающий русский язык вьетнамец подумал, что таможенник решил посмотреть и его тоже, и сам залез на транспортер, свернувшись в позу эмбриона.

Надо отдать должное, таможенник быстро сообразил, в чем дело. Остановил транспортер так, чтобы скелет оставался на мониторе, и начал созывать своих друзей посмотреть на это чудо.

Англичанка и VIP по-русски

Англичанка, хорошо знающая русский язык, перед самым Новым годом 31 декабря решила лететь домой, в Лондон, Аэрофлотом. Все-таки дешевле, чем британскими компаниями.

Пришла в зал VIP — дело было во второй половине дня, — а там, за регистрационной стойкой, сидит в лоскуты пьяная наша администратор. Как-никак 31 декабря! К тому же время послеобеденное.

Англичанка, естественно, возмутилась:

— Вы же пьяны!

Наша ей отвечает по-нашенски:

— Ну и че тебе-то?

— Я буду жаловаться!

— Кому? Тебя проводить к начальнику?

— Да, проводите.

Пришли в кабинет к начальнику. За накрытым столом-поляной сидит начальник — в те же лоскуты. С галстуком набок и пиджаком, застегнутым не на ту пуговицу.

Англичанка, с чувством, не свойственным северным народам, аж вскрикнула:

— Как? И вы пьяны?!

— Я пьян?! — удивился искренне начальник. — Это вы еще экипаж не видели, с которым полетите!

С испуга англичанка в этот день в Лондон не полетела и встречала Новый год в Москве! Зато он запомнился ей на всю жизнь!

Это безобразие!

В ялтинскую обсерваторию приехал местный чиновник с семьей. И начальственно у астрономов спросил:

— Нам бы хотелось сегодня посмотреть на Луну. У дочки День рождения.

Работники обсерватории ему объяснили, что, к сожалению, уже поздно — Луна зашла. Таким ответом чиновник остался явно недовольным:

— Это безобразие! Вас разве не предупредили, когда мы приедем?

Пацан-патриот

Наши пацаны порой бывают значительно патриотичнее, чем политики. Одному из таких пацанов настолько осточертело немецкое скупердяйство, с одной стороны, с другой — их постоянное хвастовство своими машинами, что он не выдержал:

— Что вы все время хвастаетесь Мерседесами? Вон смотри, у меня «трехсотый». Но я могу, например, взять отвертку и дырок набить прямо в нем, понял?

Немец, естественно, возмутился:

— Ты не сделаешь этого. Я не верю. Мерседес — это же лучшая компания в мире!

Тогда хитроумный пацан предложил ему спор:

— На 1000 долларов, согласен?

— Согласен! — обрадовался немец, не веря в возможное унижение немецкой автомобильной гордости. Ему уже мерещилась заработанная на халяву тысяча долларов. Но он не знал наших.

Пацан залез на крышу своего «трехсотого» и со всей силы отверткой настучал в ней множество дырок. Немец побледнел, отдал 1000 долларов. Пацан поехал в автосервис и прорезал в этом месте люк всего лишь за 300 долларов!

Правдолюбец

Oдин из прохожих остановил меня и прямо на улице рассказал историю, которая случилась над его квартирой'этажом выше.

Двое напились: сосед и его друг. Захотелось или девчонок, или подвигов. Девчонок достать оказалось бесперспективным. Оставалось заняться подвигами. Один другого спрашивает:

— Хочешь, на спор выпрыгну в окно с третьего этажа?

Второй, естественно, отвечает:

— Ты с ума сошел. Третий этаж. Разобьешься!

— Не разобьюсь!

— Разобьешься. Хвастун. Мюнхгаузен в таблетке!

— Я Мюнхгаузен?! Я никогда друзьям не вру. Смотри...

И чтобы доказать, что он действительно не врет, обиженный залез на подоконник и сиганул с него на улицу. Тот, который ему не верил, с испуга тут же протрезвел. Не выглядывая в окошко, постарался как можно скорее вызвать «Скорую».

Однако недаром замечено: пьяных Бог бережет. Или правдолюбец упал на кусты, как в плохих фильмах, или еще на что-то мягкое, но действительно остался цел и невредим. Пока «Скорая» ехала, поднялся обратно на третий этаж. Вызвавший «Скорую помощь» очень обрадовался, что друг остался жив. В «Скорую помощь» позвонить, естественно, забыл. На радостях, начали квасить за неожиданную приятную встречу и за Господа, который бережет пьяных и святых.

Тут приехала «Скорая помощь». Бегут скорее с носилками по лестнице вверх. Звонят. Заходят. Спрашивают: «Кто вызывал «Скорую помощь»?»

— Я.

— Что случилось?

— Да ничего страшного, мы тут напились, и мой друг выпрыгнул вот из этого окошка. Ну, я вас и вызвал, а он вдруг раз и заходит...

«Скорая» — а их было три человека — очень слаженно, по-агитбригадовски покрыла их обоих матом. Мол, ребята, врите, но не завирайтесь!

— Как, вы мне не верите? — рассердился правдолюб. — Не верите, что я выпрыгнул из окошка? Это что, значит, я вру? Вот, смотрите...

И снова выпрыгнул! «Скорая» с носилками бежала по лестнице вниз с такой скоростью, словно пыталась подставить их под выпрыгнувшего до того, как он долетит до земли. К сожалению, во второй раз все обошлось гораздо печальней. Хоть и остался жив наш гордец, однако в реанимацию попал. «Скорая» так и не успела подставить под него носилки.

Прости, Господи!

Мой хороший знакомый, с которым мы дружили еще в юности, в советское время учился в театральном училище. Но на четвертом курсе его выгнали за драку. Он был огромного роста, в юности занимался борьбой. Оставшись не у дел, как и все, кто ничего не умел делать, в начале перестройки начал заниматься коммерцией. Потом вдруг продал свой ларек и купил... приход! Потому что времена изменились, и он вычислил, что гораздо больше, чем от ларька, доход от прихода. Сам, соответственно, стал священником. Поскольку артистом он был от природы, те, кто ходили в эту церковь, вскоре очень полюбили его проповеди, которые он читал по системе Станиславского, вживаясь в них. И прихожане ему верили.

Однажды шел вечером по улице, подсчитывал в уме доход от прихода. Навстречу двое. Подвыпившие, громкие... Один другому предлагает... Ни с того ни с сего, как это часто бывает у наших:

— Смотри, поп! Давай, что ли, в морду ему дадим?

Второй спрашивает:

— С чего вдруг?

Первый отвечает:

— Помнишь, как их, попов, учил Иисус в Нагорной проповеди: «Дадут по левой щеке, не отвечай, подставь правую». Интересно, подставит или нет?

— Давай!

Подошли, и тот, кто все это затеял, как врежет слева нашему священнику. Они ж не знали, что поп-то ой как соскучился по драке. Он только перекрестился, мол, — «Прости меня, Господи!» — и с таким удовольствием за милую душу отметелил обоих! Потом посмотрел на избитых и весьма озадаченных, перекрестил и отпустил со словами: «Идите с миром, сыны мои! Да простит и вас Господь!»

Понимаете, да?

Пришел человек с испитым лицом ко мне в гримерную, в Калининграде. Говорит:

— Вы правы, у нас случается то, чего никогда и ни у кого случиться не может. По себе знаю. Я ведь недавно чуть не спился. Более того, чуть веру в жизнь не потерял. Понимаете, да?

Теща уехала в отпуск, и, пока ее не было, я решил поставить заборчик на своем огородике. Измерил рулеткой длину огородика — ровно 12 метров. Соответственно заказал три секции по четыре метра. Понимаете, да? Мне, естественно, и сделали три секции по четыре метра. Я привез, поставил все секции друг к другу, — смотрю, получилось на полтора метра длиннее. Опять измерил огород — точно 12 метров. А составленные в ряд секции все равно длиннее. Измерил каждую секцию — вроде тоже верно: каждая по четыре метра, а поставил их друг за другом вдоль огорода — длиннее! Понимаете, да? Я даже несколько раз пересчитал секции! Вроде три? А поставил вместе — на полтора метра длиннее. С отчаяния умножил три на четыре столбиком — двенадцать! Составил — длиннее все на те же полтора метра! Вот тут-то я первый раз и напился. Понимаете, да? У русского же один способ разрешения не разрешаемых проблем.

Выйдя из запоя, пригласил друзей. К вечеру перепились все. Потому что, правду вам говорю, в таких случаях теряется вера в жизнь. Вроде как таблица умножения изменилась. А тебя не предупредили.

Оказалось, знаете что? Теща, перед тем как уехать в отпуск, красила потолок. Заляпала краской рулетку, вырезала из нее 50 запачканных сантиметров и склеила! Понимаете, да?

На, милый, стаканчик!

Старушка на кладбище воровала цветы. На пенсию сей прожить было невозможно. Такой она себе придумала бизнес. В один день настолько увлеклась процессом, что не заметила сзади свежевырытой могилы и свалилась в нее. Вылезти же сама не может. Думает, хорошо, что хотя бы взяла с собой немножко поесть.

Устроилась поудобнее, развернула на дне могилки сверточек, вытащила бутылочку кефира, бутербродики... Сидит себе, наслаждается едой, в общем-то на свежем воздухе. Ждет, пока кто-нибудь пройдет мимо. Наконец, ближе к вечеру, слышит, идут двое, разговаривают. Один у другого спрашивает:

— Ты бы выпил?

— С удовольствием, да не из чего...

И вдруг из-под земли голос старушки:

— Да на, милый, стаканчик! — и старушечья ручечка в сумерках тянется из могилы... со стаканом!

Ребята бежали до самого гастронома.

Висяк по-русски!

Везли свиней в товарном вагоне. В Питер. Но, как это у нас, к сожалению, частенько случается, их украли на первом же из перегонов, потому что транспортная милиция, которая должна была свиней охранять, напилась. Наутро, протрезвев, ребята сообразили, что за свиней им придется отвечать, платить. Весьма находчиво, всего лишь за бутылку, они нашли свидетеля, который подписал бумагу, что он видел, как свиньи сами спрыгивали с состава.

Однако! Поскольку транспортная милиция отвечает еще за полтора метра по обе стороны от полотна, то за вторую бутылку они нашли и второго свидетеля, который подписал еще одну бумагу, будто бы он видел, как свиньи прыгали дальше, чем на полтора метра. То есть неслабое толчковое копытце было у каждой свинюшки! Да и разбег, видать, брали по всему товарному составу.

Тем не менее бумага сработала, и дело было передано наземной милиции. Наземная милиция сразу сообразила, что на нее сбросили так называемый «висяк» — то есть гиблое дело. Впрочем, и они тоже оказались не лыком шиты. Нашли своего свидетеля, который вообще подписал бумагу, что он видел, как свиньи прыгали из состава прямо в Финский залив.

Поскольку свиней никто больше с тех пор нигде не видел, пошел запрос в Финляндию: «Не появлялись ли у вас русские свиньи?»

Финны — ребята аккуратные. Слово «висяк» для них непереводимо. Со своей финской дотошностью они неторопливо обшарили свои берега, однако следов не нашли. И прислали ответ: «Видимо, русские свиньи утонули по дороге в Финляндию».

Химик

Бывший зэк, отправленный после отсидки на поселение, как говорят в народе, «на химию», долго не мог устроиться на работу. Наконец устроился водителем в сумасшедший дом. В день первой зарплаты ему сказали: «Перевези больных из одной больницы в другую. После этого можешь приходить за зарплатой». Он очень обрадовался. Когда вез пациентов по указанному маршруту, решил по дороге попить пивка. Отпраздновать первый день получки. «Запру их, быстренько кружечку опрокину, и потом доставлю, куда следует». Так и сделал.

Правда, когда вернулся, ни одного человека в своем микроавтобусе не застал. Уж как открыть дверь при помощи ногтя или канцелярской скрепки, у нас сообразят даже больные. Опечалился химик. Понял, что если никого не привезет, ему не выдадут зарплату! И, как истинно русский смекалистый мужичок, сделал следующее... Поехал на автобусную остановку... Там людей хоть отбавляй!

— Ребят, вас не подвезти?
— А дорого возьмешь?
— Да на халяву.
— На халяву это с удовольствием!

Недаром говорят, халява наказуема. Он привез их в сумасшедший дом, не открывая дверей автобуса, как можно скорее побежал в приемное отделение со словами: «Вы, когда двери откроете, никого из них не слушайте, такое всю дорогу несли... Сумасшедшие!»

Сам же, пока не разобрались, за зарплатой!

Всех, кого он привез, разложили по палатам и несколько дней не верили тому, что они рассказали!

Сообразительный!

Двое наших ребят ехали на мотоциклах по какой-то провинциальной дороге. На перекрестке за городом их остановил милиционер. Как и подобает, начал спрашивать по всей строгости предписания:

— Почему без шлемов? Шлем, между прочим, выдерживает удар до пяти тонн. Опасно ездить без шлемов!

Прочел целую лекцию и, естественно, оштрафовал.

Оштрафованные и уже менее радостные, они поехали дальше. Заехали в свою деревню. Сделали дела. Пора возвращаться. Причем той же дорогой. Они размышляют:

— Он же нас опять оштрафует. Где мы в нашей деревне возьмем шлемы?

И тут один из них сообразил:

— Смотри, у меня в сумке мяч для водного поло. Давай разрежем напополам и наденем на головы. Издали мент примет их за шлемы.

— Давай.

Надели пополамки от мяча на голову. Чтоб не сдуло, привязали их изоляционной лентой. Наши все могут склеить с помощью смекалки, мата и изоляционной ленты.

Едут. Но, поскольку все-таки пополамка от мяча на шлем не очень похожа, тот, что поопытней, сказал своему другу:

— Когда мимо мента поедем, ты гони порезвее, понял? Чтобы «мусор» не успел заметить наши головы в пупырышек.

Они развили скорость, и у одного из них все это сооружение с головы сдуло. Причем по закону подлости перед самым постом милиции. Мент был начеку, тут же остановил их, выкинул свой царственный жезл. Апоскольку он уже принял «сто грамм радости» на деньги, доставшиеся от предыдущего штрафа, ему очень хотелось с кем-нибудь поговорить. Он уже не просто спросил, почему вы без шлемов, а опять начал читать гораздо более подробную лекцию, мол, шлем выдерживает удар более чем в пять тонн! Только на этот раз решил еще и проиллюстрировать свой лекционный материал.

— Смотри, твой друг же надел шлем — молодец! Зато теперь любой удар выдержит.

И в доказательство со всей силы ударил того жезлом по голове, вернее по тому, что казалось ему шлемом.

Результат — легкое сотрясение мозга, недолгая реанимация и увлекательный рассказ о случившемся на всю жизнь.

Официант

Официант долгое время работал в ресторане провинциального города. Главными клиентами были пацаны, кореша, братаны... Подзывали официантов, как правило: «Эй, ты, поди сюда». Так случилось, что родители официанта переехали вскоре в Москву. Он с ними. Устроился работать в дорогой ресторан. Первое время не мог понять общепринятых жестов. При этом старался быть как можно приветливее, чтобы его не выгнали. Однажды, когда посетитель-иностранец, желая его подозвать, помахал из-за столика рукой, тот, вместо того чтобы подойти к нему, с улыбочкой, как учили, помахал ему в ответ.

Адреналин по-русски

На берегу Амура под Хабаровском мужики принимали баню. Настоящую, русскую. С вениками. В отличие от людей западных, наши любят, чтобы все было ядрено. И пар, и выпивка, и закусь, и веники можжевеловые чуть ли ни с колючей проволокой для адреналина. Но и это все показалось им недостаточным. Тогда один из них предложил: «Давайте прямо из парной выбегать и нырять в крапиву. Говорят, очень хорошо выводит шлаки». Идея понравилась. Первому же нырнувшему в кусты сильно обожгло крапивой лицо. Тогда кто-то из них предложил для безопасности надевать на головы ведра. И вот где еще, как у нас, трое голых мужиков могут с разбега из парной нырять в крапиву с ведрами на головах?

Один из них разбежался с таким энтузиазмом, что ударился ведром об камень в зарослях. Ведро погнулось. Снять его сами поддатые побоялись. Вызвали «Скорую помощь». Отвезли пострадавшего в больницу, где ему помятое ведро, конечно, сняли, но, главное, в истории болезни записали: «Голова в инородном теле».

ЭТОТ
БЕЗУМНЫЙ
МИР...

Этот безумный мир

В Москве есть магазин, который вызывает во мне одновременно недоумение и ужас. Называется он «Мир дверей». С моей фантазией так страшно — представить себе мир, в котором ничего нет, кроме дверей.

Правда, во Владивостоке есть магазин, который называется еще современнее «**Мир колес**».

Я не понимаю, бизнесмены сами понимают значения слов, которыми они называют свой бизнес?

Название студии для загара «**Клаустрофобия**».

Название вновь организованного молодежного дуэта — «**Три поросенка**».

Салон красоты «**Годзилла**».

Печенье детское «**Затяжное**».

Парикмахерская «**Торнадо**».

Парфюмерный магазин «**Прости, Франция**».

Похоронное бюро «**Быстрая лопата**».

Майонез «**Загадочный**». Причем срок годности написан на донышке с внутренней стороны.

Охранная фирма **«Циклоп»**.

Магазин **«Титаник»**. (Находится под защитой охранного общества «Айсберг».)

Лекарство **«Лохеин»**.

Мебельный магазин **«Мякиш»**.

В Петербурге открыли не только Кофе Хауз, но и Пельмень Хауз. Осталось в Белоруссии открыть Драник Хауз, а в Украине, естественно, Сало Хауз.

Мороженое **«Армагеддон»**. Еще хорошо было бы под названием написать соответствующий слоган «лизни напоследок»!

Мой друг Володя Качан рассказал мне, что когда он с гастролями театра был на Севере, в газете прочитал:

«Газпром» провел на полуострове Ямале конкурс красавиц. Местные бизнесмены назвали этот конкурс **«Мисс скважина»**.

Осторожно, реклама

Небольшое питерское кафе в переулке. В витрине рекламная зазывалка:

«Мы разделим с вами завтрак, обед и ужин».

Несмотря на то что я был голоден, в это кафе не пошел. Очень не хотелось с кем-то делиться.

Впрочем, не меньшее желание быть осторожным вызывают сегодня и следующие рекламы:

В городе Екатеринбурге:
«Грузинская кухня: хинкали, сациви...
Восточная кухня: шашлык, манты...
Русская кухня: поминки, банкеты, свадьбы».

В городе Старице на двери кулинарии:
«Продажа полуфабрикатов, проведение торжеств, свадеб, поминок, банкетов. А также заточка вил, топоров и лопат».

А как понимать рекламу, бегущую огоньками перед входом в казино:
«Выиграй миллион + 5 лет!»

Известный журнал для мужчин под названием «Медведь» праздновал свое десятилетие. Над Кутузовским проспектом висела растяжка:
«МЕДВЕДЬ – ЖУРНАЛ С МУЖСКИМ ДОСТОИНСТВОМ».

Объявление в газете «Из рук в руки». Всего одна ошибка в виде лишней запятой, а насколько оно стала честнее:
«Снимаю, порчу!»

На Рижском проезде есть подъезд, который хочется обойти стороной, поскольку на двери хотя и самодельная, но красочная и бросающаяся в глаза зазывалка:
«СПИД – АНОНИМНО ЗА ОДИН ЧАС!»

На Рублевском шоссе в Подмосковье, где живут самые крутые и элитные пацаны России, огромный придорожный щит-реклама:

«Щебень и песок в любых количествах круглосуточно!»

Мне лично трудно представить себе кого-либо из наших «крутяков», которому часа в три ночи очень понадобится щебень или песок в любом количестве. Разве что под утро после пьянки захочется поразвлекаться в песочнице?

В Сочи на припляжном бульваре в окошке будки, переделанной из гаража для катера:

«Пирсинг (пенсионерам скидки)».

Ехал в поезде в Питер. Утром меня разбудила реклама по радио, от которой я мгновенно проснулся и взбодрился на весь день:

«В нашем «Кофе Хаус» в любое время вам предложат ритуальную чашечку кофе».

Наконец, всем непоняткам непонятка! На двери кафе-забегаловки в Питере:

«У нас всегда для вас х. пиво и г. кофе».

И что замечательно, внутри полно посетителей, и они все с удовольствием пьют то, что рекламируется на двери.

В городе Калининграде еще с довоенных времен остался зоопарк — одна из главных достопримечательностей города. Так получилось, что он уцелел в 1945 году. Даже после бомбежек. Калининградцы очень гордятся этим зоопарком. А рекламу в городе, как собственно и по всей России, теперь стало привычным видеть даже на автобусах и троллейбусах.

Я приехал в Калининград ранним утром. Был рабочий день. Первое, что привлекло мое внимание, это переполненный людьми автобус. Большинство пассажиров смотрят в окошко заспанно и с легким чувством ненависти к предстоящему рабочему дню. Под ними крупными буквами написано на автобусе: «КАЛИНИНГРАДСКИЙ ЗООПАРК».

Единственная реклама, которая действительно вызывает желание купить рекламируемый товар, была видена мною в Москве:
«Квартиры на Щукинской.
Кто купит более 100 кв. м, тот получит в подарок бейсболку!»

Впрочем, настораживают нынче не только рекламы.
На входной двери подмосковного магазина:
«Вход собакам только с владельцами на поводке».

В автобусе:
«Бесплатный проезд разрешен пожарным только при исполнении служебных обязанностей».

В аэропорту «Домодедово» объявление по громкой связи:
«Пассажиры, вылетающие рейсом в Краснодар, сегодня никуда не вылетят».

В продуктовом магазине два ценника рядом:
«Булочка — 10 руб.»
«Булочка съедобная — 12 руб.»

В маршрутном такси объявление, напечатанное в типографии (значит, таких немало было размещено в российских маршрутках):

«Пассажир! Захлопывая за собой с силой дверь, убедись в отсутствии в ней головы входящего!»

В электричке над стоп-краном. Всего одно слово, а как точно характеризует жизнь в России:
«ЗАЕДАЕТ!»

Комсомольск-на-Амуре. Ларек. Рядом с окошком от руки крупно написано:
«Пива нет. Идите в баню».
В программке телевидения подряд названия телевизионных передач:
20.30 — «Кто мы?»
21.05 — «Сукины дети».

Название статьи в газете:
«Запад оттянет конец российской демократии»

В одной из газет описывался вновь открытый детский сад:
Радостно играет в песочнице группа детского сада №8. 25 счастливых детских глаз!

В телевизионной программке на 6 января 2005 года:
«Рождество Христово. Прямая трансляция».

В Киеве от нечего делать пошел с организаторами концерта на рынок-барахолку, где продается все! В таких местах особенно остро и ярко чувствуется в деталях современность. Действительно, интересного оказалось даже с перебором. Но особенно запомнились две черепашки, абсолютно одинаковые, лежащие на прилавке. Перед одной ценник: **«150 гривен»**, перед другой: **«300 гривен»**. Я спросил у продавца:

— Почему одинаковые черепашки, а стоимость у них разная?

Продавец абсолютно серьезно мне объяснил:

— Та, что дешевле, будет жить у Вас всего сто пятьдесят лет, а та, что дороже — больше трехсот!

Но самую трогательную памятку я видел в Сочи, в далеко не эксклюзивном пивбаре. Пахло в нем пивом и бомжами. За столиком сидел мужик с лицом спившегося преподавателя марксизма-ленинизма и меланхолично пил пиво. По лицу видно было, что он пил уже несколько дней. Но делал он это с достоинством, несмотря на незадавшуюся жизнь и карьеру: неторопливо подносил кружку с пивом к лицу и внимательно смотрел перед тем, как сделать глоток, на свою руку. Точнее, на кисть, на которой жирным фломастером было написано: «Десятого на работу!!!»

И наконец в качестве концовки всей книги самым верным и символичным будет цитата из следовательского протокола:

«ПОСТРАДАВШИЙ — ЖИТЕЛЬ РОССИИ. ДРУГИХ ПРИЗНАКОВ НАСИЛИЯ НА ТЕЛЕ НЕ ОБНАРУЖЕНО!»

СОДЕРЖАНИЕ